개정 증보판

C 언어가 좋아지는 새로운 9개 관문

ANK Co., Ltd. 저 | 김성훈·김필호 공역 | 이향선 감수

C가 보이는 그림책

일러스트로 쉽게 이해한다

제로부터 배우는 프로그래밍의 출발점

BM (주)도서출판 **성안당**

C가 보이는 그림책 (개정 증보판)

2003. 1. 11. 1판 1쇄 발행	2018. 3. 15. 2판 13쇄 발행
2007. 2. 20. 1판 9쇄 발행	2018. 10. 12. 1차 개정증보 1판 1쇄 발행
2007. 6. 10. 2판 1쇄 발행	2020. 4. 24. 1차 개정증보 1판 2쇄 발행
2014. 9. 12. 2판 10쇄 발행	**2022. 2. 25. 1차 개정증보 1판 3쇄 발행**
2015. 8. 10. 2판 11쇄 발행	

글쓴이 | ANK Co., Ltd.
번 역 | 김성훈, 김필호
펴낸이 | 이종춘
펴낸곳 | BM (주)도서출판 성안당
주 소 | 04032 서울시 마포구 양화로 127 첨단빌딩 3층(출판기획 R&D 센터)
　　　　10881 경기도 파주시 문발로 112 파주 출판 문화도시(제작 및 물류)
전 화 | (02) 3142-0036
　　　　(031) 950-6300
팩 스 | (031) 955-0510
등 록 | 1973. 2. 1. 제406-2005-000046호
홈페이지 | www.cyber.co.kr
도서 내용 문의 | hrcho@cyber.co.kr

ISBN | 978-89-315-5534-9 (13000)
정 가 | 18,000원

만든이
책임 | 최옥현
진행·편집 | 김해영, 김혜숙
본문 디자인 | 김인환
표지디자인 | 박현정
홍보 | 김계향, 이보람, 유미나, 서세원
국제부 | 이선민, 조혜란, 권수경
마케팅 | 구본철, 차정욱, 나진호, 이동후, 강호묵
마케팅 지원 | 장상범, 박지연
제작 | 김유석

성안당 Web 사이트

이 책에서 사용된 모든 프로그램과 상표는 각 회사에 그 권리가 있습니다.

Cの絵本　第2版
(C no Ehon dai2han : 5038-3)
Copyrightⓒ 2016 by ANK Co., Ltd.
Original Japanese edition published by SHOEISHA Co., Ltd.
Korean translation rights arranged with SHOEISHA Co., Ltd.
through Eric Yang Agency
Korean translation copyright ⓒ 2018~2022 by SUNG AN DANG, Inc.

본 저작물의 한국어판 저작권은 에릭양 에이전시를 통한 SHOEISHA Co., Ltd. 와의 계약으로 한국어 판권은 BM (주)도서출판 성안당이 소유합니다.
저작권법에 의하여 한국 내에서 보호를 받는 저작물이므로 무단 전재와 무단 복제를 금합니다.

한국어판 판권 소유 : BM (주)도서출판 성안당
ⓒ 2022 성안당 Printed in Korea

추천의 말_

좋은 책은 독자에게 친근감을 주고, 이해가 쉽고, 스스로 공부할 수 있도록 이끌어 주는 것이다. 이런 점에서 이 책은 소스 코드가 무수히 나열된 기존 프로그램 입문서의 한계를 극복하고 C 프로그래밍의 기본 원리를 시각적으로 쉽게 설명하여 이해도와 응용력을 높이고 있다. C뿐 아니라 다른 프로그램에도 적용시킬 수 있는, 구현 원리에 대한 쉬운 접근으로 초보자들에게 용기를 줄 수 있을 것이다.

박준상
(월간 마이크로소프트웨어 편집장)

맨 처음 프로그래밍을 공부하면서 수많은 시행착오를 겪곤 했다. 프로그램을 작성할 때마다 만나곤 했던 문제들을 주변의 전문가들에게 물어도 정확하게 이해하고 있는 사람이 드물었기 때문이다. 이 책은 C 프로그래밍을 처음 시작하는 이들이 시시때때로 만나는 장벽들을 쉽게 넘을 수 있도록 기본기를 다지게 해 주는 좋은 안내서이다.

손은석 (모코코 개발팀장)

프로그래밍에 있어서 가장 중요한 것은 기본 개념을 얼마나 잘 이해하고 이를 제대로 적용할 수 있느냐이다. 그런데 막상 프로그래밍에 입문하다 보면 여러 가지 다양한 문제들과 부딪히게 된다. 이 책은 단순한 코딩 위주보다 C 프로그래밍의 기본 원리를 깨닫게 해 주어 효율적인 프로그래밍으로 안내하는 적절한 입문서이다.

안싱진 (성균관대학교 사범대학교
컴퓨터교육과 교수)

딱딱하게만 느꼈던 프로그래밍을 초보자들도 쉽게 따라 할 수 있도록 구성한 저자의 배려가 고맙게 느껴진다. 또한 순차적인 접근과 시각적인 편집으로 중급자 또는 전문가 양성에도 좋은 안내 지침서로 자리매김할 수 있을 것 같다. 진정으로 프로그래머를 생각하는 책이 출간된 것에 대해서 다시 한번 감사드리며, 이 시대의 개발자를 위하여 꼭 추천하고 싶은 책이다.

정준호 (볼랜드코리아 개발툴
(RAD & JAVA) 사업부 차장)

구조적 프로그래밍 언어의 대명사인 C 언어는 프로그래머를 꿈꾸는 사람들에게는 좋은 출발점이라 생각한다. 많은 책들이 있지만 그림을 이용하여 보다 쉽게 프로그래밍에 접근하도록 배려한 본 입문서를 통해 튼튼한 기초를 쌓기 바라는 마음으로 이 책을 추천한다.

홍성학
((주)마이크로소프트 닷넷팀 과장)

머리말_

이 책은 C 언어 입문서입니다. C 언어는 수많은 프로그래밍 언어 중에서도 가장 대표적인 언어라고 해도 좋을 만큼 널리 보급된 언어입니다. 그렇지만 사실 C 언어는 결코 쉬운 언어가 아닙니다. 이 책의 독자분들 중에는 한 번쯤 C 언어에 도전했다가 어려워서 중도에 포기한 적이 있는 분들도 계시리라 생각합니다.

그렇다면, 프로그래밍을 하는 데 있어서 어려운 점이란 과연 무엇일까요? 우선, 그 중 한 가지는「프로그램을 구성」하는 일일 것입니다. 즉, 어떤 기능을 구현하기 위해서는 어떻게 프로그래밍 언어의 코드를 조합하여 구성하면 되는가 하는 것입니다. 이것은 경험이 많을수록 유리할 것이며, 사람에 따라 적성에 맞을 수도 맞지 않을 수도 있는, 어느 정도는 센스도 필요한 부분입니다.

하지만, 많은 사람들은 그 전에「언어 사양의 이해」에서부터 막혀버리고 맙니다. 본래 프로그래밍 언어는, 그것을 만든 사람들이 시행착오를 겪으며 편리함을 추구해 온 결과의 산물입니다. 그런 개념적인 부분은, 아는 사람들에게는 당연한 것이겠지만, 모르는 사람에게는 도무지 이해하기 어렵고, 대체 무슨 도움이 되는 것인지 불가사의할 것입니다.

직접 초보자들에게 프로그래밍을 가르치다 보면, 이미지가 좀처럼 전해지지 않아 고생하는 일이 종종 있습니다. 프로그래밍이라면 논리적인 작업이라고 생각하기 쉽지만, 실은 상상력도 필요한 작업입니다. 특히 C 언어의 경우 포인터 같은, 초보자에게는 난해한 개념도 있기 때문에, 확실하게 개념을 잡아두지 않으면 곧 벽에 부딪히게 됩니다.

그래서, 이 책에서는 C 언어와 프로그래밍의 기초를 모르는 초보자들에게 글로 설명하기보다는 이미지를 전면에 내세워 설명하였습니다. 프로그램의 흐름이나 포인터와 메모리 구조를 프로그래머가 실제 파악하고 있는 것과 같은 시각에서 파악할 수 있을 것입니다. 다른 책을 읽어 봐도 이해가 되지 않아 고생하고 있는 분들이나 어중간하게 알고 있어 머릿속에 확실하게 와 닿지 않던 분들에게도 분명 정확한 이미지가 전해지리라고 생각합니다.

2002년 2월 저자

:: 감역의 말_

꿈을 그려 내는 멋진 프로그래머를 기대하며

필자가 컴퓨터를 처음 접했던 1980년대 초반에는 프로그래머가 프로그래밍에 필요한 모든 기능을 만들어야 했습니다. 이는 화가가 그림을 그리기 위해 물감이나 종이를 만드는 것과 같은 상황이었습니다. 그러나 지금은 개발 환경들이 아주 많이 좋아져 누구든지 프로그래밍을 할 때 모든 기능을 직접 작성하지 않고도 다양하게 준비되어 있는 라이브러리 등을 이용하여 쉽게 프로그램을 작성할 수 있게 되었습니다.

그럼에도 불구하고 '프로그래밍'이라는 작업은 아직도 많은 사람들에게는 '골치 아픈' 일입니다. 아마도 프로그램은 인간과 기계가 소통하는 일종의 또 다른 언어이기 때문일 것입니다. 언어를 잘 구사하려면 그 나라 문화를 이해하고 그 나라 사람처럼 사고해야 합니다. 컴퓨터와 대화하려면 컴퓨터의 사고나 작동 원리를 잘 이해해야 하는데 인간의 표현 방식과 컴퓨터의 표현 방식은 아주 다릅니다. 인간은 문자나 소리 등 다양한 방법으로 표현하지만 컴퓨터는 0과 1의 단 두 가지 상태로 모든 것을 표현합니다.

컴퓨터를 처음 배우는 사람이라면 누구나 프로그래머가 되기를 꿈꿉니다. 그런데 막상 프로그래밍을 시도하려면 너무도 어려운 개념들에 부딪혀 곧 포기하고 맙니다. 하지만, 그저 이론으로만 알고 있는 배열과 변수의 개념이 그림으로 펼쳐진다면 훨씬 공감각적으로 이해될 것이며, 응용력이 높아질 것입니다.

이런 점에서 국내 최초의 C 프로그래밍 그림 입문서인 'C가 보이는 그림책'은 프로그래밍을 시작하는 초보자들에게 가장 적합한 교육 방법이 될 것입니다. 또한 프로그래밍에 익숙한 중고급자도 자신의 지식을 다시 한 번 정리하고, 또한 다른 이들에게 자신의 경험을 쉽게 전할 수 있는 적절한 전도서가 될 것입니다.

누구에게나 시작은 미약합니다. 그러나 자신에게 맞는 방법으로 꾸준히 노력한다면 상상할 수 없는 성공을 결과로 얻게 될 것입니다. 이 책이 프로그래머의 길에 도전하려는 수많은 사람들에게 희망서가 되기를 바랍니다.

이향선(프로그램세계 편집자문)
(사)한국정보통신기자협회 제 16대 회장
프로그램세계 편집주간

이 책을 쉽게 이해할 수 있는 지름길_ 01

꼭 알아야 할 key point

각 장에서 배워야 할 중요한 개념들을 미리 예습합니다. 각각의 개념들이 가지는 관련성과 응용 분야를 살펴보아 각 장에서 설명하는 프로그램의 기본 원리를 미리 볼 수 있도록 안내합니다.

본문

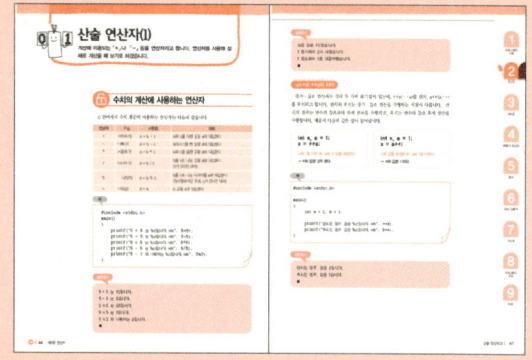

본문은 펼친 양면에 하나의 주제를 다뤄서, 이미지가 산만하게 흩어지지 않도록 배려했습니다. 또한, 나중에 필요한 부분을 찾을 때에도 효과적으로 사용할 수 있습니다.

그림으로 보는 C 언어, 알고 보면 더 쉬워요!

C 예와 실행 결과

예 〉〉 프로그래밍으로 입력할 내용

```
#include <stdio.h>

main()
 {
   printf("Hello\nWorld!\n");
 }
```

실행 결과 〉〉 실제 화면에 표시되는 내용

```
Hello
World!
■
```

C 예제 프로그램

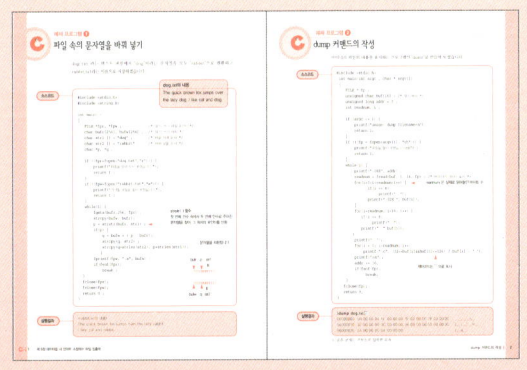

개념 소개뿐 아니라 예제 프로그램도 풍부하게 준비했습니다. 본문 속에서 소개하는 작은 프로그램 이외에도, 각 장의 끝에는 비교적 길고 실용적인 예제 프로그램이 있습니다. 또한, 이 책의 설명과 예제의 대부분은 Microsoft Windows 2000에서 Visual C++ 6을 사용하여 개발하는 것을 전제로 하였지만, UNIX상의 gcc 등, ANSI C를 지원하는 C 언어 개발 환경이라면 그대로 동작시킬 수 있습니다.

〉〉 이 책의 독자는?

이 책은 C 언어를 이제부터 배우려는 사람들은 물론 한번 도전했다가 좌절한 경험이 있는 분들을 위해 쓰였습니다. 또한, 프로그래밍의 기초적인 내용도 설명하였기 때문에 프로그래밍 초보자 분들께도 추천합니다.

이 책을 쉽게 이해할 수 있는 지름길_ 02

도전! C 프로그래밍

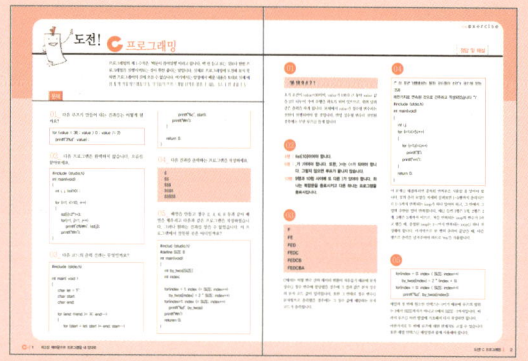

프로그래밍의 제1 수칙은 '백문이불여일행' 입니다. 백 번 듣고 보아도 한 번 자신이 직접 프로그래밍을 해 보지 않으면 C 프로그래밍을 정복할 수 없습니다. 도전! C 프로그래밍은 각 장에서 배운 내용을 토대로 연습 문제를 풀어 보면서 실력을 쌓아 갈 수 있도록 합니다.

알아두면 도움이 되는 C 프로그래밍 상식

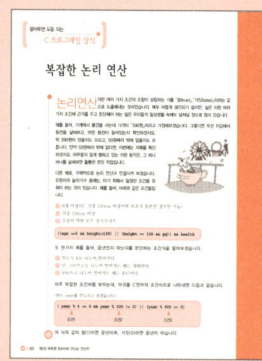

C 프로그램의 기본 개념을 공부하는 것이 가장 중요하겠지만 C 언어의 역사나 한글의 표현, 복잡한 논리 연산 등등 실제 기능의 구현 이외에 알아야 할 중요한 상식을 이해할 수 있습니다. 프로그램 지식을 한층 더 높여 줍니다.

그림으로 보는 C언어,
알고 보면 더 쉬워요!

C 부록

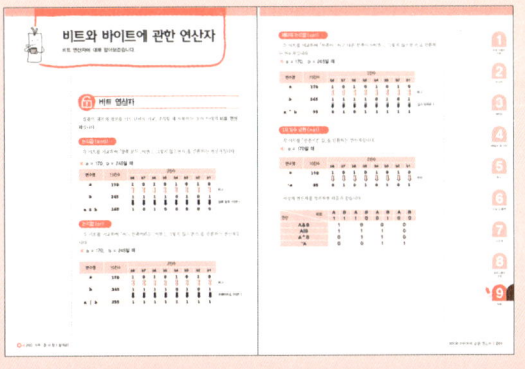

조금 높은 수준의 주제를 다루었으니, 본문의 내용을 이해하신 분들은 계속 읽어나가 주십시오. 또한 부록에는 실제 프로그램을 개발할 때 도움이 되는 정보와 자료도 실었습니다.

》 표기에 대해

이 책은 아래와 같은 약속에 따라 쓰였습니다.

- **고딕체** : 중요한 단어
- List Font : C 언어 프로그래밍에 실제로 사용되는 문장이나 단어
- **List Bold Font** : List Font 중에서도 중요한 포인트
- 함수 등에 읽는 법을 표기해 둔 경우, 어디까지나 일례일 뿐이며 다르게 읽는 경우도 있습니다.
- 필요한 헤더 파일은 Visual C++ 6.0의 경우를 기준으로 했습니다. Visual C++ 6.0 이외의 경우는 컴파일러의 매뉴얼을 확인하여 주십시오.

이 책의 목차_

제0장
C 언어를 시작하기 전에

도대체 C 언어가 뭐지?	16
C 언어는 어디에서 실행되나?	17
프로그램 작성에서 실행까지의 흐름	18
프로그램 작성의 다섯 계명	19
C상식 C 언어는 B 언어에서 시작되었다고?	20

제1장
프로그램의 기본

Key Point 시작은 문자 표시부터	22
여러 가지 형, 값, 변수	23
Hello World !	24
printf( )와 정수	26
변수	28
수치형	30
문자형	32
문자열	34
printf( )의 서식 지정	36
C상식 한글은 어떻게 표현할까?	38
Exercise>> 도전! C 프로그래밍	39

제2장
연산자

Key Point	컴퓨터가 계산기를 대신한나?	42
	컴퓨터는 1과 0만 존재하는 디지털 세계	43
	산술 연산자(1)	44
	산술 연산자(2)	46
	비교 연산자	48
	논리 연신자	50
	n진수	52
	비트와 바이트	54
	형 변환	56
	연산자의 우선순위	58
C상식	복잡한 논리 연산	60
Exercise >>	도전! C 프로그래밍	61

제3장
제어문

Key Point	프로그램의 흐름을 바꿔 보자!	64
	if문(1)	66
	if문(2)	68
	for문	70
	while문	72
	루프의 중단	74
	switch문	76
예제 1	단어 수 세기	78
예제 2	ASCII 코드표 표시하기	79
C상식	goto문	80
Exercise >>	도전! C 프로그래밍	81

제4장 배열과 포인터

Key Point	프로그램을 보다 간결하게	84
	포인터와 배열은 찰떡궁합	85
	배열	86
	배열과 문자열	88
	문자열을 자유자재로!	90
	다차원 배열	92
	어드레스	94
	포인터	96
	NULL 포인터	98
	포인터와 배열	100
	메모리 확보와 포인터의 활용(1)	102
	메모리 확보와 포인터의 활용(2)	104
예제 1	문자열 속에서 원하는 문자 찾기	106
예제 2	표 계산	107
C 상식	포인터 배열	108
Exercise >>	도전! C 프로그래밍	109

제5장 함수

Key Point	마법의 블랙박스, 함수	112
	실용적인 프로그램으로의 첫걸음	113
	함수의 정의	114
	함수의 호출	116
	변수의 범위	118
	프로토타입	120
	인수의 전달	122
	main( ) 함수	124
예제 1	파일 삭제하기	126
예제 2	서력에서 일본력 구하기	127
C 상식	재귀 호출	128
Exercise >>	도전! C 프로그래밍	129

제6장

파일 입출력

Key Point	파일이란 무엇일까?	132
	파일을 다루는 데도 순서가 있다	132
	파일이 어떻게 사용될까?	133
	파일	134
	파일 읽기	136
	파일 쓰기	138
	바이너리 파일의 읽기와 쓰기(1)	140
	바이너리 파일의 읽기와 쓰기(2)	142
	일반적인 입출력	144
	키보드 입력	146
예제1	파일 속의 문자열을 바꿔 넣기	148
예제2	dump 커맨드의 작성	149
C상식	fseek( ) 함수	150
Exercise >>	도전! C 프로그래밍	151

제7장

구조체

Key Point	다른 형의 데이터를 모으려면?	156
	구조체	158
	구조체의 활용	160
	구조체와 포인터	162
	구조체와 배열	164
	형의 재정의	166
예제	칼로리 계산 프로그램	168
C상식	데이터를 한데 모으다	170
Exercise >>	도전! C 프로그래밍	171

CONTENTS

제8장
프로그램의 구성

Key Point	프로그램 구성의 기본은?	176
	실행 파일이 완성되기까지	177
	헤더 파일	178
	컴파일과 링크	180
	파일 조립하기	182
	여러 가지 선언들	184
	매크로(1)	186
	매크로(2)	188
예제	여러 파일로 구성된 칼로리 계산 프로그램	190
C 상식	프로그램 최적화	192
Exercise >>	도전! C 프로그래밍	193

부록
좀 더 힘내 볼까요?

공용체	196
열거형	198
프로그램의 중지	199
비트와 바이트에 관한 연산자	200
시간에 관한 함수	204
수학 함수	206
검색과 정렬	208
C의 개발 환경	210
Visual Studio로 개발하기	214
일반적인 디버그 방법	220
Visual Studio의 디버거	222
Visual Studio 설치	224

ASCII 코드표   230

용어 해설   234

찾아보기   238

 도대체 C 언어가 뭐지?

컴퓨터에서 동작하는 프로그램을 기술하기 위한 언어를 「프로그래밍 언어」라고 합니다. C 언어도 프로그래밍 언어 중의 하나로, 프로그래밍 언어의 대표격이라고 해도 좋을 만큼 널리 보급되어 있습니다.

C 언어는 1972년경에 UNIX 시스템을 개발하기 위한 목적으로 고안되었습니다. 컴퓨터 언어 중에서도 비교적 오래된 언어라고 할 수 있겠지요. 그리고 C 언어가 가진 뛰어난 기능 때문에, 대형 컴퓨터에서부터 개인용 컴퓨터에 이르기까지 그 활용 범위가 넓어졌습니다.

컴퓨터의 보급과 함께 BASIC, Java, Perl 같은, 보다 알기 쉽고 편리한 프로그래밍 언어가 등장하였지만, 현재에도 시판되는 소프트웨어의 대부분이 C 언어로 개발되고 있습니다. 이처럼 C 언어는 「최강의 프로그래밍 언어」로서의 위상을 가지고 있습니다.

막강한 C 언어가 가지는 특징은 다음과 같습니다.

세세한 부분까지 프로그램으로 제어 가능	BASIC 등은 세세한 부분에 신경을 쓰지 않더라도 프로그램을 간단하게 작성할 수 있는 반면, 시스템과 관련된 부분에 손을 대기가 어려운 측면도 있습니다. C 언어라면 비교적 시스템의 깊은 부분까지 다룰 수 있습니다.
이식성이 높다	ANSI가 정한 표준적인 사양이 있어 소스 레벨에서의 호환성이 높기 때문에, UNIX와 Windows 등 다른 OS 간에서도 소스 코드를 다루기가 쉽습니다. 게다가 많이 보급되어 있으므로 다양한 기능에 대한 노하우도 풍부합니다.
기술이 용이	다른 프로그래밍 언어와 비교하면, 기술 방법이 유연하며 기호적이기 때문에 처음 접하는 사람들은 조금 이해하기 어려운 면이 있지만, 일단 이해하고 나면 간결하고 기술하기 쉽다는 것을 알 수 있습니다.

C 언어를 학습한다는 것이 사실 간단하지는 않지만, C 언어를 기반으로 만들어진 프로그래밍 언어가 많기 때문에 배워두면 분명 다른 프로그래밍 언어에도 응용할 수 있을 것입니다.

유닉스(UNIX)
미국의 벨 연구소가 1972년경에 PDP-11용으로 개발한 운영 체제.

자바(Java)
미국 Sun Microsystems 사가 개발한 인터넷용 프로그래밍 언어. 1995년 5월에 발표되었다. 자바를 사용하면 애니메이션과 같이 움직임이 있고 소리가 나오는 홈페이지, 인터넷 대응 워드프로세서나 표 계산 소프트웨어 등을 만들 수 있다.

C 언어는 어디에서 실행되나?

　C 언어 프로그램은, 기본적으로 MS-DOS나 UNIX 등의 CUI(캐릭터 유저 인터페이스) 환경에서 동작합니다. Windows 같은 GUI(그래픽 유저 인터페이스) 환경에서는 커맨드 프롬프트(DOS 프롬프트) 창을 열고 그 안에서 실행합니다.

커맨드 프롬프트에서 프로그램을 실행

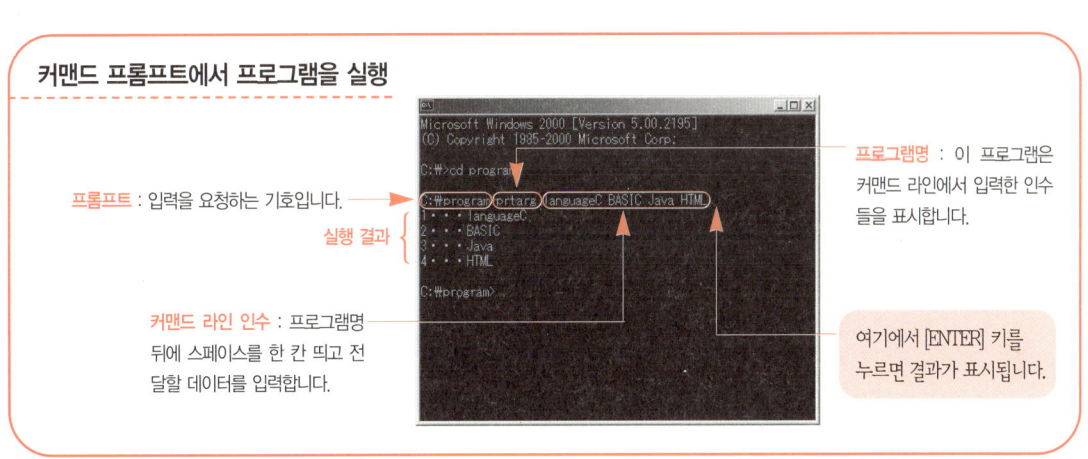

　CUI 환경은 GUI에 비하면 언뜻 재미없어 보입니다. 이제부터 만들어 갈 프로그램을 보면, 시중에 나와 있는 소프트웨어나 표 계산 소프트웨어 같은 애플리케이션과는 거리가 멀다고 생각할 수도 있습니다. 하지만, 이들 소프트웨어의 대다수가 C 언어와 전용 개발 도구를 이용하여 개발되고 있습니다.

　또한 CGI(Web 서버상에서 동작하는 애플리케이션) 개발에는 Perl을 많이 사용하지만, 처리 속도가 중요할 때는 C 언어를 이용하기도 합니다.

CUI(Character User Interface)
표시 내용이나 입력 내용이 문자를 기본으로 하는 사용자 인터페이스. 아이콘으로 표시하고 마우스 등의 포인팅 디바이스로 입력하는 GUI에 비해 리소스(소프트웨어의 크기나 램의 용량, CPU의 성능)의 소비가 적다.

GUI(Graphical User Interface)
그림을 이용한 표시와 그것을 지정하여 입력하는 방식의 사용자 인터페이스. 구체적으로는 처리 내용이나 데이터를 아이콘화하여 표시하고 마우스 등의 포인팅 디바이스로 지시하여 입력한다. CUI에 비해 직관적인 조작이 가능하다. OS로는 Mac OS, Windows, Unix에서는 X-window가 있다.

CGI(Common Gateway Interface)
웹 브라우저의 요구를 받아 웹 서버가 실행하는 프로그램 인터페이스. 스크립트 언어 Perl로 기술되는 일이 많다. CGI 프로그램은 HTML 문을 생성하고, 웹 서버는 그것을 받아 브라우저에 넘긴다. CGI 프로그램을 사용하여 웹 페이지로의 접근 횟수 등을 볼 때마다 계속 변하는 정보를 웹 페이지에 실을 수 있다.

프로그램 작성에서 실행까지의 흐름

달랑 컴퓨터만 있다고 프로그래밍을 시작할 수 있는 것은 아닙니다. 우선, C 언어를 기술하기 위한 **텍스트 에디터**(Windows의 메모장 같은)가 필요합니다. 그리고, C 소스 프로그램을 컴퓨터가 알 수 있는 언어(기계어)로 변환해 주는 C 언어의 **컴파일러**가 필요합니다. 에디터와 컴파일러를 하나로 묶은 소프트웨어(Microsoft Visual C++ 등)도 시판되고 있습니다(자세한 내용은 부록 참조).

① ".c"라는 확장자의 텍스트 파일에 C 언어 프로그램을 기술한다   텍스트 에디터로 기술한 프로그램을 **소스 프로그램**, 그 파일을 **소스 파일**이라고 합니다.

② 소스 파일을 컴파일한다   컴파일하여 생성된 파일을 **오브젝트 파일**이라고 합니다.

③ 오브젝트 파일을 링크한다   링크란 프로그램 실행에 필요한 파일을 결합하는 것입니다. 링크가 성공하면 실행 가능한 파일이 생성됩니다.

프로그램 실행 !

 용어설명

텍스트 에디터(text editor)
문자 정보만으로 이루어지는 텍스트 파일을 편집하는 프로그램. 유닉스 운영 체제에서의 vi나 emacs, Windows의 메모장 등이 이에 해당한다. 문자의 삽입, 삭제, 복사 및 판독, 보존 등의 기능 외에 편집 전의 상태를 자동 보존하는 기능이나 스펠 체크 기능이 있는 것도 있다.

기계어(machine language)
컴퓨터의 하드웨어가 직접 해석, 실행할 수 있는 프로그램 언어. 이 언어는 컴퓨터의 구조(아키텍처)에 의존한다. 그 프로그램은 일반적으로 명령들의 나열(집합)로 이루어지며, 0과 1의 조합으로 나타낸다.

프로그램 작성의 다섯 계명

정상적으로 동작하는 프로그램을 만들기 위해서는 다음 약속을 지켜서 작성해야 합니다.

① **원칙적으로 알파벳과 숫자로 기술합니다.**
주석 및 " "(큰따옴표) 안에서는 한글이나 한자도 쓸 수 있습니다.

② **반각 가나는 사용하지 않습니다.**
" "에서도 사용하지 않는 것이 좋습니다.

③ **전각 공백 문자 사용에 주의합니다.**
전각 공백 문자를 " "의 외부에 사용하면 에러가 발생합니다. 발견하기 어려우므로 주의합니다.

④ **소문자와 대문자를 구별해서 사용합니다.**
예를 들면 if와 IF는 전혀 다른 것입니다.

⑤ **주석문은 /* 과 */ 으로 둘러쌉니다.**
프로그램에 반영하고 싶지 않은 설명들을 /* */ 속에 쓸 수 있습니다.

⑥ **예약어에 주의합니다.**
예약어는 컴파일러가 사용하는 키워드입니다.
각각이 가지고 있는 역할 이외의 목적으로는 사용할 수 없습니다.

C 프로그래밍에 사용되는 예약어

auto	default	float	static
continue	extern	long	unsigned
enum	int	sizeof	const
if	signed	union	else
short	typedef	char	goto
switch	while	double	return
volatile	case	for	struct
break	do	register	void

•••
컴파일러(compiler)

고수준 언어로 기술된 프로그램을 기계어 또는 어셈블리 언어 등의 저수준 언어로 번역하는 소프트웨어. 컴파일러는 일반적으로 구문 해석과 기계어 코드를 발생시키는 두 부분으로 이루어진다. 컴파일러는 복잡하고 대규모의 소프트웨어이기 때문에 좋은 컴파일러를 작성하려면 고도의 능력이 필요하다.

[알아두면 도움이 되는 C 프로그래밍 상식]

C 언어는 B 언어에서 시작되었다고?

C 언어는 UNIX 운영 체제에서 사용하기 위한 프로그래밍 언어로 개발되었습니다. Bell 연구소의 Dennis Ritchie가 개발한 C 언어는 Ken Thomson이 개발한 B 언어에서 영향을 받았고, B 언어는 런던대학과 캠브리지대학의 공동 프로그래밍 언어 프로젝트로 Martin Richards가 개발한 BCPL로부터 나왔습니다. 그 계보는 Algol로부터 시작되었고, 파스칼과 PL/1을 포함합니다. 1974년에서 1975년 사이 UNIX는 Bell 연구소 밖으로 처음 공개되었고, 1978년 Brain Kernighan과 Dennis Ritchie가 'the C Programming Language(Prentice-Hall사 출판)'라는 책을 썼고 이는 C 언어의 표준 정의가 되었습니다.

1980년에는 Ron Cain이 Small-C를 개발했고, 거의 비슷한 시기에 Leor Zolman이 CP/M을 기본으로 한 BSD C 컴파일러를 소개했습니다. 1983년에 미국표준협회(ANSI)에서 C 언어의 표준안인 ANSI가 제정되었고 1987년에는 범용의 호환성이 유지된 MS-C, Lattice C, RUN/C, Turbo C 등 PC용 각종 C 컴파일러들이 등장하면서 일반화되었습니다.

1990년대에 이르러서는 기존의 C 언어 기능에 객체 지향 프로그래밍(OOP : Object Oriented Programming)이 가능한 클래스(Class)의 객체 라이브러리 개념이 도입된 Turbo C++, Borland C++, MS C++ 등이 등장했습니다. 이처럼 C 언어는 UNIX, Windows 계열의 운영 체제 개발뿐만 아니라 물리학과 공학 분야 외에도 각종 게임, 그래픽, 영상 처리, 애니메이션의 개발 등 다양하게 활용되었습니다.

▶ 그림 C 언어의 역사

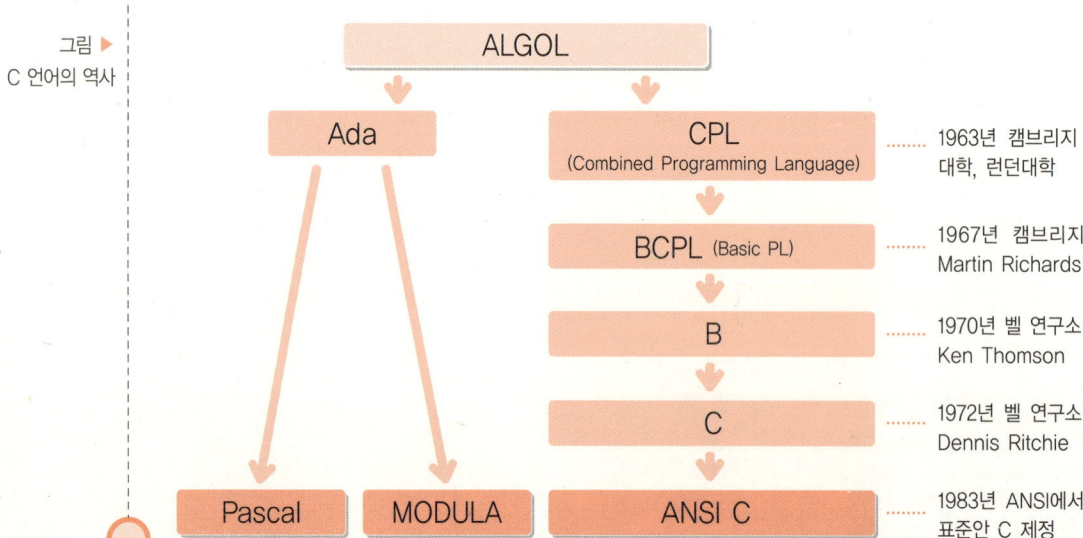

Key Point

 시작은 문자 표시부터

이제부터 실제로 프로그램을 만들어 보겠습니다. 우선, 화면에 「Hello World!」라고 표시하는 것부터 시작해 보겠습니다. 표시할 문자열은 아무것이나 상관없지만, 옛날부터 「Hello World」를 많이 사용해 왔습니다. 프로그램을 처음 시작하는 데 어울리는 말이기 때문일까요?

C 언어로 문자를 표시하기 위해서는 **printf( )**라는 **함수**를 사용합니다. 이처럼 맨 끝에 ( )를 붙이면, 그것이 함수라는 것을 나타냅니다. 함수라고 하면, 수학에 흥미를 느끼지 못해 거부 반응을 보이는 사람도 있을지 모르겠습니다. 그런데 C 언어에서 말하는 함수라는 것은 「일련의 처리의 집합」이며, 수학의 함수보다 좀 더 넓은 의미를 가지고 있습니다.

그리고 이들 함수 등의 처리를 **main( )**이라는 함수 속에 작성하게 됩니다. 프로그램을 시작하면, 이 main( ) 함수에 대한 처리가 제일 먼저 실행됩니다. 이처럼, C 언어는 함수의 집합으로 이루어져 있습니다. 함수에 대한 자세한 설명은 제5장에서 설명하도록 하겠습니다.

함수(function)
프로그래밍 언어에서 수식의 구성 요소로서 사용할 수 있고 값을 반환하는 절차.

꼭 알아야 할 Key Point

여러 가지 형, 값, 변수

그냥 정해진 메시지를 표시하는 것은 시시하지요? 그럼 다음 단계로 계산의 결과를 표시해 보도록 하겠습니다. printf( ) 함수에는 서식을 지정해서 값을 표시하는 기능이 있습니다. 이 기능을 이용하여 여러 가지 타입의 **정수(값)**를 표시합니다.

그리고, 그 값들을 담아 두기 위한 상자인 **변수**에 대해서도 공부하겠습니다. C 언어를 비롯한 많은 프로그래밍 언어에서는 그 사용 방식에 따라 **정수형, 실수형, 문자형** 등 **형**이 정해져 있습니다. 또한 유효 범위 등에 따라 형을 구분하고 있습니다. 이렇게 엄밀하게 형을 나누는 까닭은, 컴퓨터가 「이것은 정수, 저것은 문자열」과 같은 식으로 유연하게 판단하는 것이 서툴러서이고, 컴퓨터에 탑재된 메모리의 용량에도 한계가 있기 때문입니다. 최근에는 메모리의 용량이 비약적으로 향상되었지만, 그래도 제한을 두지 않으면 금세 부족해지고 맙니다.

C 언어의 변수와 값에 대해 서술할 때 **문자**와 **문자열** 부분이 약간 까다롭습니다. 후반부에서는 문자와 문자열의 관계, 문자와 ASCII 코드(아스키 코드)의 관계, **제어 문자** 등에 대해 설명하겠습니다.

그럼 다음 페이지부터 C 언어 프로그래밍을 시작하겠습니다.

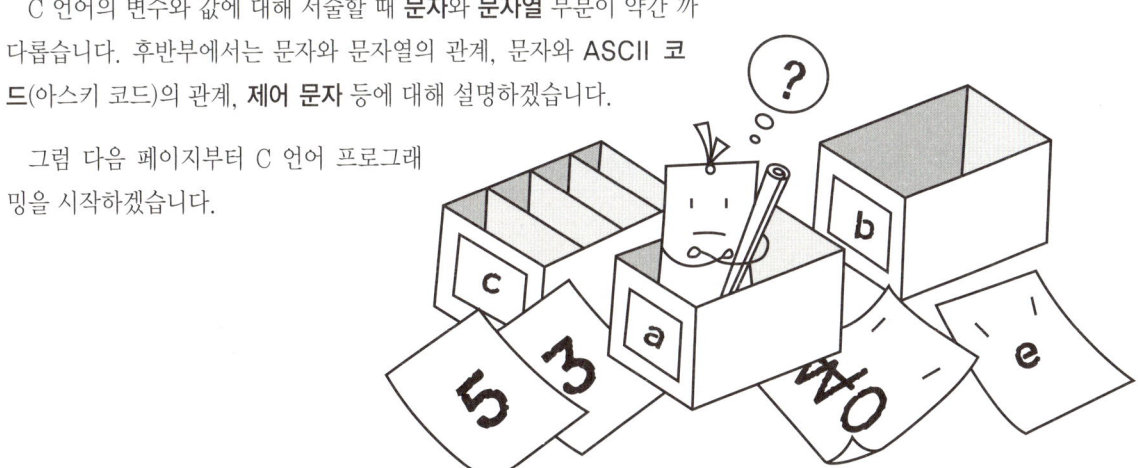

ASCII(American Standard Code for Information Interchange)

ANSI(미국표준협회)가 1962년에 제정한 문자 코드 체계, 대문자와 소문자의 알파벳, 수치 및 기호, 문자와 계산기에 사용되는 16진 코드를 대응시킨 것으로, 1문자가 문자 코드의 7비트와 패리티 비트 1비트를 합친 8비트로 구성된다. 정보 교환을 위해 사용되는 제어 문자와 도형 문자의 세트이다.

제어 문자(control character)

특정 문맥 중에 나타나서 제어 기능을 개시하거나 변경 또는 정지시킬 수 있는 문자. 다음 동작을 위해 제어 문자를 기록하는 경우도 있으며, 제어 문자는 도형 문자가 아니나 어떤 경우에는 도형을 써서 표현하기도 한다.

Hello World!

첫 번째 순서로 프로그램의 기본적인 작성 방법과 화면에 문자열을 표시하는 방법에 대해 살펴보겠습니다.

🔓 프로그램 작성하기

제일 간단한 C 언어 프로그램은 나음과 같은 것입니다. 이 프로그램을 실행하면 「Hello」와 「World!」라는 문자열이 화면에 표시됩니다.

예

```
#include <stdio.h>        ← printf( )를 사용하기 위해 필요합니다.

main()
{
    printf("Hello\nWorld!\n");
}
                          └→ 문자열을 표시합니다.
```

실행 결과

```
Hello
World!
■
```

프로그램의 기본 형태

C 언어 프로그램의 기본 형태는 다음과 같습니다.

main( )이 없으면 컴파일, 실행을 할 수 없습니다.

{ 와 }로 에워싸인 부분은 프로그램의 한 덩어리(블록→67쪽)를 나타냅니다.

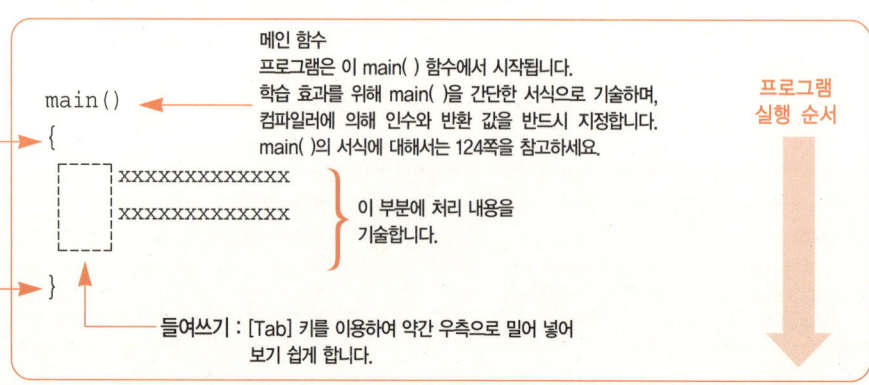

메인 함수
프로그램은 이 main( ) 함수에서 시작됩니다. 학습 효과를 위해 main( )을 간단한 서식으로 기술하며, 컴파일러에 의해 인수와 반환 값을 반드시 지정합니다. main( )의 서식에 대해서는 124쪽을 참고하세요.

이 부분에 처리 내용을 기술합니다.

들여쓰기 : [Tab] 키를 이용하여 약간 우측으로 밀어 넣어 보기 쉽게 합니다.

프로그램 실행 순서

문자열 표시하기

C 언어 프로그램에서 문자열을 표시하기 위해서는 printf( ) 함수를 사용합니다.

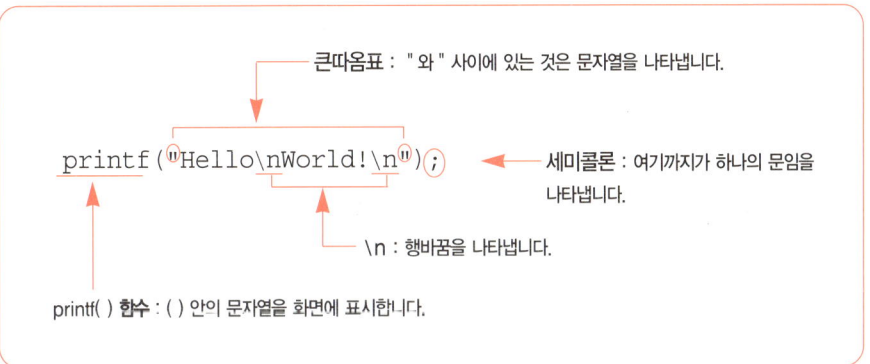

「;」는 국어에서 마침표 「.」와 같은 것입니다.

\n의 역할

\와 바로 다음 한 글자는 특수한 문자를 표시하거나 조작을 수행합니다. 예를 들면, \n은 행바꿈(다음 행의 맨 앞으로 표시 위치를 이동한다)을 나타냅니다. 이 두 글자는 화면에는 그대로 표시되지 않는 점에 주의해 주십시오.

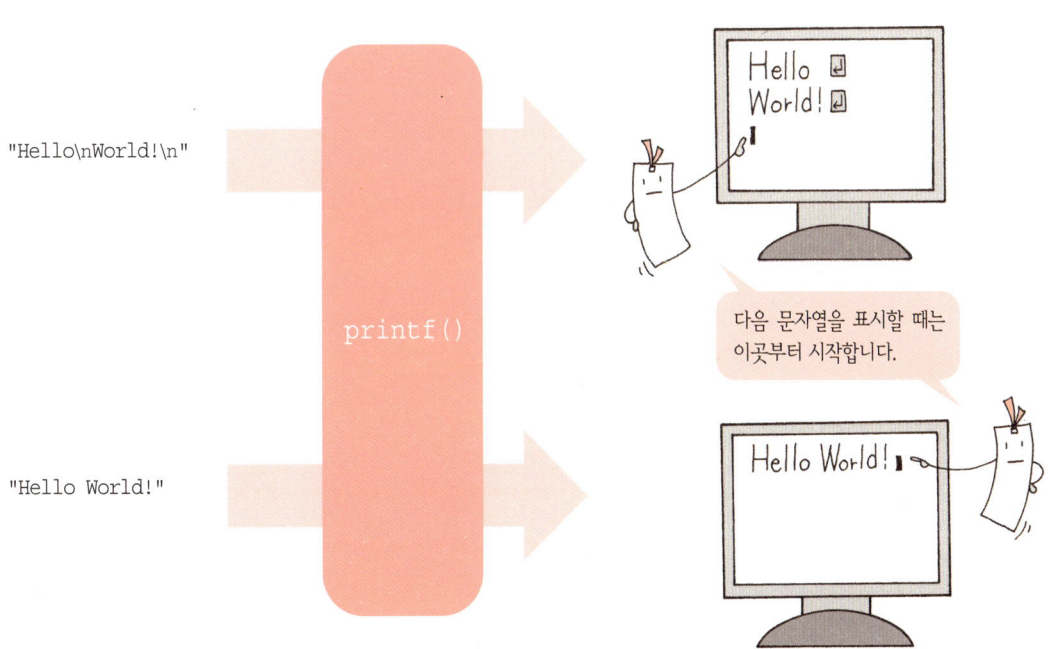

printf( )와 정수

printf( )를 이용하면 문자열 이외의 데이터도 표시할 수 있습니다. 그 방법을 살펴보도록 하겠습니다.

printf( ) 다양하게 사용하기

printf( )에는 단순히 지정된 문자열을 표시하는 것만이 아니라, 서식을 지정하여 데이터를 표시하는 기능이 있습니다. 아래의 두 가지 예는 모두 「3」을 표시합니다.

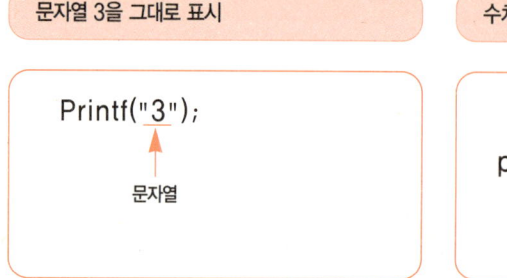

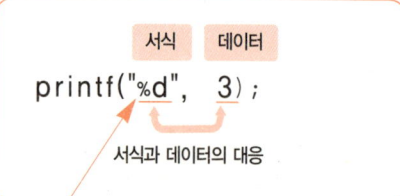

%d 자신은 표시되지 않습니다.

여러 데이터를 표시할 때의 대응 관계는 아래와 같습니다.

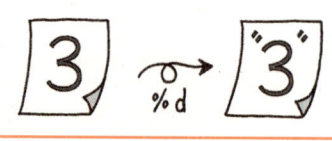

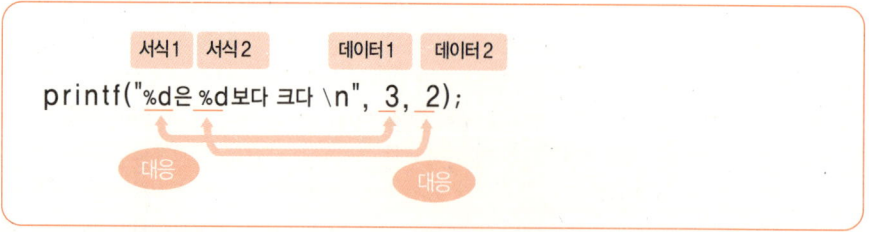

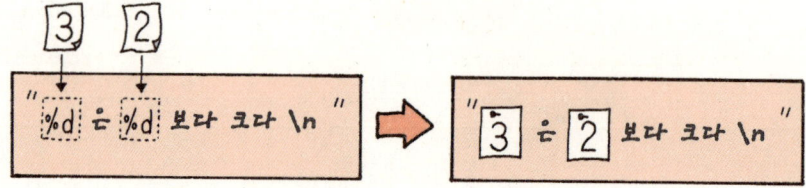

예

```
#include <stdio.h>

main()
{
    printf("%d-%d는 %d입니다.\n", 3, 2, 3-2);
}
```

실행 결과

← 3과 2와 3-2의 계산 결과(=1)를 각각 정수로 표시합니다.

3-2는 1입니다.
■

여러 가지 서식 지정

%d는 정수를 **10진수**(→ 52페이지)로 표시하는 서식 지정입니다. 서식 지정은 표시할 데이터의 종류에 따라 달라지며, 다음과 같은 것들이 있습니다.

서식 지정	의미	데이터의 예
%d	정수(소수점이 붙지 않은 수)를 10진수로 표시한다.	1, 2, 3, -45
%f	실수(소수점이 붙어 있는 수)를 표시한다.	0.1, 1.0, 2.2
%c	문자(' '로 에워싸인 반각 문자 한 개)를 표시한다.	'a', 'A'
%s	문자열(" "로 에워싸인 문자)을 표시한다.	"a", "ABC", "가"

예

```
#include <stdio.h>

main()
{
    printf("%s %c %f \n", "6÷5", '=', 1.2);
}
```

실행 결과

6÷5 = 1.200000
■

└ 소수점의 자릿수(이 경우 0의 개수로 생각해도 좋다)는 처리하는 시스템에 따라 달라지는 경우가 있습니다.

서식과 데이터의 종류는 반드시 일치되어야 합니다.

2.0이라고 하지 않으면 바르게 표시되지 않습니다.

printf( )와 정수

변수

변수란 수치와 문자를 담아 두는 상자 같은 것입니다. 여기서는 정수 값을 변수에 넣는 방법을 설명하겠습니다.

🔓 선언과 대입

다음과 같이 변수를 만들고, 그 안에 값을 집어넣을 수 있습니다.

```
int a;
```

정수(integer · 인티저)의 값이 들어가는 a라는 이름의 변수를 준비합니다. 이것을 「int형 변수 a를 **선언한다**」고 합니다.

변수를 사용하기 전에는 반드시 변수를 선언해야 합니다.

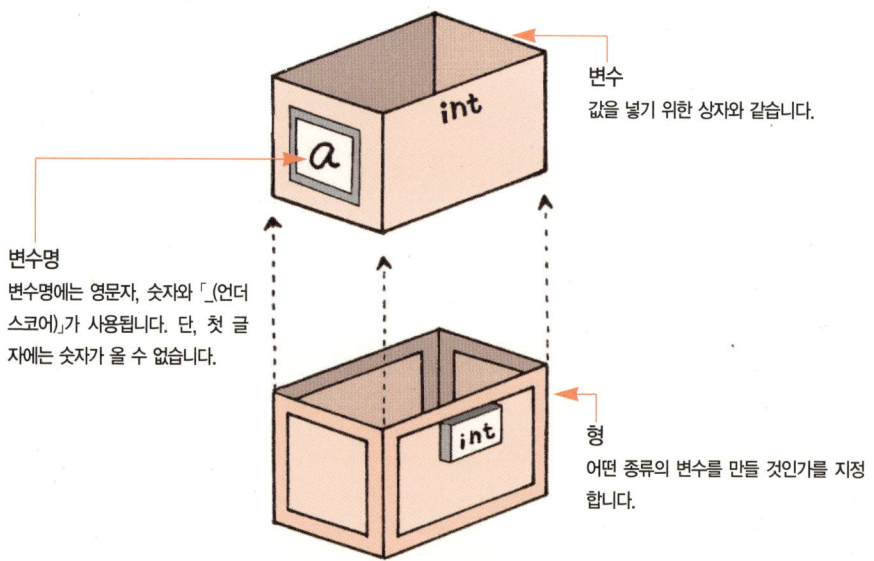

변수
값을 넣기 위한 상자와 같습니다.

변수명
변수명에는 영문자, 숫자와 「_(언더스코어)」가 사용됩니다. 단, 첫 글자에는 숫자가 올 수 없습니다.

형
어떤 종류의 변수를 만들 것인가를 지정합니다.

```
a=2;
```

int형으로 만들어진 변수 a에 2라는 값을 넣습니다. 이것을 「변수 a에 2를 **대입**한다」고 합니다.

 예

```
#include <stdio.h>

main()
{
    int a;
    int b;
    a = 2;
    b = 3;
    a = b;

    printf("%d\n", a);
}
```

변수 a, b를 선언하고 각각 2와 3을 대입합니다.

a에 b 값을 대입합니다.

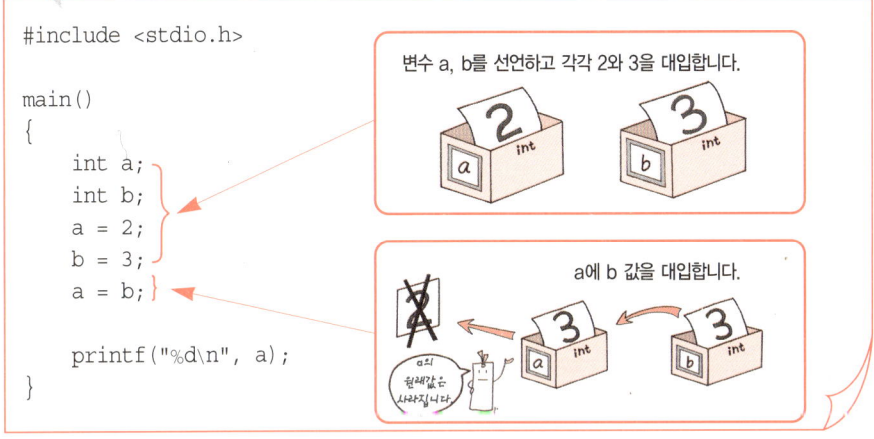

실행 결과

3 ← a의 값 3을 표시
■

선언의 방법

문은 ;으로 구분되고, 한 줄로 늘어 쓰는 것도 가능합니다.

```
a = 2;
b = 3;
```
→
```
a = 2; b = 3;
```

변수 선언과 값의 대입을 다음과 같이 정리해 볼 수 있습니다.

두 변수의 선언	`int a; int b;` →	`int a, b;`
한 변수의 선언과 대입	`int a; a = 2;` →	`int a = 2;`
두 변수의 선언과 대입	`int a; int b;` `a = 2; b = 3;` →	`int a = 2, b = 3;`

선언과 대입을 동시에 하는 것을 「변수를 **초기화**한다」라고 합니다.
초기화를 하면 값을 대입하는 것을 잊어버릴 염려가 없고, 프로그램도 보기 쉬워집니다.

수치형

수치가 들어가는 변수형에는 정수용인 정수형과 실수용인 실수형이 있습니다.

정수형

정수형에는 다음과 같은 것이 있습니다.

형의 이름	읽는 법	들어가는 값의 범위	사이즈(비트 수)
int	인트	시스템에 따라 다름	–
unsigned int	언사인드 인트	시스템에 따라 다름	–
long	롱	−2147483648 ~ 2147483647	32
unsigned long	언사인드 롱	0 ~ 4294967295	32
short	쇼트	−32768 ~ 32767	16
unsigned short	언사인드 쇼트	0 ~ 65535	16
char	챠, 캐릭터	−128 ~ 127	8
unsigned char	언사인드 챠, 언사인드 캐릭터	0 ~ 255	8

unsigned는 부호가 없다는 의미입니다.

형에 따라 메모리를 사용하는 양이 달라집니다.

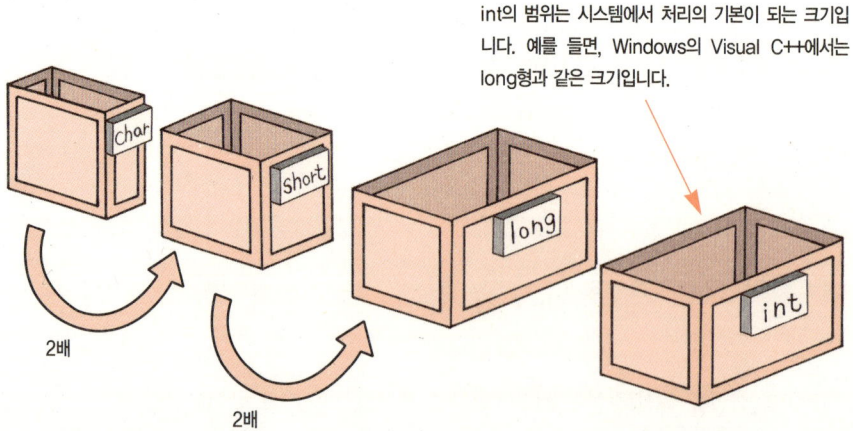

int의 범위는 시스템에서 처리의 기본이 되는 크기입니다. 예를 들면, Windows의 Visual C++에서는 long형과 같은 크기입니다.

실수형

실수형에는 다음과 같은 것이 있습니다.

형의 이름	읽는 법	들어가는 값의 대략적인 범위	사이즈(비트 수)
float	플로트	$-3.4 \times 10^{38} \sim 3.4 \times 10^{38}$	32
double	더블	$-1.7 \times 10^{308} \sim 1.7 \times 10^{308}$	64

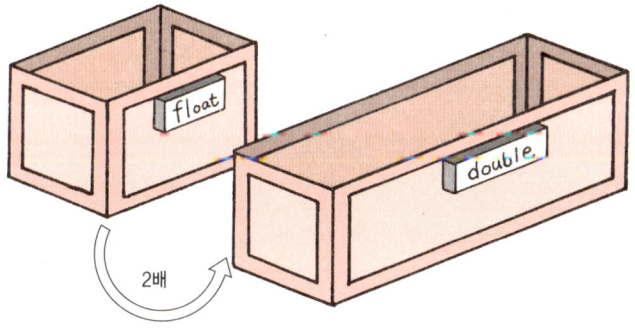

예

```
#include <stdio.h>

main()
{
    unsigned char age = 25;      → 정수 값
    double height = 166.7;
    float weight = 58.5;         → 실수 값

    printf("연령: %d세\n", age);
    printf("신장: %fcm\n", height);
    printf("체중: %fkg\n", weight);
}
```

정수형 ← unsigned char age = 25;
실수형 ← double height = 166.7; / float weight = 58.5;
변수의 선언과 대입(초기화)
처리

 모든 선언은 처리보다 먼저 기술합니다.

실행 결과

```
연령: 25 세
신장: 166.700000 cm
체중: 58.500000 kg
```

문자형

ASCII 코드와 문자의 관계, 문자형 변수 사용법에 대해 알아보겠습니다.

ASCII 코드

컴퓨터는 문자를 문자 그대로 다룰 수 없기 때문에, 영문자·숫자 등을 각각 0 ~ 127 까지의 번호에 대응시켜 관리하고 있습니다(기술할 때는 ' '로 둘러싼다). 그리고 대응 관계를 나타낸 국제 표준 표를 ASCII 코드표라고 합니다(자세한 내용은 부록을 참조).

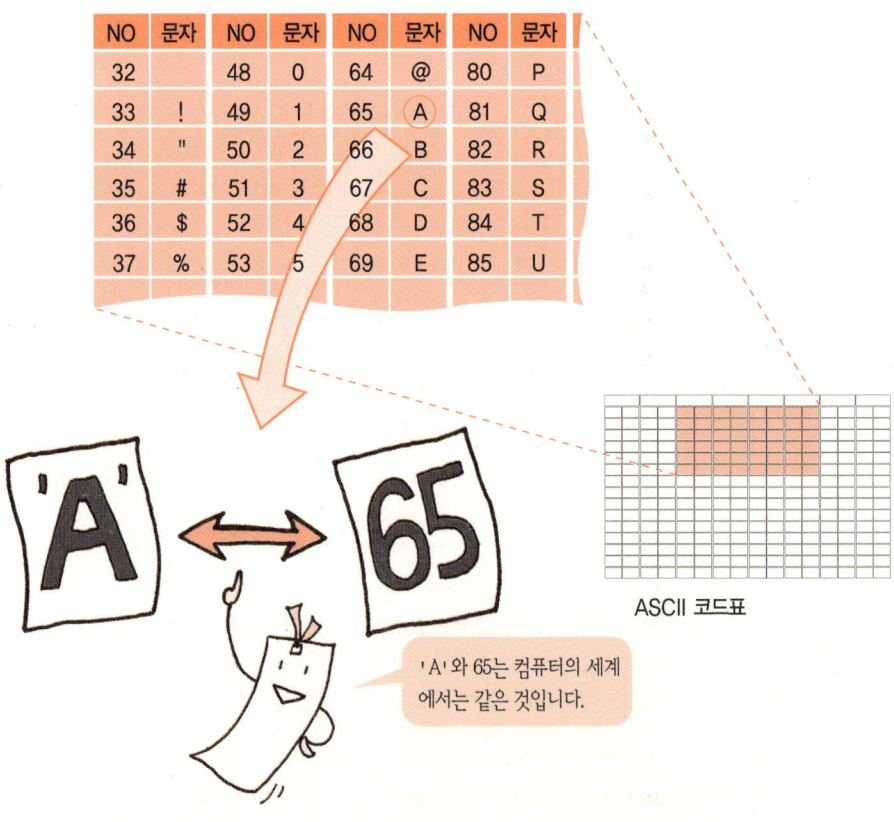

ASCII 코드표

'A'와 65는 컴퓨터의 세계에서는 같은 것입니다.

문자형

　C 언어에서 「문자」라는 것은 반각 문자 한 개를 말합니다. 이 「문자」를 담기 위한 변수의 형이 문자형 char입니다. char는 -128~127의 정수가 들어가는 자료형이지만, C 언어에서는 문자와 문자 코드(0~127번)를 똑같이 취급하기 때문에 문자를 담는 자료형으로도 사용할 수 있습니다.

예

```c
#include <stdio.h>

main()
{
    char a = 'A';
    printf("%d\n", a);
    printf("%c\n", a);
}
```

'A'와 65는 같기 때문에 char a = 65;라고 써도 마찬가지입니다.

실행 결과

```
65      ← 문자 코드로 표시
A       ← 문자로 표시
```

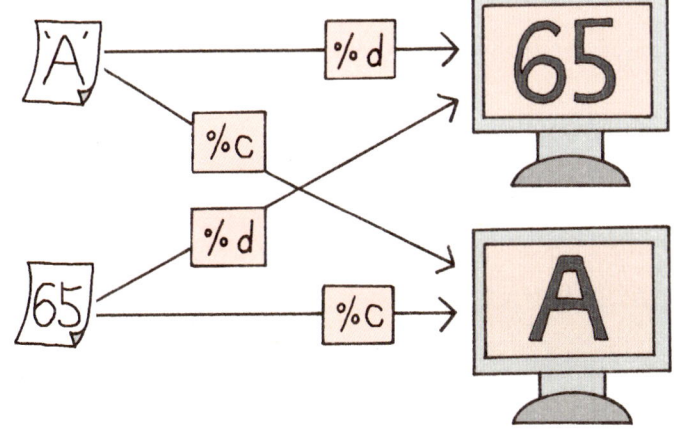

　복수의 문자를 하나의 문자형 변수에 대입할 수 없습니다. 반각 문자 하나만 대입할 수 있습니다. 또한 한글이나 한자 같은 전각 문자도 내부적으로는 복수의 문자로 나타내기 때문에 문자형 변수에 대입할 수 없습니다.

```c
char a = "ABC";
char a = "가";
```

대입할 수 없어요.

문자열

문자열은 문자의 집합입니다. C 언어의 문자열 구조를 살펴보겠습니다.

문자열의 구조

C 언어에서 문자열은 문자의 집합(**배열**→86페이지)으로 나타냅니다. 기술할 때는 " "(큰 따옴표)로 에워쌉니다. 고정 문자열은 다음과 같은 구조로 되어 있습니다.

"Hello"

NULL 문자
이 곳이 문자열의 끝임을 표시합니다. 화면에는 표시되지 않습니다.('\0'을 한 문자로 취급)

문자열을 저장하기 위한 변수를 준비하기 위해서 다음과 같이 선언합니다.

```
char s[6];
```

변수명   문자열의 길이에 NULL 문자 하나를 더한 수 이상으로 지정한다.

6개

S[6]

문자열을 초기화하려면 다음과 같이 합니다.

```
char s[6] = "Hello";
```

[ ] 안을 생략하면, 문자 수에 1을 더한 만큼(6개분)의 상자를 자동적으로 만들 수 있습니다.

```
char s[ ] = "Hello";
```

S[6]

문자열을 변수에 대입한다

문자열 변수에 값을 대입할 때, 「=」을 사용할 수 있는 것은 초기화할 때뿐입니다. 그 이외의 경우는 strcpy( ) 함수를 사용하여 대입합니다.

```
char t[10],
strcpy(t, "Hello");
```
ⓣ → 위에서 선언한 t[10]을 가리킵니다.

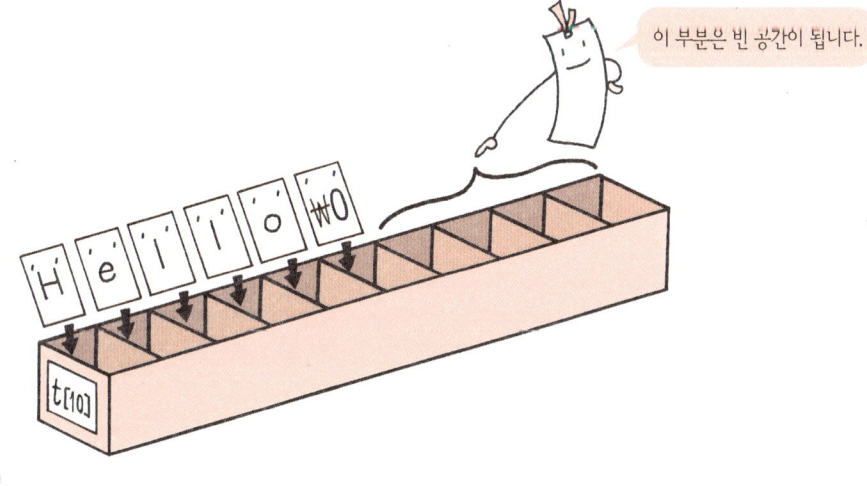

이 부분은 빈 공간이 됩니다.

예

```
#include <stdio.h>
#include <string.h>         ← strcpy( )를 사용하기 위해서 필요합니다.

main()
{
    char s[10] = "Hello";
    printf("%s\n", s);
    strcpy(s,"Good bye");
    printf("%s\n", s);
}
```

[10] → 나중에 "Good bye"를 대입하기 위해 10개 문자만큼 준비해 둡니다.

실행 결과

```
Hello       ← s의 초기값 "Hello"
Good bye    ← 나중에 대입한 "Good bye"
■
```

이제까지의 설명에서, 'A'와 "A"의 차이를 아시겠습니까?
이 인용 부호들의 사용법은 중요하므로 지금 이해하고 넘어가도록 합시다.

printf( )의 서식 지정

printf( )의 서식 지정 필드에서 지정할 수 있는 서식과 \n처럼 특수한 처리를 하는 제어 문자들을 소개합니다.

자릿수의 지정

printf( )의 서식 지정에서 %d를 지정하면 정수를 표시할 수 있었는데, 다음과 같은 방법으로 자릿수를 지정할 수도 있습니다.

공백을 포함해 4문자로 표시

printf("%4d", 25);

　　２５
（4자리）

0을 사용하여 4문자로 표시

printf("%04d", 25);

００２５
（4자리）

실수를 표시하는 %f에서는 소수점 전후의 자릿수를 지정할 수 있습니다.

소수점도 한 글자로 셉니다.

전체를 6자리, 소수점 이하를 1자리로 표시

printf("%6.1f", 155.32);

表시되지 않습니다.

１５５.３２
（6자리）

문자열에 대해서도 마찬가지로 표시 위치를 맞출 수 있습니다.

전체를 6문자로 표시

```
char name[] = "Dooli"
printf("%6s", name);
```

　Ｄｏｏｌｉ
（6자리）

특수한 동작을 나타내는 문자

\n처럼 \(이스케이프 문자)로 시작되는 두 문자를 **이스케이프 시퀀스**라고 합니다. 이 문자들은 화면상에 표시되지 않고, 다음과 같이 특수한 동작을 나타냅니다.

코드	이스케이프 시퀀스	작 용
0	\0	널(NULL) 문자
8	\b	백스페이스(BS)
9	\t	탭(TAB)
10	\n	행바꿈(LF)
13	\r	복귀(CR)

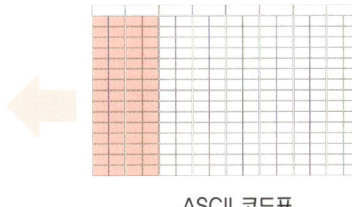

ASCII 코드표

ASCII 코드의 앞쪽 번호에 할당되어 있습니다.

\ 자체를 표시하고 싶을 때에는 \\라고 써야 합니다.
문자열과 문자의 인용 부호인 '나 "를 표시하기 위해서는 그 앞에 \를 붙입니다.

표기법	표시
\\	\
\'	'
\"	"

 예

```c
#include <stdio.h>

main()
{
    printf("     %8s %8s\n", "상품A", "상품B");
    printf("수량 %08d %08d\n", 16, 246);
    printf("중량 %8.4f %8.4f\n", 76.3, 556.1);
    printf("%d%c", 20, 10);
    printf("%d\bA\n", 20);
    printf("%d\t%d\n", 20, 30);
}
```

 실행 결과

```
          상품A      상품B
수량      00000016  00000246
중량      76.3000   556.1000
20
2A
20        30
```

표 형식으로 정리되어 있습니다.

← 문자 코드 10은 행바꿈 문자입니다.
← 맨 끝의 0이 사라지고 A가 표시됩니다.
← 20과 30 사이에 탭이 있습니다.

알아두면 도움이 되는 C 프로그래밍 상식

한글은 어떻게 표현할까?

ASCII 코드는 0~127까지의 수를 사용합니다. 영어 문화권에서는 알파벳과 숫자, 기호를 합해도 100개 정도면 되기 때문에 8비트(→ 54페이지)로 표현하는 규정이 생긴 것입니다. 즉, 영어나 숫자만이라면 1바이트(=8비트) 정도의 기억 용량이면 충분합니다. 그러나 한글을 비롯한 동양 한자 문화권의 언어를 표현하기에는 턱없이 부족합니다.

이러한 이유로 한글의 경우 1바이트 이상을 사용해서 표현하고 있습니다.

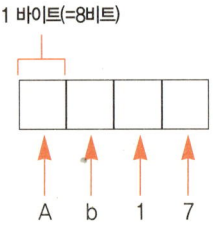

1바이트로는 256가지의 정보밖에 표현할 수 없지만, 2바이트를 사용하면 65536(256×256) 종류의 문자 코드를 나타낼 수 있습니다. 즉, 제1 바이트에 사용하지 않는 코드를 지정하여, 「이번 바이트와 다음 바이트는 2바이트 문자를 나타냅니다」라고 구별하는 것입니다.

한글을 다루기 위한 여러 가지 코드 중에서, UNICODE(유니코드)가 최근에 많이 지원되고 있는데 영어, 한글을 불문하고 2바이트로 표시합니다.

strcpy( ) 같이 문자열을 처리하는 함수들은 대개 영문용으로 만들어져 있습니다. 때문에 이런 함수를 써서 한글을 처리할 때, 자세한 내용은 모르더라도 단순히 영어처럼 다룰 수는 없다는 것만은 기억해 주십시오.

도전! C 프로그래밍

>> exercise

프로그래밍의 제1 수칙은 '백문이불여일행'이라고 합니다. 백 번 듣고 보는 것보다 한 번 프로그래밍을 해 보는 것이 훨씬 낫다는 말입니다. 실제로 프로그래밍에 도전해 보지 않고서는 프로그래머가 될 수 없습니다. 여기에서는 앞 장에서 배운 내용을 토대로 실제 예를 통해 적용해 보겠습니다. 여러분의 프로그래밍 실력을 쌓을 수 있는 기초가 될 것입니다.

문제

01_ 다음 이스케이프 시퀀스가 나타내는 것은 무엇인가요?

  a. \0
  b. \b
  c. \t
  d. \n

02_ 다음 예제가 완벽한 프로그램의 일부라면 출력된 결과는 무엇인가요?

  a. printf("Black Coffee.");
     printf("Have you any cookey?\n");

  b. printf("Begone!\n0 creature of lard!");

  c. printf("What?\nNo/nBonzo?\n");

  d. int num;
     num=2;
     printf("%d+%d=%d", num, num, num+num);

03_ 다음을 실행하면 어떤 실행 결과가 나올까요?

```
#include <stdio.h>

main()
{
  char  a = 'A' ;
  printf("%d\n", a ) ;
  printf("%c\n", a) ;
}
```

04_ 성과 이름을 출력하는 프로그램을 작성하기 위해 printf( ) 함수를 호출해서 성과 이름을 한 라인에 출력하고, 하나의 printf( ) 함수를 호출하여 다음 라인에 성을, 그 다음 라인에 이름을 출력하고, 두 개의 printf( )를 호출하여 성과 이름을 한 라인에 출력하는 프로그램을 작성하세요. 출력은 다음과 같아야 합니다.

John Kim →	첫 번째 출력문
John →	두 번째 출력문
Kim →	두 번째 출력문으로 추가할 것
John Kim →	세 번째, 네 번째 출력문

05_ 자신의 이름과 주소를 행을 바꿔 출력하는 프로그램을 작성하세요.

정답 및 해설

01

a. 널(NULL) 문자
b. 백스페이스(BS)
c. 탭(TAB)
d. 행바꿈(LF)

널 문자는 문자열의 끝을 나타낼 때 주로 사용하며, 아무런 의미도 없습니다. 백스페이스는 제일 마지막에 출력된 문자를 삭제할 때 사용하며, 탭은 일정 공간을 띄워 줄 때 사용하고 행바꿈(Line Feed)은 다음 라인으로 출력을 넘겨줄 때에 사용합니다. 이 밖에도 겹따옴표(")를 출력하기 위해 \", 홑따옴표(')를 출력하기 위해 \', 백슬래시를 출력하기 위해 \\ 등의 이스케이프 시퀀스를 사용합니다.

02

a. Black Coffee.Have you any cookey?

마침표 다음에 공백이 없는 것에 주의해야 합니다. 공백을 두려면 "Have" 대신 공백이 포함된 " Have"라고 입력해야 합니다.

b. Begone!
　0 creature of lard!

"Begone!"이 출력되고 난 후에 라인 피드가 되어 두 번째 줄 처음부터 "0 creature of lard!"가 출력되고 커서가 두 번째 행의 끝에 있는 것에 주의해야 합니다.

c. What?
　No/nBonzo?

/는 \와 다른 문자이므로 똑같은 효과를 낼 수 없습니다.

d. 2+2=4

%d가 대응하는 변수 값과 어떻게 대응되는지에 주의해야 합니다. 또 +는 덧셈 기호이고 계산은 printf( ) 내에서 이루어집니다.

03

65　← 문자 코드로 표시
A　← 문자로 표시

C 언어에서는 데이터 간의 형 변환이 자유롭기 때문에 정수 데이터를 문자로 출력하게 되면 그 정수 값에 해당하는 문자 코드 값이 출력됩니다. 그 반대의 경우로 문자 데이터를 정수 값으로 출력하게 되면 그 문자에 해당하는 문자 코드 값이 출력됩니다.

04

```
#include <stdio.h>

main( )
{
    printf("John Kim\n");
    printf("John\nKim\n");
    printf("John ");
    printf("Kim\n");
}
```

두 번째 출력문에서 "John"을 출력하고 난 뒤에 새 줄에 다시 "Kim"을 출력하는 것에 주의해야 하며 세 번째 출력문과 네 번째 출력문을 한 라인에 연달아 출력해야 하기 때문에 라인 피드가 생기지 않도록 유의하여야 합니다.

05

```
#include <stdio.h>

main( )
{
    printf("김미나\n");
    printf("서울특별시 종로구 효제동 4579번지\n");
}
```

4번 문제와 같이 printf( ) 함수를 호출하여 이름을 첫 번째 라인에 출력하고, 주소를 두 번째 라인에 출력하도록 작성하면 됩니다.

Key Point

컴퓨터가 계산기를 대신한다?

2장에서는 **연산자**에 대해서 배웁니다. 연산자라는 것은, 요컨대 계산에 사용되는 「+」, 「-」 같은 기호를 말합니다. 단, 컴퓨터 키보드에 「÷」가 없는 것을 보면 알 수 있듯이, 수학에서 사용하는 연산자와는 표기법이 조금 다른 것이 있습니다. 또한 컴퓨터의 계산에는 산술 연산만 있는 것이 아닙니다.

우선, 소개할 것은 수치 계산을 수행할 때 사용하는 연산자입니다. 여기에서는 수학 교과서에서 본 적이 있는, 친근한 기호들이 등장합니다. 예를 들면, 컴퓨터에 덧셈 연산을 시키고 싶을 때 사용하는 「+(플러스)」나 뺄셈을 하고 싶을 때 사용하는 「-(마이너스)」도 훌륭한 연산자입니다. 그 밖에도 곱셈, 나눗셈 연산자가 있고, 조금 특이한 연산자로는 나눗셈의 나머지를 구하는 연산자도 있습니다.

연산자는 계산을 수행하는 것만이 아닙니다. C 언어에는 컴퓨터가 아니면 할 수 없는 다양한 기능을 가진 연산자가 많이 있습니다. 값을 비교할 때 사용하는 **비교 연산자**, 조건 판단을 할 때 사용하는 **논리 연산자** 등이 그것입니다.

2장에서는 여러 가지 값을 넣어 보고 계산 결과도 시험해 볼 것이기 때문에, 제1장에서 다룬 프로그램보다는 컴퓨터와의 대화를 더욱 다양하게 즐길 수 있을 것입니다.

비교 연산자(relational operator)
두 값을 비교하여 그 대소 관계를 나타내기 위한 기호로 >, >=, ==, <, <= 등이 있다. 데이터를 검색하거나 추출할 때 조건을 지정하기 위해 사용하거나 프로그램에서 값의 조건에 따라 처리를 바꿀 때 사용한다.

논리 연산자(logical operator)
논리 수학을 위한 기본 연산자. 논리곱(&&), 논리합(||), 부정(!) 등이 있다.

꼭 알아야 할 Key Point

 컴퓨터는 1과 0만 존재하는 디지털 세계

컴퓨터를 사용하면서 자주 접하는 **비트**와 **바이트**란 무엇일까?

비트와 바이트를 정확히 이해하려면 **2진수**와 **16진수**에 대해 알아 둘 필요가 있습니다. 우리들은 보통 10을 셀 때마다 자릿수가 올라가는 10진수를 사용하고 있습니다. 이것은 곧 사람의 손가락이 10개이기 때문입니다. 반면, 컴퓨터의 내부에서는 0 또는 1, 즉 On이냐 Off이냐의 두 가지 상태의 데이터밖에는 존재하지 않습니다. 모든 정보는 0과 1의 조합(2진수)으로 나타낼 수 있습니다.

우리들이 0과 1만을 보고 어떤 데이터인지 파악한다는 것은 아주 어려운 일이 될 것입니다. 또한 0과 1밖에 사용할 수 없다면 프로그램의 길이가 매우 길어질 것입니다. 그래서 요즘은 일반적으로 16진수를 사용하게 되었습니다. 이것은 2진수를 4자리씩 끊어, 이 4자리로 표현할 수 있는 $2^4 = 16$ 가지의 숫자를 0~9, A~F(10진수의 10~15에 해당)의 문자를 사용하여 나타내는 방법입니다. 이렇게 해서, 2진수 데이터를 조금은 알기 쉬운 모양으로 나타낼 수 있게 되었습니다.

연산자는 프로그램에서 중요한 부분입니다. 앞으로 학습이 진행됨에 따라 난이도도 높아지겠지만 조급해하지 말고, 하나하나 제대로 이해한 후에 다음으로 넘어가도록 하세요.

비트(bit)

컴퓨터에서 다루는 데이터의 최소 단위. 디지털 회로에서는 0과 1의 상태를 일반적으로 전압이 인가되어 있거나 인가되어 있지 않은 것으로 나타낸다. 그것이 2진수(binary)의 숫자(digit) 표기와 일치하기 때문에 binary digit를 줄여서 bit라는 조어가 생겨났다. 따라서 1bit는 1자리의 2진수와 같아서 0과 1 두 종류의 데이터 표현이, 2bit에서는 00, 01, 10, 11 등 4종류의 표현이 가능하다.

바이트(byte)

8bit를 나타내는 데이터의 단위. 문자를 바이트 단위로 표현하는 경우 256종류의 문자를 표현할 수 있다. 외부 기억 장치의 기억 용량은 일반적으로 바이트 단위로 표기한다. 또 비트 표기에서는 b를 쓰지만 바이트 표기에서는 MB와 같이 대문자 B를 써서 구분한다.

산술 연산자(1)

계산에 이용되는 「+」나 「-」 등을 연산자라고 합니다. 연산자를 사용해 실제로 계산을 해 보기로 하겠습니다.

🔓 수치의 계산에 사용하는 연산자

C 언어에서 수치 계산에 이용하는 연산자는 다음과 같습니다.

연산자	기능	사용법	의미
+	+(더하기)	a = b + c	b와 c를 더한 값을 a에 대입한다
-	-(빼기)	a = b - c	b에서 c를 뺀 값을 a에 대입한다
*	×(곱하기)	a = b * c	b와 c를 곱한 값을 a에 대입한다
/	÷(나누기)	a = b / c	b를 c로 나눈 값을 a에 대입한다 (c가 0이면 에러)
%	…(나머지)	a = b % c	b를 c로 나눈 나머지를 a에 대입한다 (정수형에서만 유효, c가 0이면 에러)
=	=(대입)	a = b	b 값을 a에 대입한다

 예

```
#include <stdio.h>

main()
{
    printf("5+5는 %d입니다.\n", 5+5);
    printf("5-5는 %d입니다.\n", 5-5);
    printf("5×5는 %d입니다.\n", 5*5);
    printf("5÷5는 %d입니다.\n", 5/5);
    printf("5÷3의 나머지는 %d입니다.\n", 5%3);
}
```

 실행 결과

```
5 + 5는 10입니다.
5 - 5는 0입니다.
5 × 5는 25입니다.
5 ÷ 5는 1입니다.
5 ÷ 3의 나머지는 2입니다.
■
```

대입 연산자

변수에 값을 대입하는 연산자 「=」에서는 좌변은 변수, 우변은 값으로 간주합니다. 따라서 int형 변수 a의 값을 2 증가시키려면 다음과 같이 합니다.

```
a = a + 2;
```
변수 값
대입 a의 값에 2를 더한 것

a가 a+2와 같다는 의미가 아닙니다.

a 값을 2 증가시킨다는 것을 아래와 같이 쓸 수도 있습니다.

```
a += 2;
```

「=」나 「+=」를 **대입 연산자**라고 합니다. 대입 연산자에는 다음과 같은 것들이 있습니다.

연산자	기능	사용법	의미
+=	더한 값을 대입	a += b	a+b의 결과를 a에 대입 (a = a+b와 동일)
-=	뺀 값을 대입	a -= b	a-b의 결과를 a에 대입 (a = a-b와 동일)
*=	곱한 값을 대입	a *= b	a*b의 결과를 a에 대입 (a = a*b와 동일)
/=	나눈 값을 대입	a /= b	a/b의 결과를 a에 대입 (a = a/b와 동일)
%=	나머지를 대입	a %= b	a%b의 결과를 a에 대입 (a = a%b와 동일)

▶ 예

```
#include <stdio.h>

main()
{
    int a = 90;

    a += 10;          ◀── a = a+10;이라고 쓴 것과 같습니다.
    printf("90에 10을 더하면 %d입니다. \n", a);
}
```

▶ 실행 결과

```
90에 10을 더하면 100입니다.
```

산술 연산자(2)

값을 1 증가시키는 증가 연산자와 1 감소시키는 감소 연산자에 대해 설명합니다.

🔓 증가 연산자·감소 연산자

증가 연산자, 감소 연산자는 정수형 변수의 값을 1씩 증가시키거나 감소시킬 경우에 사용합니다.

연산자	명칭	기능	사용법	의미
++	증가(increment) 연산자	변수의 값을 1 증가	a++ 또는 ++a	a의 값을 1 증가시킨다
--	감소(decrement) 연산자	변수의 값을 1 감소	a-- 또는 --a	a의 값을 1 감소시킨다

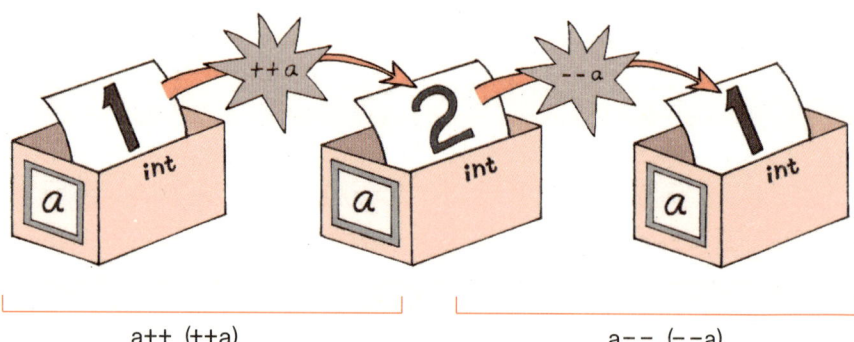

```
#include <stdio.h>

main()
{
    int a = 1;
    printf("처음 값은 %d이었습니다. \n", a);

    a++;
    printf("1 증가해서 %d가 되었습니다. \n", a);

    a--;
    printf("1 감소해서 %d로 되돌아왔습니다. \n", a);
}
```

> **실행 결과**
>
> 처음 값은 1이었습니다.
> 1 증가해서 2가 되었습니다.
> 1 감소해서 1로 되돌아왔습니다.
> ■

a++와 ++a의 차이

증가·감소 연산자는 각각 두 가지 표기법이 있는데, ++a(- -a)를 전치, a++(a - -)를 후치라고 합니다. 전치와 후치는 증가·감소 연산을 수행하는 시점이 다릅니다. 전치의 경우는 변수의 참조보다 먼저 연산을 수행하고, 후치는 변수의 참조 후에 연산을 수행합니다. 때문에 다음과 같은 일이 일어납니다.

```
int x, a = 1;
x = ++a;
```
a에 1을 더한 후, x에 그 값을 대입한다
→ x의 값은 2가 된다

```
int x, a = 1;
x = a++;
```
x에 값을 대입한 후, a에 1을 더한다
→ x의 값은 1이다.

> **예**

```
#include <stdio.h>

main()
{
    int a = 1, b = 1;

    printf("전치인 경우, 값은 %d입니다. \n", ++a);
    printf("후치인 경우, 값은 %d입니다. \n", b++);
}
```

> **실행 결과**
>
> 전치인 경우, 값은 2입니다.
> 후치인 경우, 값은 1입니다.
> ■

비교 연산자

조건식을 작성할 때 사용하는 비교 연산자를 알아봅니다.

비교 연산자란?

C 언어에서는 변수나 수치 등의 값을 비교하여 조건식을 만들고, 그 결과에 따라 처리를 변경할 수 있습니다. 이때 사용하는 연산자를 비교 연산자라고 합니다. 조건이 성립하는 경우를 「**참**(true)」, 성립하지 않는 경우를 「**거짓**(false)」이라고 합니다.

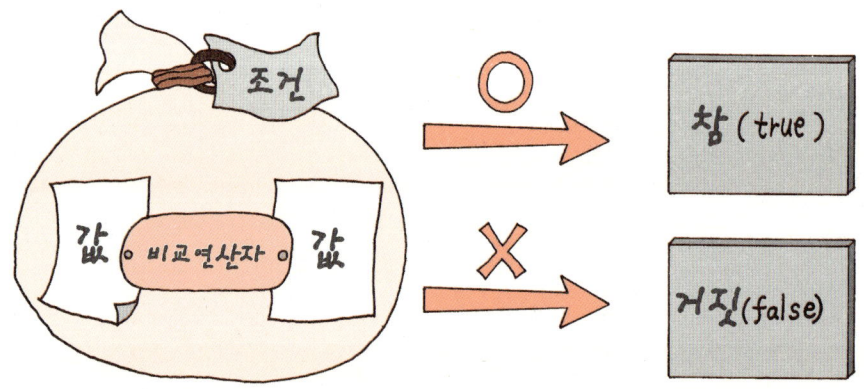

두 개의 기호로 하나의 기능을 하는 것은 스페이스로 사이를 띄우지 말아 주세요.

연산자	기능	사용법	의미
==	= (같다)	a == b	a와 b는 같다
<	< (작다)	a < b	a는 b보다 작다
>	> (크다)	a > b	a는 b보다 크다
<=	≦ (이하)	a <= b	a는 b보다 작거나 같다
>=	≧ (이상)	a >= b	a는 b보다 크거나 같다
!=	≠ (같지 않다)	a != b	a와 b는 같지 않다

48 제2장 연산자

식이 가지고 있는 값

조건식이나 대입식은 그 자체가 값을 가지고 있습니다. 예를 들면, 조건식이 거짓일 때, 조건식 그 자체는 0이라는 값을 가지고 있습니다. 조건식이 참일 경우의 값은 1입니다.

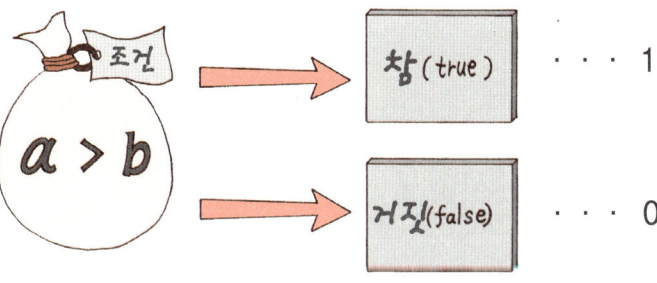

대입식에서는 대입한 값이 그 대입식 전체의 값이 됩니다.

( )로 감싸서 대입식 전체를 나타냅니다.

예

```
#include <stdio.h>

main()
{
    int a = 10, b = 20;

    printf("a=%d b=%d\n", a, b);
    printf("a<b ··· %d\n", a<b);
    printf("a>b ··· %d\n", a>b);
    printf("a==b ··· %d\n", a==b);
    printf("a=b ··· %d\n", (a=b));
}
```

실행 결과

```
a=10 b=20
a<b ··· 1
a>b ··· 0
a==b ··· 0
a=b ··· 20
■
```

논리 연산자

여러 조건식을 조합하여 보다 복잡한 조건식을 만들 수 있습니다.

논리 연산자란?

여러 개의 조건을 조합하여 보다 복잡한 조건을 나타낼 때 사용하는 것이 논리 연산자입니다.

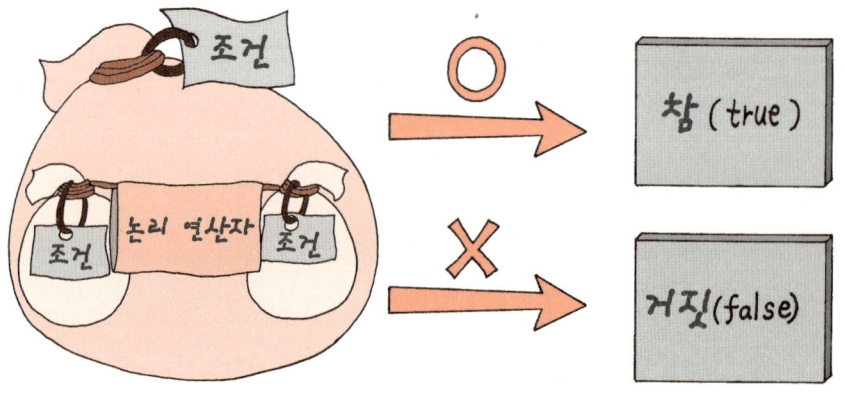

논리 연산자에는 다음 세 종류가 있습니다.

연산자	기능	사용법	의미
&&	그리고	(a>= 10) && (a<50)	a는 10 이상이고 50 미만
||	또는	(a == 1) || (a == 100)	a 값이 1 또는 100
!	~가 아니다	!(a == 100)	a는 100이 아니다

조건 A, B가 있을 때, 논리 연산자의 작용을 도식화하면 다음과 같습니다.

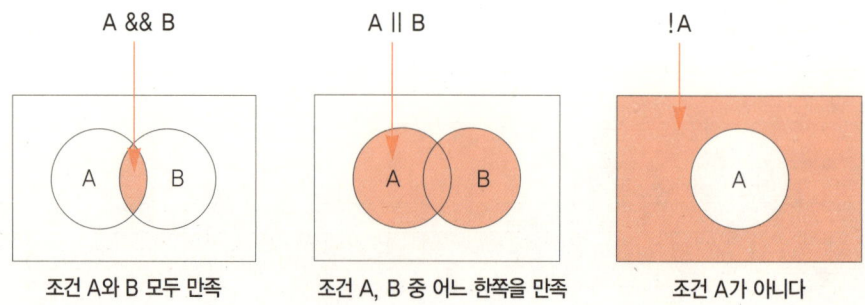

복잡한 조건식

조금 복잡한 논리 연산의 예를 들어 보겠습니다. 각 연산자는 우선순위(→ 58페이지)에 따라 처리되지만, 의도적으로 관계를 분명히 해야 할 때는 ( )를 사용합니다.

a가 50 이상 100 미만이다

(50 <= a) && (a < 100)

b가 0도 1도 아니다

!((b == 0) || (b == 1)) … 「b = 0 또는 b = 1」이 아니다.
!(b == 0) && !(b = 1) … b = 0이 아니고 b = 1도 아니다
(b != 0) && (b != 1) … b ≠ 0이고 b ≠ 1이다.

50<=a<100이라고 쓸 수는 없습니다.

조건 연산자

?와 : 두 개의 기호를 사용하여 조건에 따라 x에 대입하는 값을 바꿀 수 있습니다.

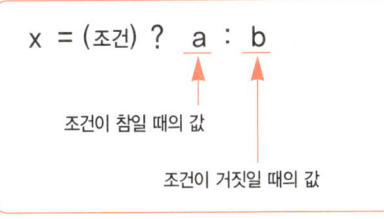

x = (조건) ? a : b
  조건이 참일 때의 값
  조건이 거짓일 때의 값

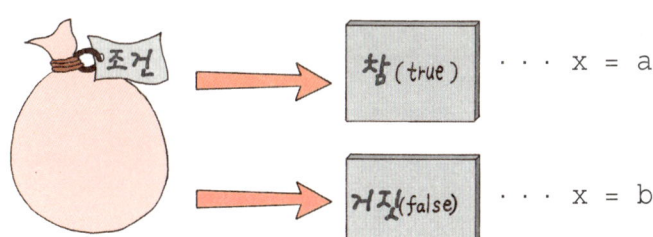

참(true) … x = a
거짓(false) … x = b

예

```
#include <stdio.h>

main()
{
    int a = 30, x;

    x = (0 <= a && a <= 100) ? a : 0;
    printf("%d\n", x);
}
```

실행 결과

30 ← 0 ≤ a ≤ 100이면 a 값을, 그렇지 않으면 0을 표시합니다.

n진수

컴퓨터의 내부는 On과 Off로 된 2진수의 세계입니다. 2진수와 16진수에 대해 알아봅니다.

🔓 수치를 표시하는 방법

우리들이 보통 사용하고 있는 수의 표현법은 10마다 자리가 올라가는 10진수 표현법입니다. 그러나 컴퓨터의 세계에서는 2진수와 16진수로 나타내는 것이 일반적입니다.

2진수 1과 0의 두 가지 상태로 나타냅니다. 컴퓨터 내부에서는 가장 기본적인 표현법입니다.

10진수 보통 사용하고 있는 표기 방법으로 0에서 9까지의 숫자를 사용합니다.

16진수 16마다 단위가 올라가며, 9 이후의 숫자는 A~F의 문자로 표시합니다.

2진수, 10진수, 16진수 사이의 관계는 다음과 같습니다. (↩는 자리 올림)

2진수와 16진수에서 10은 「십」이 아니라 「일공」이라고 읽습니다.

2진수	10진수	16진수
0	0	0
1	1	1
10	2	2
11	3	3
100	4	4
101	5	5
110	6	6
111	7	7
1000	8	8
1001	9	9
1010	10	A
1011	11	B
1100	12	C
1101	13	D
1110	14	E
1111	15	F
10000	16	10

16진수의 표기 방법

C 언어 프로그램에서 수치를 16진수로 표기하기 위해서는 숫자 앞에 0x를 붙입니다. 또한, 16진수로 수치를 표시할 경우는 printf( )의 서식 지정에서 %x를 사용합니다.

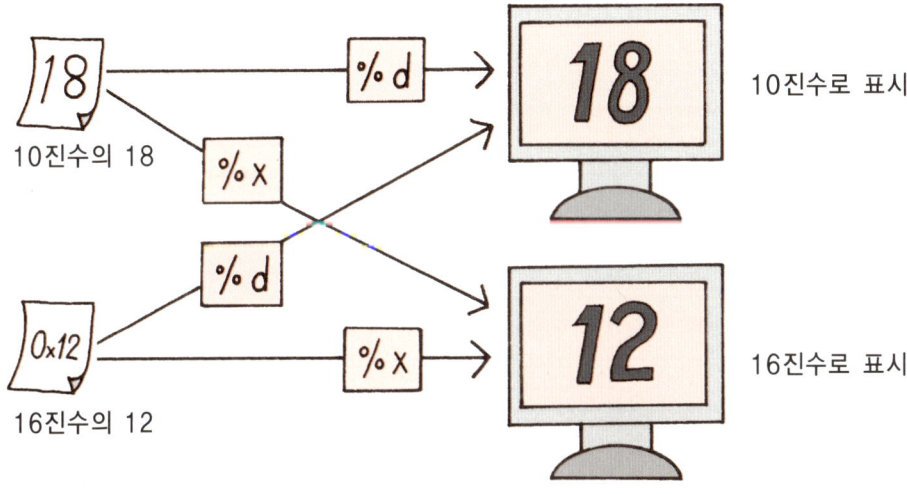

10진수로 표시

16진수로 표시

같은 12라도 10진수와 16진수에서는 전혀 다른 수치가 되므로 주의하세요.

예

```
#include <stdio.h>

main()
{
    int a = 15, b = 0x11;

    printf("10진수 %d는 16진수로는 %X\n", a, a);
    printf("16진수 %x는 10진수로는 %d\n", b, b);
}
```

대문자로 %X라고 쓰면 16진수의 A~F 문자가 대문자가 됩니다.

실행 결과

```
10진수 15는 16진수로는 F
16진수 11은 10진수로는 17
```

비트와 바이트

컴퓨터에서 취급하는 데이터의 단위인 비트와 바이트를 소개합니다.

🔓 비트란?

b1을 최하위 비트, b8을 최상위 비트라고 합니다.

컴퓨터에서 다루는 정보는 전기적인 On 상태(1)와 Off 상태(0)로 나타낼 수 있습니다. 1 또는 0의 값을 갖는 정보의 최소 기본 단위를 **비트**라고 합니다. 또한, 비트가 8개 모인 것(8비트)을 **바이트**라고 합니다.

1바이트로 $2^8 = 256$가지 정보를 표시할 수 있습니다.

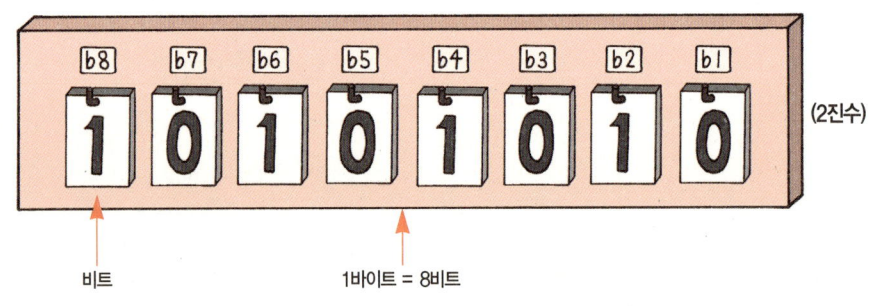

170 = (10진수)   10101010 (2진수)

비트   1바이트 = 8비트

🔓 바이트 단위

바이트의 단위는 $2^{10}(=1024)$마다 단위가 올라갑니다.

단위	읽는 법	의미
KB	킬로바이트	1 KB = 1024 바이트
MB	메가바이트	1 MB = 1024 KB
GB	기가바이트	1 GB = 1024 MB
TB	테라바이트	1 TB = 1024 GB

sizeof(사이즈 오브) 연산자

sizeof 연산자를 사용하면, 변수나 자료형이 메모리에서 점유하는 크기를 바이트 단위로 구할 수 있습니다.

```
int n, m;
n = sizeof(short);      ◀── n은 short형의 바이트 수(=2)가 됩니다.
m = sizeof(n);          ◀── m은 int형의 바이트 수가 됩니다.
                              (값은 처리 시스템에 따라 달라집니다)
```

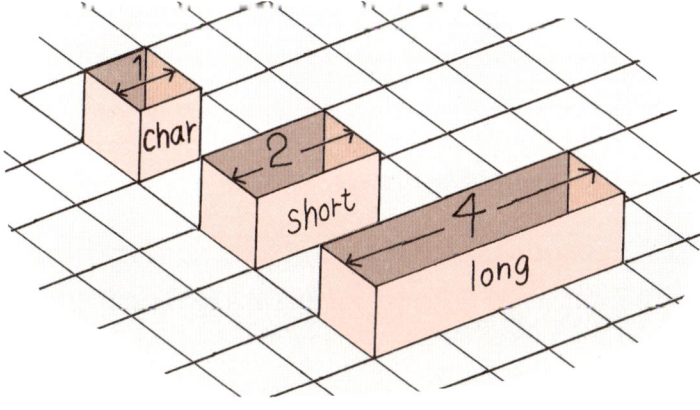

예

```
#include <stdio.h>

main()
{
    char c = 1;
    char s[10] = "Hello";

    printf("long형 = %d바이트 \n", sizeof(long));
    printf("char형 변수 = %d바이트 \n", sizeof(c));
    printf("문자열 변수 = %d바이트 \n", sizeof(s));
}
```

실행 결과

```
long형 = 4바이트
char형 변수 = 1바이트
문자열 변수 = 10바이트
```
◀── 문자의 개수가 아니라, 문자가 들어가는 상자의 바이트 수를 가져옵니다.

형 변환

C 언어로 계산을 수행하는 경우, 변수의 형이 매우 중요합니다. 이번에는 형의 변환에 대해 알아보겠습니다.

🔓 계산 중의 형 변환

C 언어에서는 정수끼리 계산을 하면 그 결과는 정수가 됩니다. 그렇기 때문에 다음과 같이 이상한 결과가 됩니다.

3÷2의 결과를 구한다(틀림)

3 / 2 ➡ 1 ◀── 정수가 되도록 자동적으로 소수점 이하가 버려집니다.
정수 정수 정수

올바른 값인 1.5를 산출해 내기 위해서는 실수를 이용하여 계산해야 합니다.

3÷2의 결과를 구한다(맞음)

3.0 / 2.0 ➡ 1.5
실수 실수 실수

예

```
#include <stdio.h>

main()
{
    printf("3÷2=%d\n", 3/2);
    printf("3÷2=%f\n", 3.0/2.0);
    printf("3÷2=%f\n", 3.0/2);
    printf("3÷2=%f\n", 3/2.0);
}
```

실행 결과

```
3÷2=1
3÷2=1.500000
3÷2=1.500000
3÷2=1.500000
■
```

◀── 실수를 포함하는 계산의 경우, 자동적으로 실수로 변환됩니다.

정수끼리의 연산에서는 가장 범위가 넓은 형으로 변환됩니다.

```
short s = 536;
char c = 12;        ← char의 범위는 −128∼127
int a = s + c;
```
↑
└── 548이 됩니다.

🔒 범위가 다른 값의 대입

값의 범위가 다른 형의 변수끼리 대입할 때에는 충분한 주의를 기울여야 합니다.

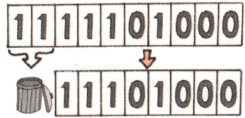
unsigned char c = 1000;

자료형의 상한선을 넘은 수를 대입하면, 크기를 넘어버린 비트는 무시됩니다. 이것을 오버 플로라고 합니다.

```
1 1 1 1 1 0 1 0 0 0
        ↓
    1 1 1 0 1 0 0 0
```

c의 값은 232가 되어 버립니다.

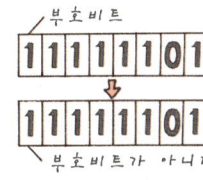
unsigned char c = −3;

부호를 무시하는 변수에 부호가 붙은 값을 넣으면, 비트 정보는 그대로라도, 부호를 무시하고 해석합니다.

부호비트
```
1 1 1 1 1 1 0 1
        ↓
1 1 1 1 1 1 0 1
```
부호비트가 아니다

c의 값은 253이 되어 버립니다.

🔒 캐스트 연산자

「(int)」처럼 자료 형의 이름을 ( )로 둘러싸서 값이나 변수 앞에 쓰면, 그것들을 특정한 형으로 변환시킬 수 있습니다. 이러한 조작을 **형 변환**(캐스트)이라고 하며, ( )를 **캐스트 연산자**라고 합니다.

 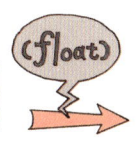 

예

```c
#include <stdio.h>

main()
{
    printf("3÷2=%f\n", 3/(float)2);
}
```
                        ↑
                float 형으로 캐스트

실행 결과

```
3÷2=1.500000      ← 2로 나눈 답을 산출합니다.
```

형 변환 | 57

연산자의 우선순위

기본적인 연산자들이 한 번씩 등장했으니 이번에는 연산자의 우선순위를 소개하겠습니다.

 연산자의 우선순위

기본적으로 식은 좌측에서 우측으로 계산해 가시만, 「×는 +보다 먼저 계산한다」는지 「( ) 안을 먼저 계산한다」 등등, 연산에는 우선순위가 존재합니다. 식 안에 복수의 연산자가 포함되어 있는 경우, C 언어에서는 다음과 같은 연산자 우선순위에 근거하여 계산합니다. 또한 동일한 순위의 연산자가 나열되어 있을 때는, 식의 좌우 어느 쪽부터 적용해야 하는지도 규정되어 있습니다.

우선순위	연산자	우선순위가 같은 경우는 좌에서 우로(→), 우에서 좌(←)로 식을 실행
1	( ) [ ] . (피리어드, 구조체의 멤버 선택) -> (화살표 연산자, 구조체의 멤버 선택) ++(후치) --(후치)	→
2	! ~ ++(전치) --(전치) + (부호) - (부호) & (포인터) * (포인터) sizeof	←
3	캐스트 연산자	←
4	* / %	→
5	+ -	→
6	<< >>	→
7	< <= > >=	→
8	== !=	→
9	&(비트 연산)	→
10	^	→
11	|	→
12	&&	→
13	||	→
14	? : (3항 연산자)	←
15	= += -= *= /= %= &= |= ^= <<= >>=	←
16	, (콤마)	→

식을 읽는 법

여러 가지 연산자의 우선순위를 살펴보겠습니다.

우선순위가 다를 때

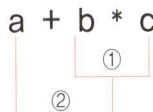

+나 -보다도 *나 /가 먼저 계산됩니다.

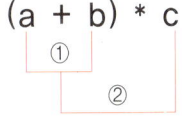

( )로 둘러싸면, 괄호 안을 먼저 계산합니다.

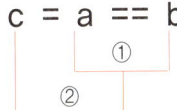

a와 b가 같으면 1을, 다르면 0을 c에 대입합니다.

우선순위가 같을 때

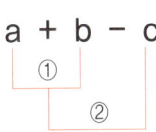

사칙연산은 동일한 우선순위라면 왼쪽에서부터 계산합니다.

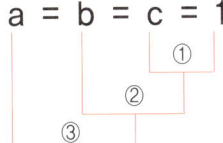

대입은 오른쪽부터 실행됩니다. a, b, c의 값은 모두 1이 됩니다.

복잡한 식을 기술할 때에는, 적당한 위치에서 ( )를 사용하면 읽기 쉬워집니다.

예

```c
#include <stdio.h>

main()
{
    printf("2×8-6÷2 = %d\n", 2*8-6/2);
    printf("2×(8-6)÷2 = %d\n", 2*(8-6)/2);
    printf("1-2+3 = %d\n", 1-2+3);
    printf("1-(2+3) = %d\n", 1-(2+3));
}
```

실행 결과

```
2×8-6÷2=13
2×(8-6)÷2=2
1-2+3=2
1-(2+3)=-4
```

알아두면 도움이 되는 C 프로그래밍 상식

복잡한 논리 연산

논리 연산이란 여러 가지 조건의 조합이 성립하는지를 「참(true)」, 「거짓(false)」이라는 값으로 도출해 내는 것이었습니다. 매우 어려워 보이시만, 사실 여러 가지 조건에 근거를 두고 판단해야 하는 일은 우리들의 일상생활 속에서도 쉽게 찾아볼 수 있습니다.

구체적인 예를 들어 논리 연산과 연결시켜 보겠습니다. 유원지의 놀이 기구 중에는 타기 위해서 일정한 조건을 갖춰야 하는 것들이 있습니다. 예를 들어 아래와 같은 조건들입니다.

① 6세 이상(단, 신장 130cm 이상이면 보호자 동반할 경우만 가능)
② 신장 130cm 이상
③ 심장이 약한 분은 삼가십시오.

연령을 age, 신장을 height라고 하고 건강한 상태를 health, 보호자 동반을 pg라고 하면 이 놀이 기구에 타기 위한 조건식은 다음과 같습니다.

```
((age >= 6 && height >= 130) || (height >= 130 && pg)) && health
```

또 한 가지 예를 들어, 윤년인지 아닌지를 판단하는 조건식을 알아보겠습니다.

① 연도가 4로 나누어 떨어진다.
② 단, 100으로도 나누어 떨어지는 해는 제외한다.
③ 400으로 나누어 떨어지는 해는 윤년이다.

아주 복잡한 조건처럼 보이는데, 이것을 C 언어의 조건식으로 나타내면 다음과 같습니다.

(변수 year를 연도라고 하겠습니다)

```
(year % 4 == 0 && year % 100 != 0) || year % 400 == 0
     ↑                ↑                    ↑
    조건 1           조건 2               조건 3
```

위 식의 값이 참(1)이면 윤년이며, 거짓(0)이면 윤년이 아닙니다.

도전! C 프로그래밍

<< exercise

프로그래밍의 제1 수칙은 '백문이불여일행'이라고 합니다. 백 번 듣고 보는 것보다 한 번 프로그래밍을 해 보는 것이 훨씬 낫다는 말입니다. 실제로 프로그래밍에 도전해 보지 않고서는 프로그래머가 될 수 없습니다. 여기에서는 앞 장에서 배운 내용을 토대로 실제 예를 통해 적용해 보겠습니다. 여러분의 프로그래밍 실력을 쌓을 수 있는 기초가 될 것입니다.

문제

01_ 다음 연산자들의 의미는 무엇인가요?

a. +=

b. -=

c. *=

d. /=

e. %=

02_ 다음 논리 연산에 대한 내용을 설명하세요.

a. (a >= 10) && (a < 50)

b. (a == 1) || (a == 100)

c. !(a == 100)

03_ 다음 내용을 조건식으로 나타내어 보세요.

a. b=0 또는 b=1이 아니다

b. b=0이 아니고 b=1도 아니다

c. b≠0이고 b≠1이다

04_ 모든 변수가 정수형(int)이라고 가정합니다. 그러면 다음 각 변수의 값은 얼마일까요?

a. x=(int)3.6+3.3;

b. x=(2+3) * 10.5;

c. x=3/5 * 22.0;

d. x=22.0 * 3/5;

정답 및 해설

01

a. 더한 값을 대입
b. 뺀 값을 대입
c. 곱한 값을 대입
d. 나눈 값을 대입
e. 나머지를 대입

C에서 사용하는 연산사 중에 대입 연산자(=)와 수학 연산자의 결합된 형태는 수식을 간결하게 표현하기 위해 사용됩니다.

02

a. a는 10 이상이고 50 미만
b. a 값이 1 또는 100
c. a는 100이 아니다

예를 들어 "X가 Y보다 큰 것이 참이고 Y가 Z보다 큰 것이 참이면 X가 Z보다 큰 것이 참인가?"와 같이 한 번에 하나 이상의 관계 연산이 필요한 경우가 있습니다. 프로그램이 어떤 동작을 하기 위해서는 양쪽의 조건이 참인지, 또는 어떤 다른 조건이 참인지를 결정할 필요가 있을 것입니다. 이럴 때는 논리 연산자를 사용하여 여러 가지 조건을 조합하여 참과 거짓을 결정할 수 있습니다.

03

a. !((b==0) || (b==1))
b. !(b==0) && !(b==1)
c. (b!=0) && (b!=1)

각각의 연산에 따라 우선순위가 결정되는데, ( ) 연산자가 가장 우선순위가 높아 ( ) 안의 결과 값을 가지고 나머지 연산을 하게 됩니다.

04

a. 6
b. 52
c. 0
d. 13

모든 계산의 결과 값은 최종 결과 값이 저장되는 변수가 선언된 변수 형에 의해서 결정되므로, 최종 결과 값이 저장되는 변수가 정수형 변수로 선언된 경우, 계산 결과가 실수라 하더라도 소수점 아래의 값은 무시되어 정수 값만 저장됩니다.

3 제어문

프로그램의 흐름을 바꿔 보자!

이 장에서는 실제로 프로그래밍을 하는 과정에서 자주 사용되는 **제어문**에 대해서 알아봅니다. 제어문이란 프로그램의 흐름을 필요에 따라 변경하고 싶을 때 사용하는 것입니다. 프로그램은 본래 물처럼 위에서부터 아래를 향해 흘러가지만, 그렇게 해서는 단순한 동자밖에는 정의할 수 없습니다. 상황에 따라서는 「동일한 처리를 반복한다」거나 「연산 결과에 따라 동작을 중지하고 싶다」거나 할 경우가 있겠지요. 그럴 때 활약하는 것이 제어문입니다. 제어문을 사용하면 프로그램의 흐름을 되돌리거나 막을 수도 있습니다.

처음 소개할 것은 if문입니다. 이것은 영어의 「if」라는 단어가 의미하는 것처럼, 「만약 ~라면 ~한다」는 조건 분기를 시키는 제어문입니다. 즉, 조건이 「성립하는 경우」와 「성립하지 않는 경우」의 두 가지 흐름을 만들어 낼 수 있습니다. 물론 if 문을 여러 개 사용하여 두 개 이상의 흐름을 만들어 낼 수도 있습니다.

조건 분기(conditional branch)
조건이 참이냐 거짓이냐를 기준으로 하여 분기하는 것

제어문(control statement)
프로그래밍 언어에서 프로그램의 실행 순서를 나타내는 문. goto문과 같은 무조건 제어문과 if문과 같은 조건부 제어문, for문이나 while문과 같은 루프 제어문이 있다.

꼭 알아야 할 Key Point

그 다음으로 for문과 while문이 등장합니다. 두 가지 문 모두 어떠한 처리를 「반복」하고자 할 때 사용하는 제어문입니다. for문을 설명한 페이지에는 단지 4줄로 된 프로그램으로 컴퓨터에게 구구단 계산을 시키는 예가 나옵니다. 본문에서는 for문과 while문을 각각 별도의 항목으로 나뉘 상세하게 설명할 것입니다.

또한, 간단히 여러 개의 분기를 가능하게 해 주는 switch문이라는 제어문도 소개할 것입니다. 롤 플레잉 게임에서, 선택한 항목에 따라 그 다음 게임의 흐름이 바뀌는 경우에 사용할 수 있습니다.

제어문을 사용하면 컴퓨터에 복잡한 처리를 시킬 수가 있습니다. 그러나 프로그램의 흐름을 바꿈으로 인해 **무한 루프**(영원히 계속하여 반복)를 돌기도 하는 등, 여러 가지 잘못된 프로그램을 작성하게 되는 일도 늘어나게 됩니다. 각각의 제어문을 바르게 이해하고 충분히 주의를 기울여 프로그래밍을 하도록 합시다.

롤 플레잉 게임(role playing game)

게임의 플레이어가 등장 인물의 역할(role)을 맡는 게임. 원래는 테이블 게임의 일종이었으나 컴퓨터 게임에서는 캐릭터를 조작하면서 여러 가지 경험을 쌓아 레벨업해 가는 어드벤처 게임이나 액션 게임 등을 가리키는 일이 많다.

if문(1)

제어문 if는 영어 단어 「if(만약 ~했다면)」과 같은 의미입니다. C 언어의 제어문 중에서 가장 기본적인 것입니다.

🔓 if문이란?

if문은 조건에 따라 처리를 다르게 할 때 사용합니다. 조건에는 비교 연산자와 논리 연산자를 사용한 조건식을 지정합니다.

→ true   → false

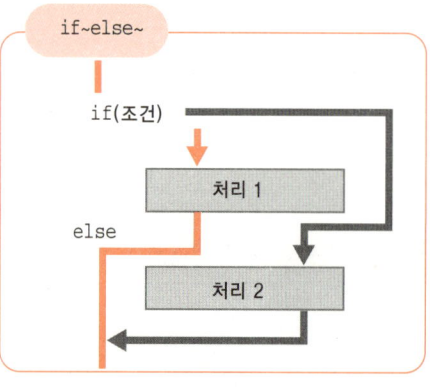

조건이 성립할 때(true)는 처리 1을, 성립하지 않을 때(false)는 처리 2를 수행합니다.

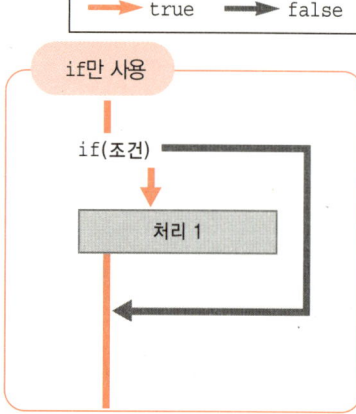

조건이 성립하면 처리 1을 수행하고 성립하지 않으면 아무것도 하지 않습니다.

예

```
#include <stdio.h>

main()
{
    int a = 5;

    if(a%2 == 0)
        printf("%d는 짝수입니다.\n", a);
    else
        printf("%d는 홀수입니다.\n", a);
}
```

5÷2의 나머지는 1이므로 else 이후의 처리를 실행합니다.

실행 결과

5는 홀수입니다.

블록

왼쪽 페이지의 처리 1과 처리 2 부분에는 기본적으로 하나의 문밖에 사용할 수 없습니다. 복수의 처리를 수행하고 싶을 때에는, 처리하고 싶은 내용 전체를 중괄호 { }로 에워싸서 하나의 문으로 간주하게 합니다. 이것을 **블록**이라고 합니다.

```
if(조건식)
{
    xxxxxxxxx      블록
    xxxxxxxxx
}
else
{
    xxxxxxxxx      블록
    xxxxxxxxx
}
```

들여쓰기

공간 절약을 위해 이렇게 쓰는 경우도 많습니다.

```
if(조건식)    {
    xxxxxxxxx
    xxxxxxxxx
} else {
    xxxxxxxxx
    xxxxxxxxx
}
```

블록 안에서는 탭으로 들여쓰기를 하는 편이 읽기 쉬운 코드가 됩니다.

예

```
#include <stdio.h>

main()
{
    int s = 65;

    printf("당신의 점수는 %d점입니다. \n", s);

    if(s < 70)
    {
        printf("평균까지 앞으로 %d점. \n", 70-s);
        printf("힘내세요! \n");
    }
    else
    {
        printf("잘 하셨습니다! \n");
    }
}
```

블록

블록으로 처리할 필요는 없지만, 해도 상관없습니다.

실행 결과

```
당신의 점수는 65점입니다.
평균까지 앞으로 5점.
힘내세요!
```

if문(2)

구조가 복잡한 프로그램에서 사용되는 if문의 응용법을 학습하겠습니다.

🔓 연속된 if문

여러 조건 중 어느 것에 맞느냐에 따라 각각 다른 처리를 수행하고 싶은 경우는 if문을 조합하여 사용합니다.

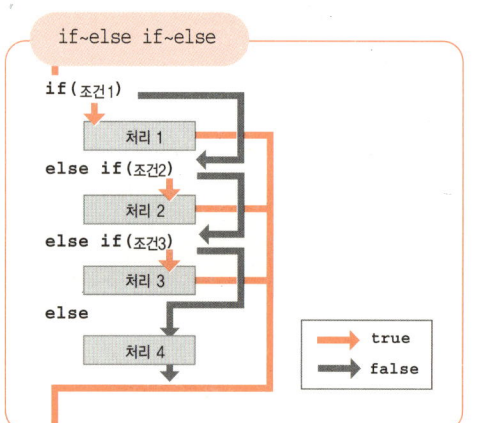

조건 1이 성립 → 처리 1을 실행
조건 2가 성립 → 처리 2를 실행
조건 3이 성립 → 처리 3을 실행
아무것도 성립하지 않는다 → 처리 4를 실행

실행하는 처리는 이 중 하나입니다.

▶ 예

```
#include <stdio.h>

main()
{
    char c = '#';

    printf("%c은", c);

    if('0' <= c && c <= '9')
            printf("숫자입니다.\n");
    else if('a' <= c && c <= 'z')
            printf("소문자입니다.\n");
    else if('A' <= c && c <= 'Z')
            printf("대문자입니다.\n");
    else
            printf("기호입니다.\n");
}
```

68 제3장 제어문

실행 결과

\#은 기호입니다. ← 어떤 조건에도 맞지 않기 때문에 else 이하를 실행합니다.
■

🔓 중첩된 if문

if문을 비롯하여 제어문은 처리 중간에 다른 제어문을 포함할 수 있습니다. 이렇게 다른 제어문 속에 들어가 있는 것을 **네스트(중첩)**라고 합니다.

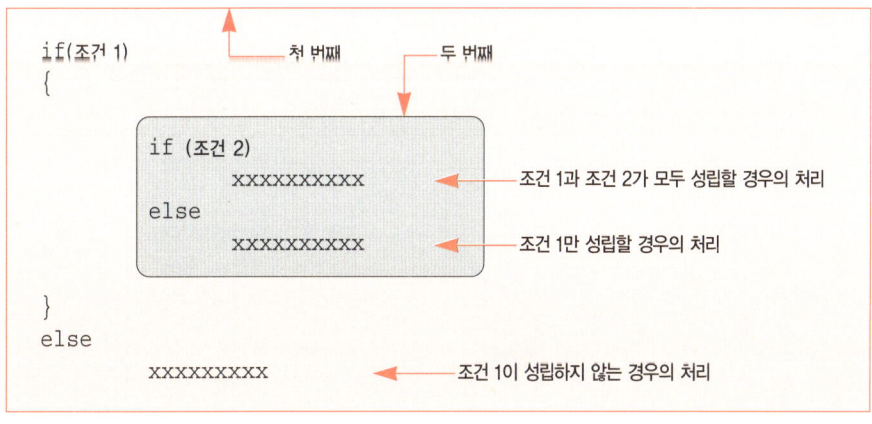

바르게 들여쓰기를 해 두면 읽기가 쉽습니다.

예

```
#include <stdio.h>

main()
{
    int a = 90;

    if(a > 80)
    {
        if(a == 100)
            printf("만점입니다.\n");
        else
            printf("조금만 더 노력하세요.\n");
    }
    else
        printf("힘내세요!\n");
}
```

조건이 성립하는 경우에 if문을 네스트하고 있습니다.

실행 결과

조금만 더 노력하세요.
■

for문

프로그래밍을 하다 보면 똑같은 처리를 반복해야 하는 일이 자주 있습니다. 그럴 때에는 for 문을 사용합니다.

🔓 for문이란?

for문은 반복 처리를 효율적으로 수행하기 위한 제어문입니다. 일반적으로 카운터를 준비하여, 그 값에 따라 반복 횟수를 결정합니다.

```
for
            카운터              카운터의 초기 값을 설정합니다.
                                반복을 계속하기 위한 조건을 씁니다.
int i;                          카운터 증가 방법을 지정합니다.

for(i = 0, i <= 3, i++)

         처리
```

반복 처리를 루프라고 합니다.

i 의 초기 값을 0으로 하여 하나씩 값을 증가시키며, 3 이하일 때만 처리를 반복하여 실행합니다.

예

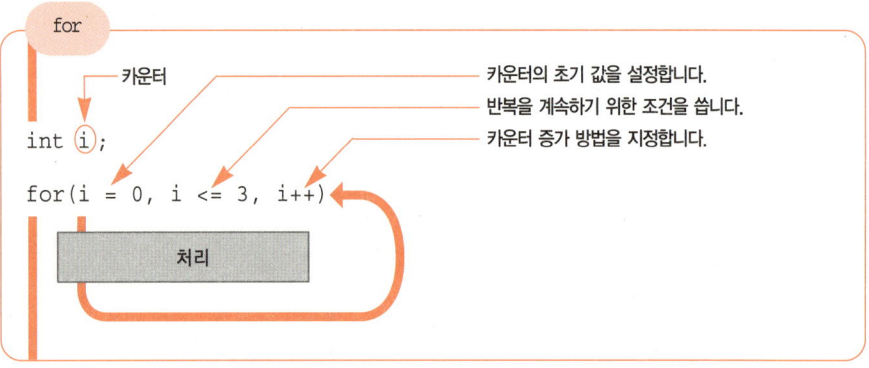

```
#include <stdio.h>

main()
{
    int i;
    for(i = 1; i < 4; i++)
        printf("안녕하세요.%d\n", i);
}
```

변수 i에 1을 대입
"안녕하세요.1"을 표시
i++를 실행(i = 2)
i<4이므로 반복
"안녕하세요.2"를 표시
i++를 실행 (i = 3)
i<4이므로 반복
"안녕하세요.3"을 표시
i++을 실행(i = 4)
i<4 가 아니므로 루프를 종료

처리 순서

실행 결과

```
안녕하세요.1
안녕하세요.2
안녕하세요.3
■
```

2중 루프

for문을 두 개 사용하여, 루프 속에 루프를 집어넣을 수 있습니다. 이것을 **2중 루프**라고 합니다.

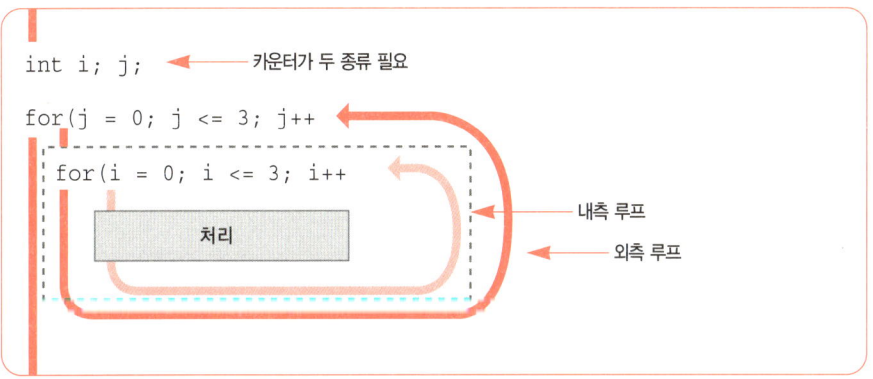

```
int i; j;           ← 카운터가 두 종류 필요

for(j = 0; j <= 3; j++)
    for(i = 0; i <= 3; i++)
                        ← 내측 루프
        처리
                        ← 외측 루프
```

2중 루프에서는 값의 변화가 다음과 같습니다.

```
int i, j;

for(j = 1; j <= 2; j++)
    for(i = 1; i <= 3; i++)
        printf("%d\n", i-j);
```

j	i	i-j
	1	0
1	2	1
	3	2
	1	-1
2	2	0
	3	1

처리 순서 ↓

예

```
#include <stdio.h>

main()
{
    int i, j;

    for(j = 1; j <= 9; j++)
        for(i = 1; i <= 9; i++)
            printf("%d×%d=%d\n", j, i, j*i);
}
```

실행 결과

```
1×1=1
1×2=2
  ⋮
9×8=72
9×9=81
```
← 구구단을 모두 표시합니다.

while문

반복을 수행하는 횟수가 미리 정해져 있지 않을 때에는 while문을 사용합니다.

while문이란?

while문은 어떤 조건이 성립하는 동안에만 반복을 수행하는 제어문입니다. for문과 다른 점은 카운터에 해당하는 것이 없다는 것입니다. 주로 키보드로부터 입력을 받는 등 반복 횟수를 알 수 없을 때에 사용합니다.

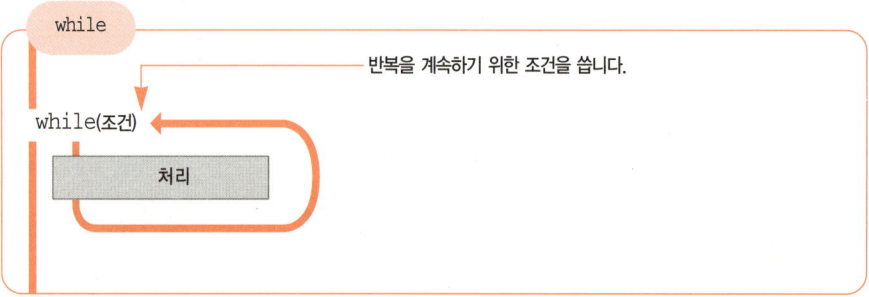

조건이 성립하는 한 처리를 반복합니다.

do ~ while문

do~while문도 while문과 똑같이 반복을 수행하는 제어문입니다. while문은 처리에 앞서 먼저 조건을 평가하기 때문에, 첫 번째 루프를 돌 때 조건이 성립되지 않으면 while문 블록 내의 처리를 한 번도 수행하지 않는 경우가 있는 데 비해, do~while문은 조건을 아래쪽에 쓰기 때문에 반드시 한 번은 처리를 수행하게 됩니다.

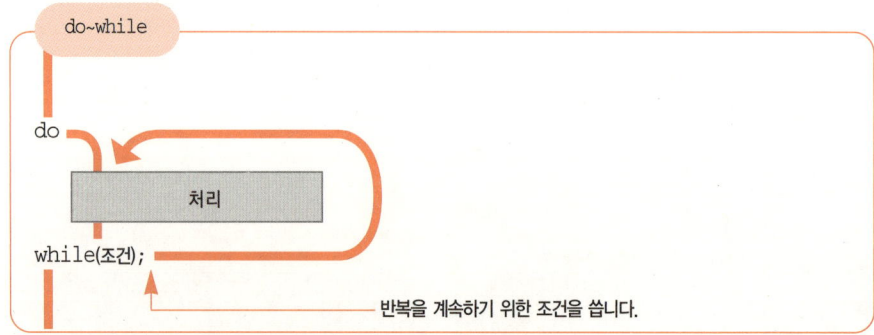

조건이 성립하는 한, 처리를 계속 반복합니다(반드시 한 번은 실행합니다).

예

```
#include <stdio.h>

main()
{
    char a;
    do {
        a = getchar();
        printf("%c", a);
    } while(a != 'e');
}
```

getchar( ) 함수
키보드로부터 입력받은 반각 문자 하나를 가져옵니다.

키보드에서 e를 입력할 때까지 표시합니다.

실행 결과

```
two↵
two
three↵
thre
■
```

← do~while이기 때문에 첫 번째 「e」를 표시하고 나서 루프를 종료합니다.

※ 굵은 글자는 키보드로 입력한 문자

🔒 무한 루프에 빠지지 않도록 주의

while 같은 반복 제어문에서 조건이 항상 성립하도록 잘못 지정해 버리면, 처리를 영원히 반복하게 됩니다. 이것을 무한 루프라고 하며, 프로그램의 **버그** 중 하나입니다. 조건과 반복 처리의 내용에 주의해서 무한 루프가 되지 않도록 합시다.

❌
```
int a = 0;

while(a < 5)
{
    printf("%d\n", a);
    a == a + 1;
}
```

루프에서 벗어날 수가 없어요.

a를 증가시키는 부분을 잘못 작성하였습니다.
이렇게 하면 a 값이 변하지 않기 때문에 무한 루프가 되어 버립니다.
a = a+1; 이라고 해야 됩니다.

루프의 중단

반복 처리 등에서 흐름을 바꿀 때 사용하는 제어문인 break와 continue를 소개합니다.

🔓 반복을 중단한다

for문이나 while문 같은 반복문을 중단하려면 **break**문을 사용합니다. 프로그램 실행 중에 break문을 발견하면 가장 가까운 반복 처리 블록의 끝으로 점프합니다.

```
break
while(조건)
{
    ⋮
    break;
    ⋮
}
```
루프
가장 가까운 반복 처리 블록의 끝으로 점프합니다.

break문은 복수의 블록을 통과할 수 없습니다.

예

```c
#include <stdio.h>

main()
{
    int a, b = 1;
    for(a = 0; a < 5; a++)
    {
        if(a+b >= 3)
            break;
        printf("%d+%d=%d\n", a, b, a+b);
    }
}
```

a + b의 값이 3 이상이면 루프를 종료합니다.

실행 결과

```
0+1=1
1+1=2
■
```

2 + 1은 3이 되므로 루프를 종료합니다.

반복을 다음 회로 넘긴다

break문이 반복문의 처리를 중단하고 루프를 빠져나오는 거라면, continue문은 자신이 위치한 루프의 처리를 중단하고, 다음 차례의 반복을 처음부터 실행시키는 기능을 합니다.

```
continue

while(조건)
{
    ⋮
    continue;
    ⋮
}
```

가장 가까운 루프의 처음으로 돌아갑니다.

예

```c
#include <stdio.h>

main()
{
    int a, b = 1;
    for(a = 1; a < 5; a++)
    {
        if(a+b == 3)
            continue;
        printf("%d+%d=%d\n", a, b, a+b);
    }
}
```

a + b가 3이면 루프의 처음으로 돌아갑니다.

실행 결과

```
1+1=2
3+1=4
4+1=5
```

2+1은 3이 되므로 표시하지 않고 다음 차례로 넘어갑니다.

switch문

switch문을 사용하면 여러 개의 선택지를 가진 분기 처리를 깔끔하게 기술할 수 있습니다.

🔓 여러 개의 처리를 선택

switch문은 여러 개의 case라는 선택지 중에서 식의 값과 일치하는 것을 골라 처리를 실행합니다. 식의 값이 어떤 case와도 맞지 않을 경우는 default로 넘어 갑니다. 각 case의 마지막에는 break문을 써서, 선택한 처리만 수행하도록 합니다.

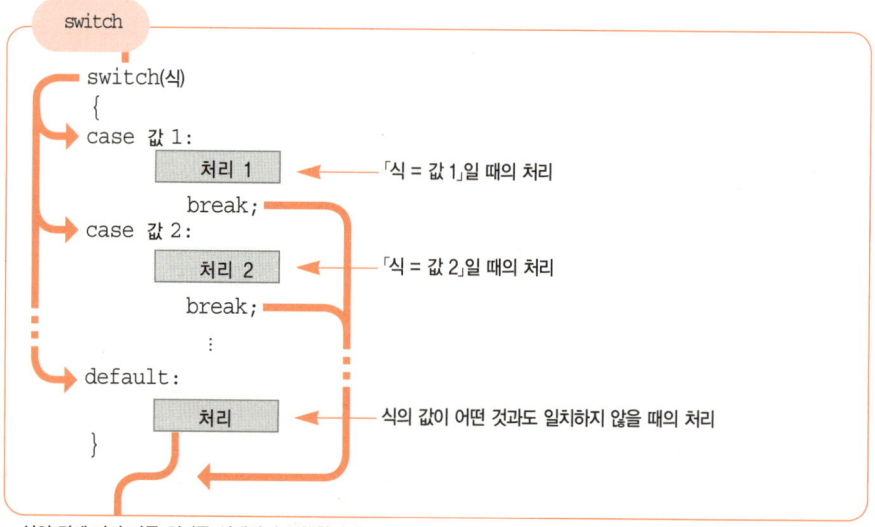

break가 없으면 그대로 다음 case로 가버린답니다.

식의 값에 따라 다른 처리를 선택하여 실행합니다.

단, 위 「식」에는 값이 정수인 것만 사용할 수 있습니다. 그 외의 경우는 「if~else if~else」를 사용해 주세요.

```
char s[16];

switch(s)
{
case "Hello":
    printf("Hello");
    break;
     ⋮
}
```

❌ ➡ ⭕

```
char s[16];

if(strcmp(s,"Hello") == 0)
    print ("Hello");
else if(···
     ⋮
     ⋮
```

아래와 같이 case를 계속해서 쓰면 식이 값 1 또는 값 2와 일치할 때 처리를 수행합니다.

```
switch(식)
{
        case 값 1:
        case 값 2:
                처리
                break;
                :
}
```

예

```
#include <stdio.h>

main()
{
    char a;

    printf("1~3 중에서 좋아하는 숫자를 입력하세요.\n");
    a = getchar();

    switch(a)
    {
    case '1' :
            printf("오늘의 운세는 좋은 편입니다.\n");
            break;
    case '2' :
            printf("오늘은 운수대통이군요.\n");
            break;
    case '3' :
            printf("오늘의 운세는 보통입니다.\n");
            break;
    default :
            printf("잘못 입력하셨습니다.\n");
    }
}
```

문자는 ASCII 코드와 같기 때문에 case에서 사용할 수 있습니다.

실행 결과

```
1~3 중에서 좋아하는 숫자를 입력하세요.
2
오늘은 운수대통이군요.        ← 결과를 표시
■
```

※ 굵은 글자는 키보드로 입력한 문자

예제 프로그램 ①

단어 수 세기

키보드로 입력한 영어 문장의 단어(스페이스나 피리어드로 구분된 말의 덩어리) 수를 세는 프로그램입니다. 스페이스가 여러 개 연속적으로 존재할 경우도 고려해야 하며, [Enter] 키만 입력하면 프로그램이 종료되도록 작성합니다.

소스 코드

```c
#include <stdio.h>

main ()
{
    char c = '\0';          /* 키보드에서 입력한 한 글자 */
    char firstletter;       /* 맨 처음 글자를 담아둡니다 */
    int wordnum;            /* 단어 수 */
    int word_in;            /* 단어에 들어가면 true */

    while(1)          ◄── 처리를 단순화하기 위해 무한 루프를 만들었습니다.
    {
        wordnum = 0;
        word_in = 0;
        firstletter = '\0';
        printf("문자열을 입력하세요 :");
        while(1)
        {
            c = getchar();
            if(c == '\n')                    [Enter] 키를 누르면,
            {                                안쪽 루프를 빠져나옵
                if(word_in)                  니다(단어가 끝이 아니
                    wordnum++;               었다면 단어 수에 추가
                break;                       합니다).
            }
            firstletter = c;
            if(c == ' ' || c == '.')
            {                                단어의 바로 다음 문자
                if(word_in)                  가 구분 문자라면, 단
                {                            어의 개수를 카운트합
                    wordnum++;               니다.
                    word_in = 0;
                }
            }
            else
                word_in = 1;
        }
        if(firstletter == '\0')   ◄── 아무것도 입력하지 않으면
            break;                    바깥 루프를 빠져나옵니다.
        printf("단어 수 : %d\n", wordnum);
    }
}
```

한 행의 처리
(입력한 문자를 하나씩 처리합니다)

입력 반복

실행 결과

```
문자열을 입력하세요 : I love cat.⏎
단어 수 : 3
문자열을 입력하세요 : I love dog, too! ⏎
단어 수 : 4
문자열을 입력하세요 :
```

※ 굵은 글자는 키보드로 입력한 문자

예제 프로그램 ❷

ASCII 코드표 표시하기

32~127번까지의 ASCII(아스키) 코드를 「16진수 : 10진수 : 문자」의 형식으로 화면에 표시하겠습니다(0~31번은 화면에 표시되지 않는 문자이기 때문에 표시하지 않습니다).

소스 코드

```c
#include <stdio.h>

main()
{
    int x, y;                   /* 루프 카운터 */
    char c;                     /* 캐릭터 번호 */

    for(x = 2; x < 8; x++)
        printf("16: 10:c | ");        // 맨 윗줄 표시, 16은 16진수
    printf("\n");                      // 10은 10진수, c는 문자를 나타냄
    for(x = 2; x < 8; x++)
        printf("---------+-");         // 두 번째 줄
    printf("\n");

    for(y = 0; y < 16; y++)
    {
        for(x = 2; x < 8; x++)
        {
            c = x * 16 + y;
            printf("%2X:%3d:%c | ", c, c, c);    // 한 줄을 표시
        }
        printf("\n");
    }
}
```

실행 결과

```
16: 10:c | 16: 10:c | 16: 10:c | 16: 10:c | 16: 10:c | 16: 10:c |
---------+---------+---------+---------+---------+---------+-
20: 32:  | 30: 48:0 | 40: 64:@ | 50: 80:P | 60: 96:` | 70:112:P |
21: 33:! | 31: 49:1 | 41: 65:A | 51: 81:Q | 61: 97:a | 71:113:q |
22: 34:" | 32: 50:2 | 42: 66:B | 52: 82:R | 62: 98:b | 72:114:r |
23: 35:# | 33: 51:3 | 43: 67:C | 53: 83:S | 63: 99:c | 73:115:s |
24: 36:$ | 34: 52:4 | 44: 68:D | 54: 84:T | 64:100:d | 74:116:t |
25: 37:% | 35: 53:5 | 45: 69:E | 55: 85:U | 65:101:e | 75:117:u |
26: 38:& | 36: 54:6 | 46: 70:F | 56: 86:V | 66:102:f | 76:118:v |
27: 39:' | 37: 55:7 | 47: 71:G | 57: 87:W | 67:103:g | 77:119:w |
28: 40:( | 38: 56:8 | 48: 72:H | 58: 88:X | 68:104:h | 78:120:x |
29: 41:) | 39: 57:9 | 49: 73:I | 59: 89:Y | 69:105:i | 79:121:y |
2A: 42:* | 3A: 58:: | 4A: 74:J | 5A: 90:Z | 6A:106:j | 7A:122:z |
2B: 43:+ | 3B: 59:; | 4B: 75:K | 5B: 91:[ | 6B:107:k | 7B:123:{ |
2C: 44:, | 3C: 60:< | 4C: 76:L | 5C: 92:\ | 6C:108:l | 7C:124:| |
2D: 45:- | 3D: 61:= | 4D: 77:M | 5D: 93:] | 6D:109:m | 7D:125:} |
2E: 46:. | 3E: 62:> | 4E: 78:N | 5E: 94:^ | 6E:110:n | 7E:126:~ |
2F: 47:/ | 3F: 63:? | 4F: 79:O | 5F: 95:_ | 6F:111:o | 7F:127:△ |
■
```

알아두면 도움이 되는 C 프로그래밍 상식

goto문

break
나 continue는 루프를 빠져나가거나 다음 차례로 넘기는 제어문이었는데, 그와 비슷한 것으로 goto문이 있습니다. goto는 이름 그대로, 지정한 장소로 점프하는 제어문으로, 이것을 사용하면 여러 루프를 넘어서 완전히 다른 장소로 이동할 수도 있습니다.

goto문은 다음과 같이 사용합니다.

```
goto 라벨;       ← 점프하고 싶은 문의 앞쪽에 라벨을 붙이고,
    ⋮               goto~에서 어느 라벨로 이동할 것인지 지정합니다.
    ⋮
라벨 : 문;
```

이렇게 소개하고 보니 왠지 굉장히 편리한 기능처럼 보이지만, 사실 goto문은 「프로그램을 읽기 어렵게 한다」는 큰 단점이 있습니다.

일반적으로, 프로그램은 위에서 아래로 흘러갑니다. break나 continue는 이들 제어문이 포함되어 있는 블록 내의 흐름만 바꾸지만, 만약 그것이 블록이나 루프를 벗어난 부분까지 영향을 미친다면 어떨까요? 프로그램은 곧 무질서해지고 이해하기 어려울 것입니다. 그러므로 프로그램의 혼란을 피하기 위해, goto문은 가급적이면 사용하지 않아야 합니다.

goto문은 2중 루프를 한 번에 벗어나야 할 때나 switch문을 포함하는 루프에서 벗어나야 할 때 유용하지만, 대체로 goto문을 사용하지 않더라도 같은 기능을 구현할 수 있습니다. 기본적으로 「goto문은 사용하지 않는다」고 기억해 두면 좋겠습니다.

도전! C 프로그래밍

>> exercise

프로그래밍의 제1 수칙은 '백문이불여일행' 이라고 합니다. 백 번 듣고 보는 것보다 한 번 프로그래밍을 해 보는 것이 훨씬 낫다는 말입니다. 실제로 프로그래밍에 도전해 보지 않고서는 프로그래머가 될 수 없습니다. 여기에서는 앞 장에서 배운 내용을 토대로 실제 예를 통해 적용해 보겠습니다. 여러분의 프로그래밍 실력을 쌓을 수 있는 기초가 될 것입니다.

문제

01_ 다음 루프가 만들어 내는 결과는 어떻게 될까요?

```
for(value = 36 ; value > 0 ; value /= 2)
printf("%3d", value) ;
```

02_ 다음 프로그램은 완벽하지 않습니다. 오류를 찾아보세요.

```
01: #include <stdio.h>
02: main( )
03: {
04:    int i, j, list(10) ;
05:
06:    for(i = 0, i < 10, i++)
07:    {
08:       list[i] = 2*i+3;
09:       for(j = o, j >= i, j++)
10:          printf("%d\n", list[j]);
11:       printf("\n");
12: }
```

03_ 다음 코드의 출력 결과는 무엇일까요?

```
#include <stdio.h>

main( )
{
   char let = 'F';
   char start;
   char end;

   for (end = let; end >= 'A'; end--)
   {
      for (start = let; start >= end; start--)
```

         printf("%c", start);
         printf("\n");
      }

}
/* 이 프로그램에서는 문자 코드들이 ASCII 코드에 있는 것과 마찬가지로 연속된 것으로 간주하고 작성하였습니다 */

04_ 다음 결과를 출력하는 프로그램을 작성하세요.

```
$
$$
$$$
$$$$
$$$$$
```

05_ 배열을 만들고 정수 2, 4, 6, 8 등과 같이 배열을 채우려고 다음과 같은 프로그램을 작성하였습니다. 그러나 원하는 결과를 얻을 수 없었습니다. 이 프로그램에서 잘못된 곳은 어디일까요?

```
#includ <stdio.h>
main( )
{
   int by_twos[8]
   int index;
   for(index = 1; index <= 8; index++)
      by_twos[index] = 2*(index+1);
   for(index=1; index <= 8; index++)
      printf("%d ", by_twos);
   printf("\n")
}
```

MORE

정답 및 해설

01

```
36 18 9 4 2 1
```

초기 조건이 value=36이며, value가 0보다 큰 동안 value 값을 2로 나누어 가며 수행하도록 되어 있으므로, 위의 답과 같이 출력됩니다. 문제에서 value가 정수형 변수라는 선언이 선행되어야 할 것입니다. 만일 실수형 변수로 선언될 경우에는 무한 루프를 돌게 됩니다.

02

4행 : list[10]이어야 합니다.
6행 : ,가 ;이어야 합니다.
9행 : >=는 <=가 되어야 합니다. 그렇지 않으면 루프가 끝나지 않습니다.
11행 : 10행과 11행 사이에 또 다른 }가 있어야 합니다. 하나는 복합문을 종료시키고 다른 하나는 프로그램을 종료시킵니다.

배열을 나타낼 때에는 변수[크기]의 형태로 나타내며, C에서는 반드시 { } 블록으로 구문을 감싸 주어야 합니다. 그렇지 않으면 문법 오류가 생깁니다.

03

```
F
FE
FED
FEDC
FEDCB
FEDCBA
```

C에서는 이형 변수 간의 데이터 변환이 자유롭기 때문에 문자 상수를 정수 변수에 할당했을 경우에 그 결과 값은 문자 상수의 문자 코드 값이 입력됩니다. 또한, 그 반대로 정수 변수를 문자형으로 출력했을 경우에는 그 정수 값에 해당하는 문자 코드가 출력됩니다.

04

```
#include <stdio.h>
main( )
{
   int i,j;
   for (i=1;i<=5;i++)
   {
      for (j=1;j<=i;j++)
         printf("$");
      printf("\n");
   }
}
```

이 문제를 해결하려면 중복된 반복문을 사용할 줄 알아야 합니다. '$'의 출력 모양을 자세히 살펴보면 1~5행까지 출력되므로 1~5까지 반복되는 루프가 하나 있어야 하고, 그 안에서 그 열의 수만큼 열이 반복됩니다. 예를 들면 1행은 1개, 2행은 2개, 5행은 5개까지이므로, 처음 반복되는 루프의 변수가 i라고 했을 때, 중첩된 루프는 1~i까지 반복되는 루프를 하나 작성해야 합니다. 마지막으로 한 행의 출력이 끝났을 때, 다음 행으로 출력을 넘겨주어야 하므로 '\n'을 사용합니다.

05

```
for(index = 0; index < 8; index++)
    by_twos[index] = 2 * (index + 1);
```

```
for(index = 0; index < 8; index++)
    printf("%d", by_twos[index]);
```

배열의 첫 번째 원소인 인덱스는 0이기 때문에 루프의 범위는 1에서 8까지가 아니고 0에서 8-1까지입니다. 따라서 루프를 이런 방법에 기초해서 다시 작성하면 됩니다.
마찬가지로 두 번째 루프에 대한 한계치도 고칠 수 있습니다. 또한 배열 인덱스를 배열명과 함께 사용해야 합니다.

4

배열과 포인터

Key Point

C 프로그램을 보다 간결하게

이 장에서는 **배열**과 **포인터**에 대해 학습할 것입니다. 배열은 복수의 변수를 모아서 일렬로 늘어세운 것입니다. 예를 들어, int a[4];라고 선언하면, int형 변수 4개를 나타냅니다.

이 중 한 개의 상자(요소)를 사용할 때는 a[0], a[1], a[2], a[3]과 같은 식으로 0부터 시작하는 번호를 지정합니다. a[i]와 같이 변수를 인덱스 번호로 사용할 수 있기 때문에, a1, a2 … 와 같은 식으로 변수를 계속 늘려 가는 것보다 선언이나 처리를 간단하게 할 수 있습니다.

또한 int a[4]라는 예에서는 변수가 일렬로 늘어선 1차원의 이미지였지만, 가로, 세로로 늘어세워 2차원 배열이나 3차원 배열, 4차원 배열도 만들 수 있습니다. 배열은 대량의 데이터를 관리할 필요가 있을 때는 없어서는 안 된다고 할 수 있겠지요.

그런데, 제1장에서「문자열은 배열이다」라고 소개했습니다. 이 장에서는 배열과 문자열의 관계에 대해 좀 더 자세히 알아보겠습니다. 그리고 C 언어에는 문자열을 복사하거나 문자의 개수를 알아볼 수 있는 편리한 함수가 있습니다. 그것들에 대해서도 소개하도록 하겠습니다.

용어설명

배열(array)
같은 형을 가지며, 정해진 규칙에 따라 배열된 요소의 집합으로 이루어지는 문법 단위. 이름에 의해서 식별되며, 차원과 그 크기를 지정함으로써 정해진다. 보통 배열명에 첨자를 붙여 배열의 요소를 식별한다.

포인터(pointer)
컴퓨터 프로그램 중에서 다른 프로그램 요소를 참조하기 위해 사용되는 요소. 예를 들면, 어떤 어드레스에 있는 요소가 수치적인 내용을 갖는 것이 아니라 다른 요소의 어드레스를 내용으로 하여 갖는 경우의 요소를 말한다.

꼭 알아야 할 Key Point

 ## 포인터와 배열은 찰떡궁합

포인터라는 것은 「데이터의 위치를 보관해 두기 위한 변수」입니다. 쉽게 말해, 가령 데이터를 레스토랑이라고 하면 포인터는 레스토랑의 이름이 적힌 간판에 해당합니다.

실제로 변수와 포인터는 메모리상에 존재하고 있기 때문에, 잠깐 컴퓨터의 내부에 대해 살펴보겠습니다. 메모리에는 **어드레스**(주소)라고 부르는 숫자가 붙어 있어, 메모리상에 존재하는 데이터는 그 장소를 어드레스로 표시할 수 있습니다. 그렇다면「포인터라고 하지 말고 차라리 어드레스라고 하는 편이 간단하지 않나?」라고 생각할 수도 있겠지만, 컴퓨터에는 여러 종류가 있으므로, 하드웨어 구조에 지나치게 의존하는 것은 좋지 않습니다.

또한 포인터와 배열은 밀접한 관계가 있어 포인터를 사용하여 배열을 간소하게 다룰 수 있습니다. 이 장에서는 그 개념에 대해서도 알아보겠습니다.

이전에 C 언어를 공부하다가 포인터에서 막혀버린 분이나 왠지 까다로울 것 같다고 생각하는 분도 차분히 배열과 포인터에 대해 학습해 보도록 합시다.

인덱스(index)
같은 수의 배열 중에서 특정한 수를 식별하기 위한 첨자. 예를 들어 x[5]는 배열 x의 6번째 요소를 말한다.

변수(variable)
프로그램 중의 기본적인 문법 단위. 이름에 의해 식별되며, 여기에 값을 줄 수 있다. 변수는 문 중에서 값이 대입된다든지 그 값을 참조한다든지 한다.

어드레스(address)
레지스터, 기억장치의 특정 로케이션 혹은 기타 필요한 데이터가 있는 장소나 상대방을 지정하는 숫자와 문자의 조합. 기억장치 속에서 1워드를 차지하는 특정한 장소를 지정하는 데 사용하며, 보통은 숫자로 표시한다.

배열

동일한 형의 데이터라면 배열로 묶어서 다룰 수 있습니다.

배열의 개념

배열은 복수의 동일한 형의 변수를 하나로 묶은 것입니다. 대량의 데이터를 취급할 때나 여러 데이터를 차례로 자동적으로 입출력해야 할 때 배열을 사용하면 편리합니다.

배열도 변수와 마찬가지로 선언이 필요한데, 배열의 선언 방법은 아래와 같습니다.

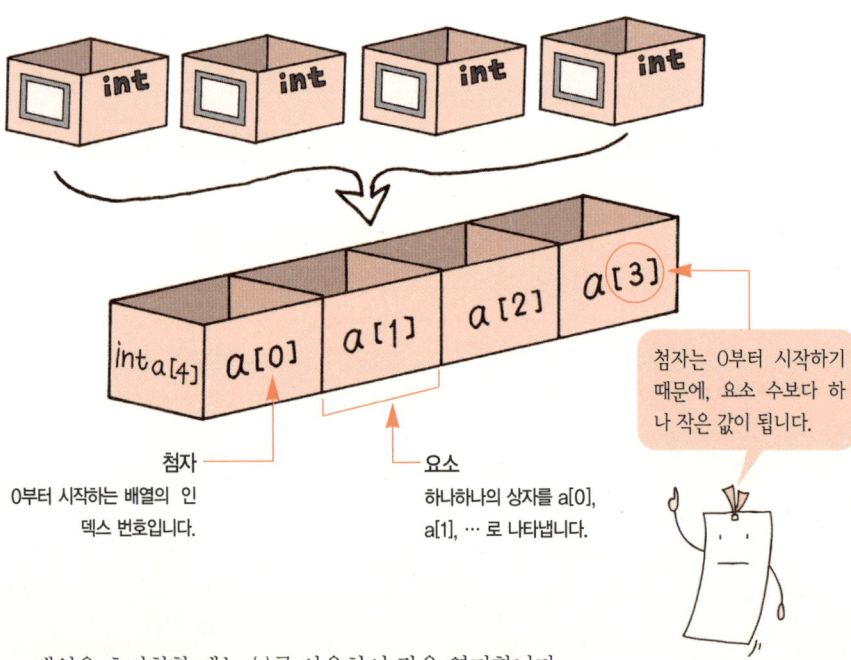

배열을 초기화할 때는 { }를 사용하여 값을 열거합니다.

```
int a[4] = {1, 2, 3, 4};
```

[ ] 안의 요소 수는 생략할 수 있습니다.

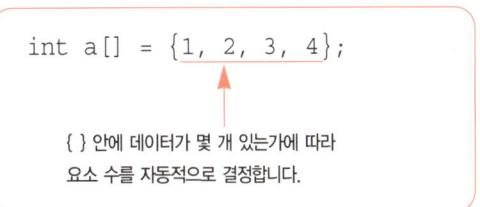

{ } 안에 데이터가 몇 개 있는가에 따라
요소 수를 자동적으로 결정합니다.

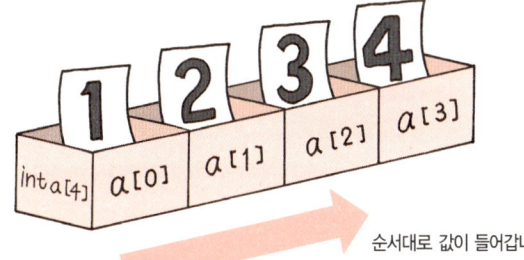

순서대로 값이 들어갑니다.

🔓 배열 요소의 참조와 대입

배열의 요소 하나하나는 일반 변수처럼 참조하고 대입할 수 있습니다.

```
int a[4];
int n = 1;

a[0] = 1;
a[1] = 2;
a[2] = 3;
a[3] = 4;
printf("%d\n", a[n]);
```

a[0]~a[3]의 값을 대입

a[1]의 값을 표시

첨자에 「0」~「요소의 개수 - 1」이외의 값을 지정하면, 프로그램 실행 중에 에러가 발생하니 주의하세요!

❌
```
int a[4] = {1, 2, 3, 4};
printf("%d", a[4]);
```

a[4]는 배열의 범위 밖이기 때문에, 프로그램이 도중에 멈추거나 예기치 않은 동작을 하고 맙니다.

예

```
#include <stdio.h>

main()
{
    int i;
    int a[] = {1, 2, 3, 4};

    for(i = 3; i >= 0; i--)
        printf("%d  ", a[i]);
    printf("\n");
}
```

첨자에 변수를 사용하여 표시를 자동화하고 있습니다.

실행 결과

```
4 3 2 1
```

배열과 문자열

배열이란 같은 형의 데이터를 묶어 둔 것인데, 그중 문자형을 모아 둔 것이 문자열입니다.

배열과 문자열의 관계

문자열은 복수 문자의 집합으로, 이것을 담아 두기 위해서 배열(**문자열 배열**)을 사용합니다. 문자열에서는 배열 요소 하나에 한 문자가 들어갑니다.

```
char s[] = "ABC";
```

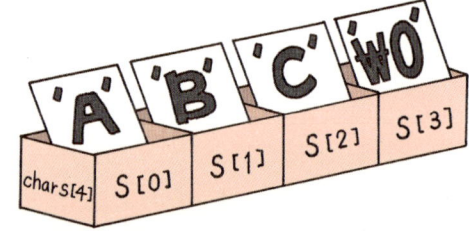

배열의 초기화 방법에 따라 다음과 같이 써도 동일합니다.

```
char s[4] = { 'A', 'B', 'C', '\0' };
```

문자열의 끝을 알리는 NULL 문자가 필요합니다.

문자 단위의 조작

배열의 구조를 이용하면, 다음과 같이 특정 한 문자만을 바꿀 수도 있습니다.

```
char s[4] ="Cat";
s[0] = 'R';
```

0번 상자에 'R'을 대입합니다.

이미 데이터가 들어 있는 부분에 덮어씁니다.

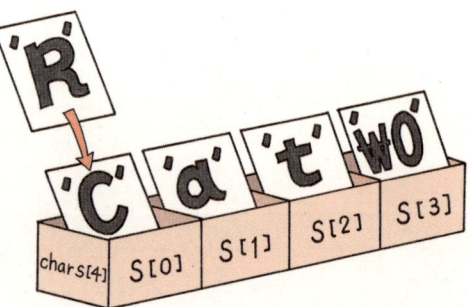

예

```c
#include <stdio.h>

main()
{
    int i = 0;
    char a[] = "NET";
    char b[4];

    while(a[i] != '\0')     ← NULL 문자 '\0'이 오면 반복을 종료합니다.
    {
        b[i] = a[2-i];
        i++;
    }
    b[3] = '\0';            ← 문자열의 끝은 반드시 '\0'입니다.
    printf("%s는 거꾸로 읽으면 %s\n입니다.", a, b);
}
```

실행 결과

NET는 거꾸로 읽으면 TEN입니다.

---

i = 0   b[0] = a[2];

i = 1   b[1] = a[1];

i = 2   b[2] = a[0];

         b[3] = '\0';

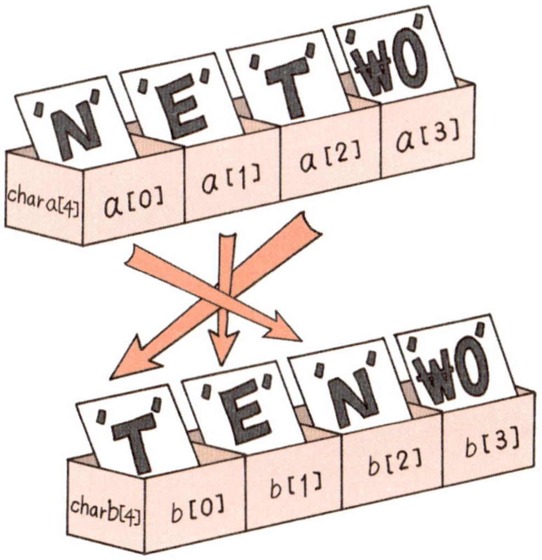

89

문자열을 자유자재로!

C 언어에서 표준으로 제공되는 함수 중 문자열을 활용하기 위한 편리한 함수들에 대해 알아보겠습니다.

문자열 함수

C 언어에는 문자열을 조작하는 표준 함수(**문자열 함수**)가 준비되어 있습니다. 문자열 함수를 사용하기 위해서는 프로그램의 첫머리에 다음과 같은 구문을 추가해야 합니다.

```
#include<string.h>
```

대표적인 문자열 함수는 다음과 같습니다.

- 문자열의 길이를 얻는 strlen( )

```
char s[ ] = "ABC";
int l;
l = strlen(s);
```

변수 l에 문자열 s의 길이를 대입합니다(공백 문자도 문자 수로 셉니다).

- 문자열을 복사하는 strcpy( )

```
char s[6];
strcpy(s, "Hello");
```

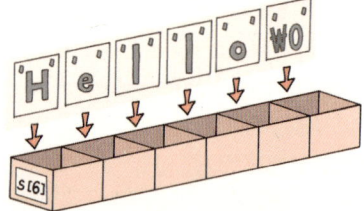

문자열 s에 문자열 "Hello"를 복사합니다.

- 문자열을 결합하는 strcat( )

```
char a[6] = "ABC";
char b[ ] = "de";
strcat(a, b);
```

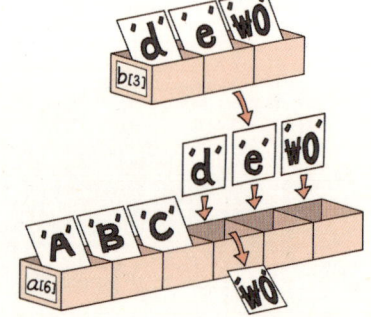

문자열 a와 문자열 b를 결합합니다.

- 문자열을 비교하는 strcmp( )

```
char a[ ] ="ABC";
char b[ ] ="ABCD";
int c = strcmp(a, b);
```

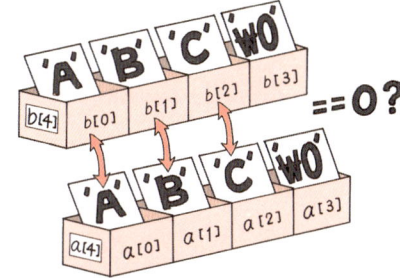

문자열 a와 b를 비교한 결과를 c에 대입합니다(단, 문자 비교는 ASCII 코드를 기반으로 하며, 대문자와 소문자를 구별합니다). 이 예의 경우, c는 음의 값이 됩니다.

대입되는 c의 값	의미
c == 0	a와 b는 같다
c > 0	a가 b보다 사전적으로 뒤쪽이다.
c < 0	a가 b보다 사전적으로 앞쪽이다

🔓 문자열 변환에 관련된 함수

다음과 같은 변환 함수도 자주 사용됩니다.

- 수치를 문자열로 변환하는 sprintf( )

```
char s[40];
sprintf(s,"%f", 143.5);
```

printf( ) 함수를 사용하는 요령으로 문자열로 변환한 결과를 s에 집어넣습니다.

- 문자열을 수치로 변환하는 atoi( )

```
char s[] = "340";
int n = atoi(s);
```

s를 10진수의 정수로 변환한 결과를 n에 대입합니다 (#include <stdlib.h>가 필요).

> 예

```
#include <stdio.h>
#include <string.h>

main()
{
    char s1[] = "cat", s2[] = "dog";
    char s[20];
    sprintf(s, "I love %s and %s.", s1, s2);
    printf("「%s」의 글자 수는 %d\n", s, strlen(s));
}
```

> 실행 결과

「I love cat and dog.」의 글자 수는 19

다차원 배열

표처럼 종횡으로 확장되는 데이터를 한번에 다루기 위해서는 다차원 배열이 아주 편리합니다.

🔓 다차원 배열이란?

지금까지의 배열은 요소 수에 따라 횡으로 늘어가는 일차원의 이미지였지만, 이번에는 2차원, 3차원으로 확장하여 생각해 보겠습니다. 배열의 차원은 필요에 따라 4차원, 5차원으로 늘릴 수 있습니다.

● 1차원 배열

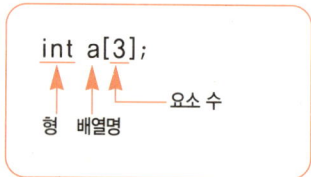

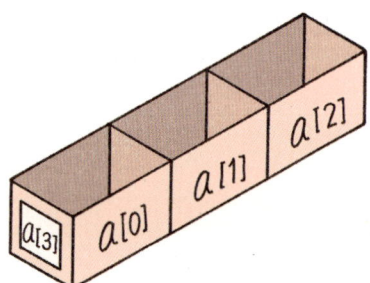

● 2차원 배열

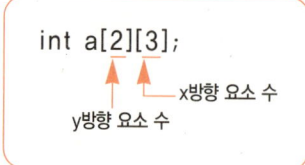

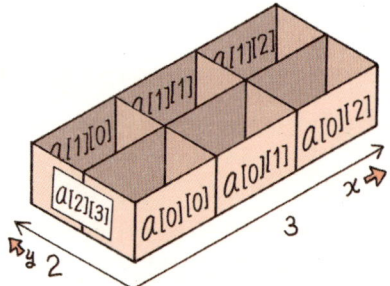

● 3차원 배열

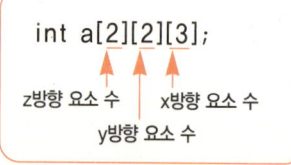

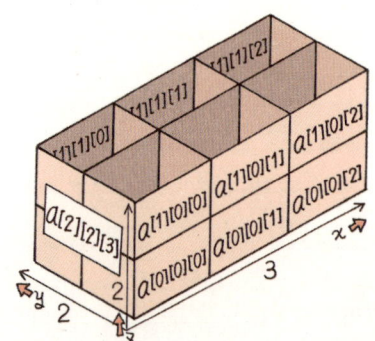

다차원 배열에 대한 대입·초기화·참조

다차원 배열에 대한 대입, 초기화, 참조는 다음과 같이 수행됩니다.

```
int a[2][3] = {
    {10, 20, 30},
    {40, 50, 60}
};
a[0][2] = 0;
printf("%d\n", a[1][0]);
```

- 초기화 { } 와 콤마의 조합에 주의
- a[0][2]에 0을 대입
- a[1][0]을 참조

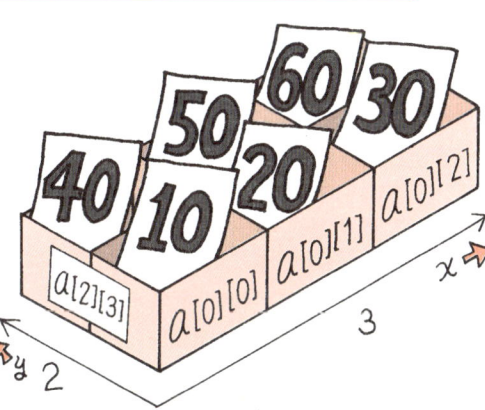

예

```
#include <stdio.h>

main()
{
    int x, y;
    int a[2][3] = {
        {10, 20, 30},
        {40, 50, 60}
    };
    for(y = 0; y < 2; y++) {
        for(x = 0; x < 3; x++)
            printf("a[%d][%d]= %d ", y, x, a[y][x]);
        printf("\n");
    }
}
```

각각의 데이터가 어느 위치에 들어가 있는지 주의하세요.

실행 결과

```
a[0][0]=10 a[0][1]=20 a[0][2]=30
a[1][0]=40 a[1][1]=50 a[1][2]=60
```

어드레스

변수와 배열은 실제로는 컴퓨터의 메모리상에 존재합니다. 어떤 형식으로 저장되어 있는지 살펴보기로 합니다.

 어드레스란?

변수나 배열의 값은 메모리상에 기록되어 있습니다. 메모리에는 1바이트마다 **어드레스**라는 연속된 번호가 붙어 있어, 데이터가 어디에 들어 있는지를 이 번호로 관리할 수 있습니다.

※ 어드레스는 실제로 단위가 더 큰 경우도 있지만, 여기서는 설명의 편의를 위해 4자리의 16진수로 표시하였습니다.

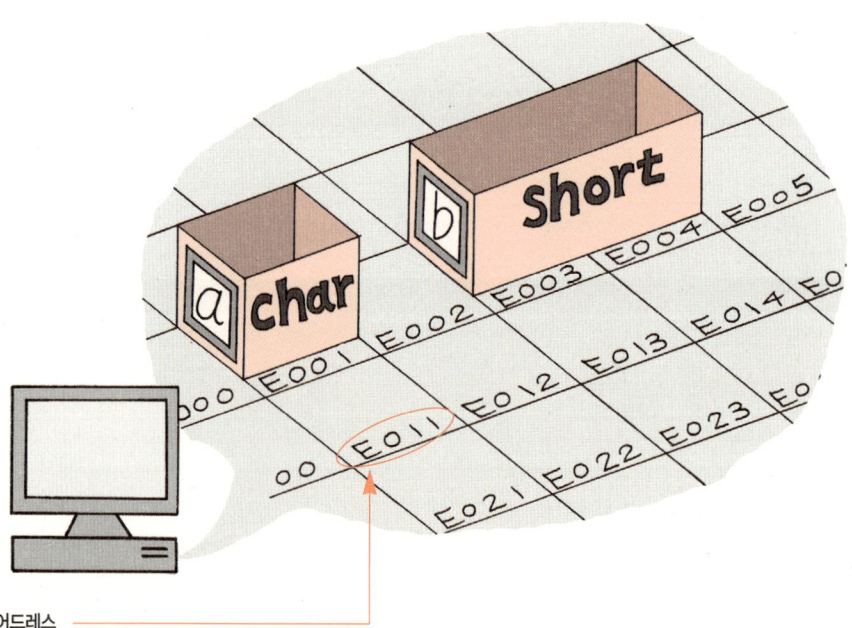

어드레스

한 묶음이 1바이트입니다.

어드레스의 표시법

변수명의 앞머리에 &를 붙이면 그 변수의 위치(어드레스)를 나타냅니다.

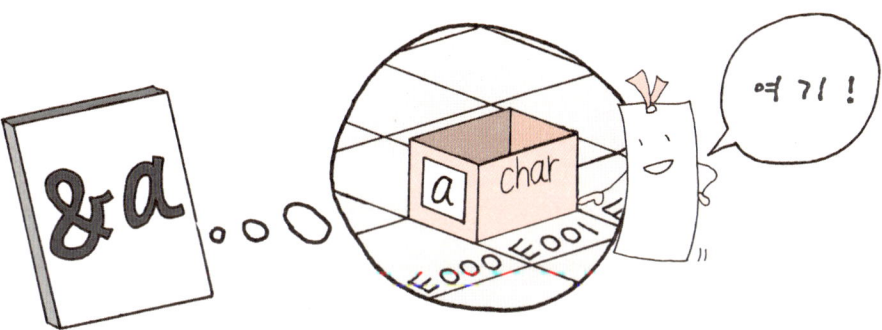

즉, 왼쪽 페이지와 같이 데이터가 존재할 경우 각각의 어드레스는 다음과 같습니다.

```
&a = 0xE001
&b = 0xE003
```

예

```c
#include <stdio.h>

main()
{
    char a;
    short b;

    printf("a의 어드레스는 %p, b의 어드레스는 %p, \n", &a, &b);
}
```

%p는 포인트를 표시하기 위한 서식 지정입니다.

실행 결과

```
a의 어드레스는 22fe4f, b의 어드레스는 22fe4c입니다.
```

어드레스가 들어갑니다.
(실행 환경에 따라 표시되는 값이 다릅니다.)

포인터

메모리상의 위치 정보를 기억하는 포인터를 사용해서 변수와 배열의 데이터에 액세스하는 방법을 알아보겠습니다.

포인터란?

변수 등이 저장되어 있는 위치(어드레스)를 값으로 가지는 변수를 포인터라고 합니다. 포인터에도 형의 구별이 있는데, 예를 들어 char형의 포인터 변수 p를 선언할 경우는 다음과 같습니다.

-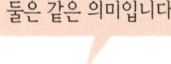

둘은 같은 의미입니다.

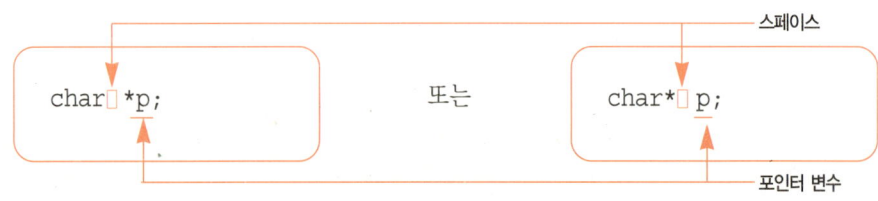

포인터에 어드레스를 대입할 때에는 다음과 같이 합니다.

- 포인터 p에 변수 a의 어드레스를 대입

&a는 어드레스 0xE001를 나타냅니다.

```
char a;
char *p;
p = &a;
```

변수 a의 어드레스

이때 "p는 a를 가리킨다"라고 합니다.

제4장 배열과 포인터

포인터가 가리키는 값의 참조

포인터명 앞에 *를 붙이면, 그 포인터가 가리키는 곳의 데이터를 참조합니다.

- 포인터 p가 가리키는 변수 a의 값을 참조

```
char a = 3;
char *p;
p = &a;
```

포인터 p가 가리키는 변수(a)의 값
```
char b = *p;
```

b = *p의 「*」와 char *p 의 「*」의 의미는 다릅니다.

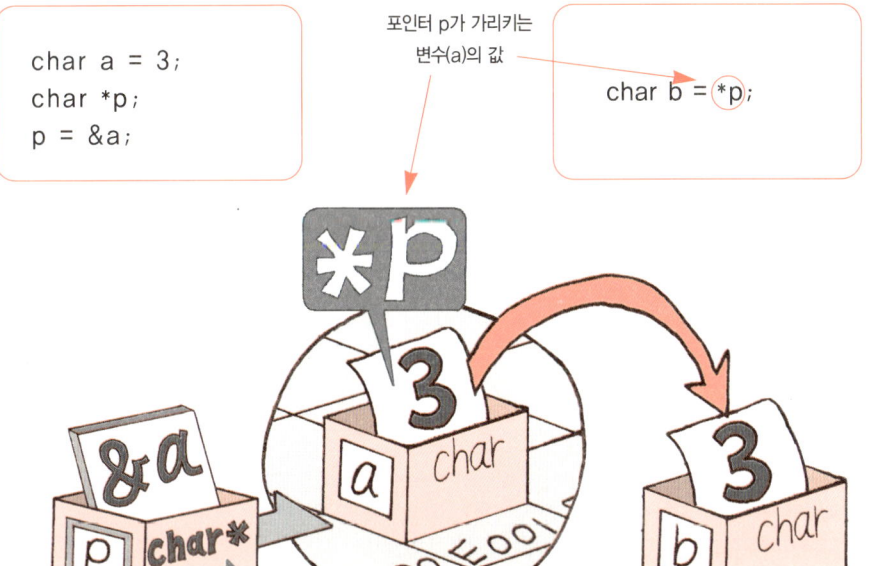

포인터 p에 변수 a의 어드레스를 대입   포인터 p를 사용하여 변수 a의 값을 변수 b에 대입

예

```
#include <stdio.h>

main()
{
    char x = 4, y;
    char *p = &x;
    y = *p;
    printf("변수 x의 값은 %d입니다. \n", y);
}
```

변수 x의 어드레스를 포인터 p에 대입

포인터 p가 가리키고 있는 변수의 값을 변수 y에 대입

실행 결과

변수 x의 값은 4입니다.

NULL 포인터

포인터 사용 시 주의해야 할 점과 아무것도 가리키지 않는 NULL 포인터를 소개합니다.

🔓 잘못된 참조

포인터를 이용할 때는 반드시 그 값이 지시하는 어드레스에 데이터가 존재하여야 합니다. 포인터를 초기화하지 않고 사용할 경우, 아무것도 없는 장소를 가리키게 되어 실행할 때 에러의 원인이 됩니다.

포인터는 값을 설정하지 않으면 사용할 수 없습니다.

● 포인터 p가 가리키는 값을 참조?

```
int a;
int *p;
a = *p;
```

포인터 p가 어디를 가리키는지 알 수 없기 때문에 에러가 발생합니다.

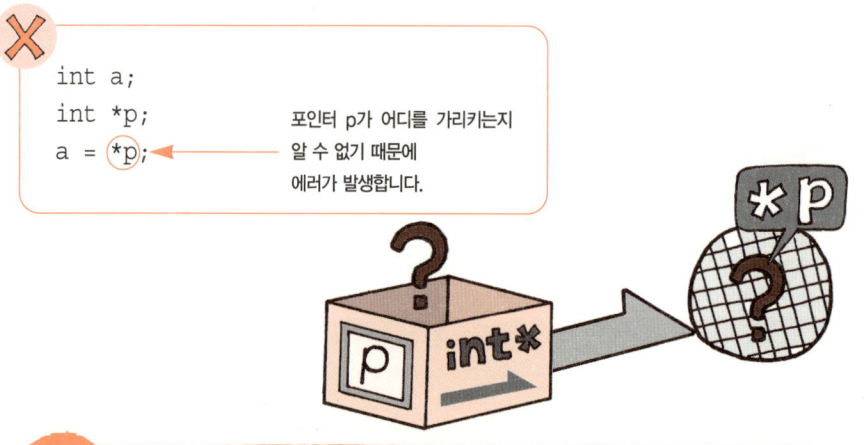

🔓 NULL 포인터

프로그램 속에서 어떤 것도 가리키고 있지 않다는 것을 확실하게 해 두고 싶을 때 **NULL 포인터**를 사용합니다. NULL 포인터는 어떤 형의 포인터에도 저장할 수 있습니다.

● 포인터 p를 NULL로 초기화

```
int *p = NULL;
```

포인터 p가 유효한지 아닌지 검사하기 위해서는 다음과 같이 합니다. NULL은 「0」의 포인터 버전과 같은 것인데, 사실은 실제 값도 0입니다. 그러므로 논리 연산을 하는 방식으로 사용할 수 있습니다.

- p는 유효?   `if(p != NULL)`   또는   `if(p)`

- p는 무효?   `if(p == NULL)`   또는   `if(!p)`

false의 값도 0이었지요.

예

```c
#include <stdio.h>
#include <string.h>

main()
{
    char s[] = "I love cat.";
    char c = 'd';
    char *p = NULL;

    printf("문자열 「%s」 안에 문자 「%c」", s, c);
    p = strchr(s, c);
    if(!p)
        printf("는 없습니다.\n");
    else
        printf("를 찾았습니다.\n");
}
```

실행 결과

문자열 「I love cat.」 안에 문자 「d」는 없습니다.
■

strchr() 함수

지정한 문자가 문자열 내에 존재하는지를 검색합니다.
· 존재할 경우는 맨 처음으로 그 문자가 나타난 위치의 포인터를 반환합니다.
· 존재하지 않을 경우는 NULL을 반환합니다.

최초의 l

포인터와 배열

C 언어에서 배열명과 포인터는 밀접한 관계가 있습니다.

🔓 포인터와 배열

배열의 이름 자체는 배열의 첫 번째 요소를 나타내는 포인터의 역할을 합니다.

```
int a[4];
```
 a는 a[0]를 가리키는 포인터를 나타냅니다.

「&」(어드레스를 얻는 기호)를 사용할 필요는 없습니다.

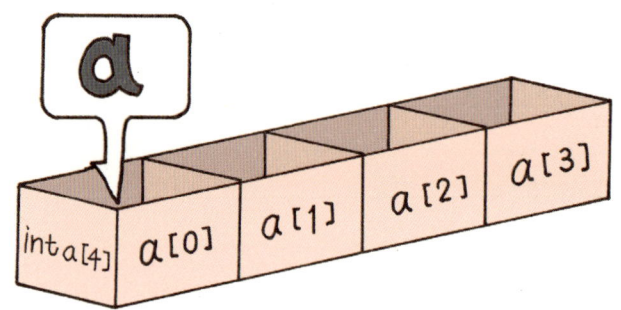

배열의 첫 요소 이후의 요소들을 호출하기 위해서는 포인터를 더해 갑니다. 포인터에 대해서는 정수의 덧셈과 뺄셈만 가능합니다.

```
int *p = a+2;
```

```
int *q = p-1;
```

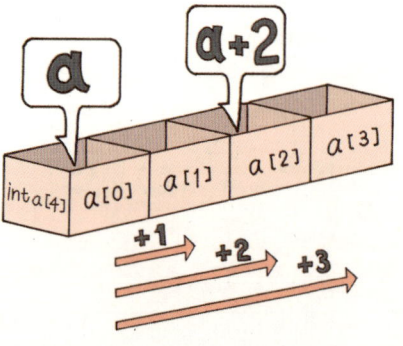

p는 a에서 두 개 뒤의 상자인 a[2]를 가리킵니다.

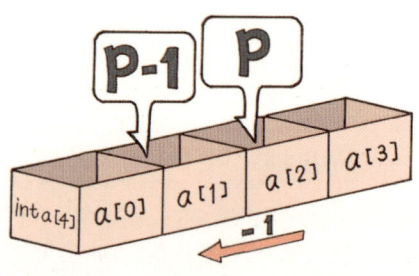

q는 p에서 하나 앞의 상자인 a[1]을 가리킵니다.

실제로는 배열의 형에 따라 포인터가 변화되는 폭이 달라지는 것에 주의하십시오.

```
long a[4];
long *p = a+1;
```

4바이트(=sizeof(long))씩 진행합니다.

```
char c[4];
char *q = c+1;
```

1바이트(=sizeof(char))씩 진행합니다.

🔓 포인터를 사용한 배열의 참조

배열 a가 있을 때, a 자신은 「a[0]를 가리키는 포인터」이기 때문에, *a는 「a가 저장되어 있는 장소의 값 = a[0]」이 됩니다. 마찬가지로 a[1]=*(a+1), a[2]=*(a+2), … 라고 쓸 수도 있습니다.

 *(a+1)과 같이 ( )를 붙이지 않으면 의미가 달라집니다.

*a+1 … a[0]의 값에 1을 더합니다.

예

```
#include <stdio.h>

main()
{
    int a[4] = {10, 20, 30, 40};
    printf("배열 a[3]의 값은 %d\n", *(a+3));
    printf("배열 a[0]의 값에 3을 더하면 %d\n", *a+3);
}
```

실행 결과

```
배열 a[3]의 값은 40
배열 a[0]의 값에 3을 더하면 13
```

메모리 확보와 포인터의 활용(1)

많은 메모리를 사용할 때에는, 처음부터 갑자기 큰 배열을 준비하지 말고, 프로그램 속에서 준비하는 것이 좋습니다.

동적 메모리 확보

변수나 배열을 선언하면 "자동적으로" 메모리상에 그에 해당하는 영역이 확보됩니다. 그러나 이 방법은 영상을 다루는 프로그램 같이 많은 메모리를 준비할 필요가 있을 경우, 최악의 상황에선 프로그램이 정지해 버릴 위험성이 있습니다.

이것을 정적(스태틱) 메모리 확보라고 합니다.

이럴 때에는 다음과 같이 "프로그램상의 처리로서" 메모리를 확보합니다.

이것을 동적(다이내믹) 메모리 확보라고 합니다.

① 포인터를 준비합니다.

② 메모리를 확보하고, 시작 부분의 메모리 주소를 준비해 둔 포인터에 넣습니다.

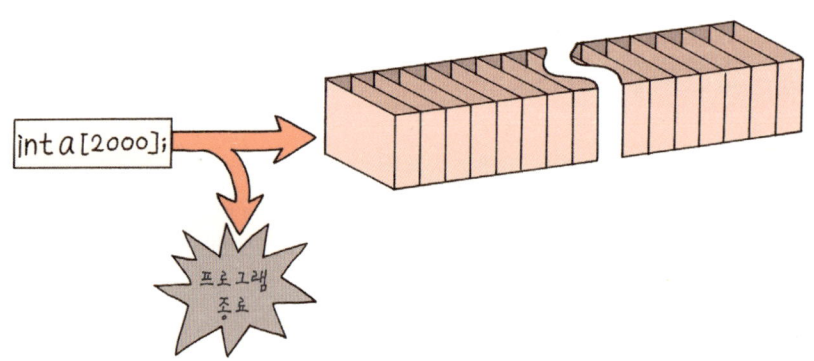

포인터는 NULL로 해 두면 좋겠지요.

③ 필요 없어지면 스스로 메모리를 해제합니다.

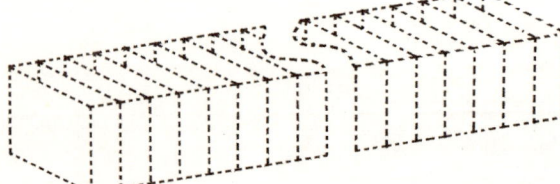

메모리의 활용 절차

동적 메모리 확보를 위하여 사용하는 함수를 소개합니다. 이 함수를 사용할 때에는 프로그램의 시작 부분에 #include <stdlib.h> 라고 써 두어야 합니다.

● **메모리 확보**

메모리를 확보하고, 준비해 둔 포인터에 시작 주소를 넣습니다.

확보 후의 용도에 맞게 포인터를 준비합니다.

```
short *buf;          ◀── 확보된 메모리의 시작 주소를 넣을 포인터를 선언합니다.
buf = (short *) malloc(sizeof(short)*2000);
```

malloc( ) 함수의 반환 값에는 형이 없기 때문에(void *형), buf와 동일한 형으로 캐스트합니다.

malloc( ) 함수
인수로 지정한 바이트 수의 메모리를 확보하고, 그 시작 주소를 반환합니다.
(확보할 수 없을 경우에는 NULL을 반환합니다)

● **메모리 이용**

일단 확보한 다음에는 일반적인 배열처럼 사용할 수 있습니다.

```
buf[2] = 40;
```

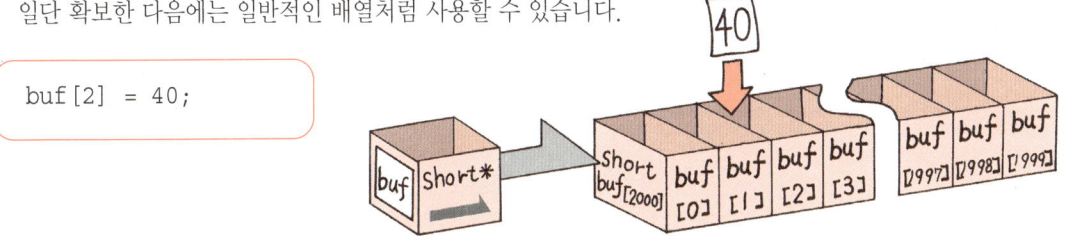

● **메모리 해제**

사용이 끝나면 메모리를 해제합니다.

```
free(buf);
```

free( ) 함수
확보했던 메모리를 해제합니다.

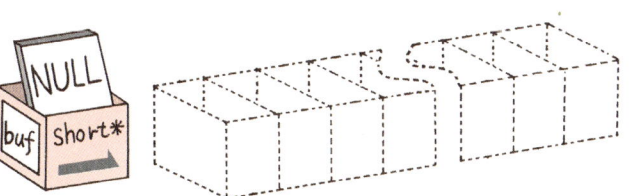

메모리 확보와 포인터의 활용(2)

대량의 메모리를 다룰 때 편리하게 사용할 수 있는 함수를 소개합니다.

메모리 확보에 관련된 함수

malloc( ) 함수 대신 다음과 같은 함수를 사용할 수도 있습니다.

● 메모리를 확보한 후 요소를 모두 0으로 초기화하는 calloc( ) 함수

```
buf = (char *)calloc(20, sizeof(char));
```
    ↑ 확보된 메모리의 시작 주소를 저장   ↑ 확보할 메모리의 바이트 수

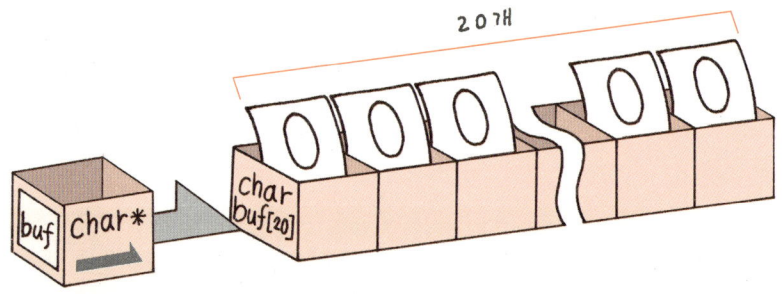

● 확보된 메모리를 다른 사이즈로 다시 확보하는 realloc( ) 함수

확보될 장소는 달라질 수도 있습니다.

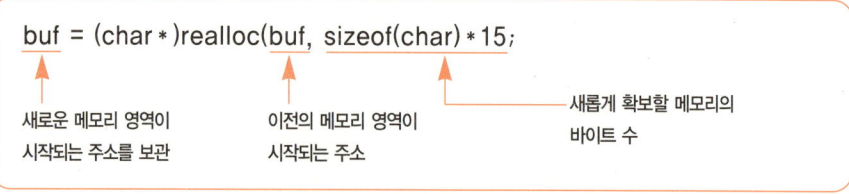

```
buf = (char *)realloc(buf, sizeof(char)*15);
```
 ↑ 새로운 메모리 영역이   ↑ 이전의 메모리 영역이   ↑ 새롭게 확보할 메모리의
   시작되는 주소를 보관   시작되는 주소   바이트 수

메모리 조작 함수

　메모리 내용을 조작하는 데는 다음과 같은 함수를 사용하면 편리합니다. 이 함수들을 사용하기 위해서는 프로그램의 시작 부분에 #include <string.h>라고 써 두어야 합니다.

● 메모리 내용을 모두 같은 값으로 설정하는 memset( ) 함수

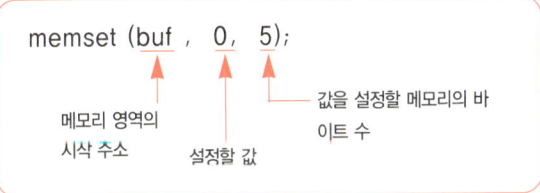
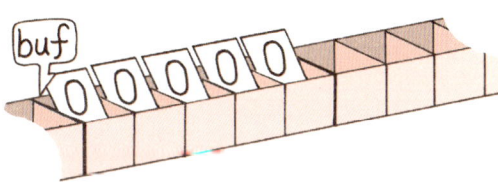

● 메모리의 내용을 복사하는 memcpy( ) 함수

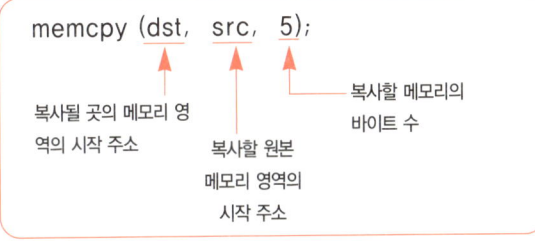
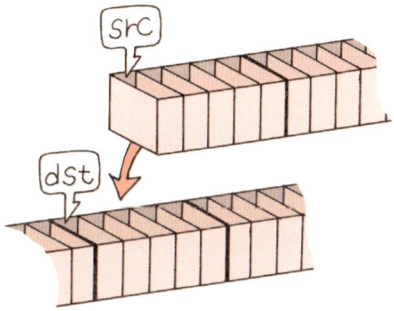

예

```
#include <stdio.h>
#include <stdlib.h>
#include <string.h>

main()
{
    char *b;
    char a[4] = {20, 40, 30, 10};
    b = (char *)malloc(sizeof(char)*200);
    if(!b)
        return 0;    ← 메모리 확보에 실패했을 때를 대비해 반드시 수행합니다.
    memcpy(b, a, sizeof(char)*4);
    printf("%d %d %d %d\n", b[0], b[1], b[2], b[3]);
        free(b);
}
```

→ main( ) 함수를 종료하고, 아무 처리도 하지 않습니다.

실행 결과

```
20 40 30 10
```

예제 프로그램 ❶
문자열 속에서 원하는 문자 찾기

99페이지에서 소개한 strchr( ) 함수와 같은 것을 만들어 보겠습니다. 맨 처음 나타나는 위치뿐만 아니라, 모든 위치를 표시하도록 해 보겠습니다.

소스 코드

```c
#include <stdio.h>
main()
{
    char s[] = "I love cat and dog."; /* 찾을 대상이 되는 문자열 */
    char c = 'a'; /* 찾는 글자 */
    char *p = s;
    int n = 0;

    printf("\"%s\" 안에서 \'%c\'를 찾습니다. \n", s, c);
    while(*p != '\0') {                                           ※
        if(*p == c) {
            printf("%d번째에서 발견되었습니다. \n", p-s+1);
            n++;
        }
        p++;
    }
    if(n == 0)
        printf("한 개도 발견되지 않았습니다. \n");
    else
        printf("모두 %d개 발견되었습니다. \n", n);
}
```

실행 결과

```
"I love cat and dog." 안에서 'a'를 찾습니다.
9번째에서 발견되었습니다.
12번째에서 발견되었습니다.
모두 2개 발견되었습니다.
```

동일한 프로그램을 strchr( ) 함수를 사용하여 만들 경우에는 ※ 부분을 아래와 같이 변경합니다(프로그램 앞 부분에는 「#include <string.h>」를 추가하여 주십시오).

소스 코드

```c
while(1){
    p = strchr(p, c);
    if(!p)
        break;
    printf("%d번째에서 발견되었습니다. \n", p-s+1);
    n++;
    p++;        ◀── 찾아낸 문자의 다음 위치부터 검색합니다.
}
```

예제 프로그램 ❷

표 계산

3행 4열로 된 2차원 배열의 가로, 세로의 모든 값의 합계를 표시합니다. 어려운 처리 과정은 없지만, 어느 것과 어느 것이 대응하는지를 혼동하지 않도록 해야 합니다.

소스 코드

```c
#include <stdio.h>

main()
{
    int mat[3][4] = {
        {20, 42, 70, 34},          ┐
        {67, 98, 37, 41},          ├ 표 데이터
        {76, 99, 43, 65}           ┘
    };
    int i, j;
    int sum_r;   /* 가로줄의 합 */       ◀── 가로의 합계는 표시 순으로
    int sum_c[4] = {0, 0, 0, 0}; /* 세로줄의 합 */   구해지기 때문에 배열하지
    int total = 0; /* 모든 수의 합계 */                않습니다.

    /* 각 요소의 표시와 계산 */
    for(j = 0; j < 3; j++) {
        sum_r = 0;
        for(i = 0; i < 4; i++) {
            printf("%4d ", mat[j][i]);
            sum_r += mat[j][i];
            sum_c[i] += mat[j][i];
        }
        printf("| %4d\n", sum_r);
    }

    /* 분리선과 마지막 행의 표시 */
    printf("--------------------+-----\n");
    for(i = 0; i < 4; i++) {
        printf("%4d ", sum_c[i]);
        total += sum_c[i];
    }
    printf("| %4d\n", total);
}
```

printf( ) 함수 안에 쓰인 |, −, + 기호는 표를 그리기 위해 사용하였습니다.

실행 결과

```
  20   42   70   34 |  166
  67   98   37   41 |  243
  76   99   43   65 |  283
--------------------+-----
 163  239  150  140 |  692
```

알아두면 도움이 되는
C 프로그래밍 상식

포인터 배열

포인터와 배열의 응용편으로서, 각 요소가 포인터인 배열을 생각해 보기로 하겠습니다. 이런 배열을 포인터 배열이라고 합니다.

포인터 배열은 다음과 같이 선언합니다.

```
int *a[4];
        ↑
       요소 수
```

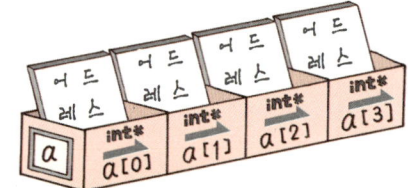

포인터 배열의 초기화는 다음과 같이 수행합니다.

```
char *s[4];
s[0] = "coffee";
s[1] = "tea";
s[2] = "water";
s[3] = "milk";
```

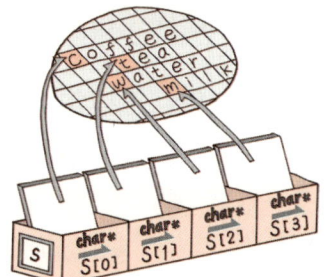

이 경우, 메모리상에 coffee, tea, water, milk라는 문자열 데이터가 만들어지고, 포인터 배열 s[4]의 요소에는 각 문자열의 첫 문자인 'c', 't', 'w', 'm'이 있는 장소의 어드레스가 들어갑니다.

반면 다차원 배열에 4개의 문자열을 넣으면 다음과 같이 됩니다. 메모리 사용법이 전혀 달라지는 것에 주의하십시오.

```
char s[4][8] = {
    "coffee",
    "tea",
    "water",
    "milk"
};
```

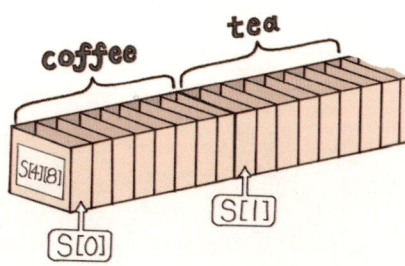

도전! C 프로그래밍

>> exercise

프로그래밍의 제1 수칙은 '백문이불여일행'이라고 합니다. 백 번 듣고 보는 것보다 한 번 프로그래밍을 해 보는 것이 훨씬 낫다는 말입니다. 실제로 프로그래밍에 도전해 보지 않고서는 프로그래머가 될 수 없습니다. 여기에서는 앞 장에서 배운 내용을 토대로 실제 예를 통해 적용해 보겠습니다. 여러분의 프로그래밍 실력을 쌓을 수 있는 기초가 될 것입니다.

문제

01_ 다음 각 변수에 대해서 적절한 선언을 작성하세요.

　a. 6개의 int형으로 구성된 배열을 선언하고, 각 값을 1, 2, 4, 8, 16, 32로 초기화하세요.

　b. a에서 작성한 배열의 3번째 원소(즉, 4의 값을 가진)를 표현하세요.

02_ 다음 프로그램의 출력 결과는 어떤 것일까요?

```
 1 : #include <stdio.h>
 2 : char ref[]={'B', 'O', 'L', 'T'};
 3 : main()
 4 : {
 5 :
 6 :   char *ptr;
 7 :   int index;
 8 :   for(index = 0, ptr = ref; index < 4;
           index++, ptr++)
 9 :   printf("%c %c\n", ref[index], *ptr);
10 :
11 : }
```

03_ 10개의 원소로 구성된 배열에서 인덱스 범위(index range)는 어떻게 되나요?

04_ 다음 각 경우에서 *ptr과 *(ptr+2)의 값은 무엇일까요?

　a. int *ptr;
　　 int a[4] = {1, 2, 3, 4};
　　 ptr = a;

　b. int *ptr;
　　 int a[4] = {11, 22};
　　 ptr = a;

　c. int *ptr;
　　 int a[2][2] = {{1}, {3,4}};
　　 ptr = a[0];

05_ 정수 배열 {1,3,5}, {2,4,6}, {3,6,9}, {123, 234, 345}가 있습니다. 행 번호를 입력받은 행을 포인터를 사용하여 표시하는 프로그램을 작성하세요.

정답 및 해설

01

a. int sxt[6] = {1, 2, 4, 8, 16, 32};
b. sxt[2]

배열을 선언 및 초기화할 때에는 일반 변수와 같은 방법으로 선언하며, 초기화 시에 배열의 크기를 [ ]를 사용하여 나타내고 그 안의 원소들은 { }를 사용하여 값을 열거합니다. 또한 배열의 크기를 n이라 하였을 때, 각각의 원소는 0 ~ (n-1)번째까지 n개가 구성됩니다.

02

```
B B
O O
L L
T T
```

이 문제는 소스 코드의 주요 라인이 어떤 역할을 하는지 보면 어떻게 출력될지 짐작해 볼 수 있습니다. 1라인에서는 기본 입출력을 위한 stdio.h를 불러들입니다. 2라인에서는 문자 배열 ref를 'B', 'O', 'L', 'T'로 초기화합니다. 그리고 3~11라인까지는 주 프로그램 부입니다. 6~7라인에서는 문자 포인터 변수 ptr과 정수 변수 index를 선언합니다. 마지막으로 8~9라인은 ptr에 ref를 대입하고 index를 0부터 1씩 증가시켜 4보다 작은 동안 반복하며 ref[index]와 ptr의 주소에 있는 값을 출력합니다. 이런 과정을 거쳐 나온 결과입니다.

03

0에서 9까지입니다.

기본 배열에서 a[n]으로 선언하면 범위는 a[0]~a[n-1]까지입니다.

04

a. 1, 3

배열에 할당된 1이 처음 저장된 위치에서 2블록 뒤의 값은 *(ptr+2)가 됩니다.

b. 11, 0

*(ptr+2)의 값은 묵시적인 초기화에 의해 0이 할당됩니다.

c. 1, 3

각 열이 괄호로 묶여 있고 묵시적인 초기화에 의해 {1, 0}, {3, 4}의 값이 저장되어 1과 3이 저장됩니다.

05

```
main( )
{
    int a[4][3] = {{1, 3, 5}, {2, 4, 6}, {3, 6,
        9}, {123, 234, 345}};
    int i, in, *pt;

    scanf ("%d", &in);
    pt = a[in-1];  /* 포인터 pt에 a[in-1][0]의 번지를
                       직접 지정 */

    for (i = 0; i < 3; i++)
    printf ("%d\t", *(pt+i));
    /* 각 열의 원소들을 출력 */
}
```

프로그램을 작성하기 위해서는 아래와 같은 단계를 거쳐야 합니다.
* 프로그램에 사용되는 정수 배열 및 각종 변수의 선언 및 초기화
* 행 번호를 입력받아야 합니다.
* 입력받은 행 번호의 열들을 반복해 가며 원소들을 출력

포인터에 번지를 지정하는 부분과 각 열의 원소를 출력하는 부분만 주의하면 어렵지 않게 작성할 수 있습니다.

마법의 블랙박스, 함수

이 장에서는 함수에 대해서 학습하겠습니다. 제1장 앞 부분에서 조금 다루어 봤듯이, C 언어의 함수는 「일련의 처리의 집합」입니다. 예를 들어, 다음과 같이 printf( ) 함수를 실행했다고 합시다. %x는 데이터의 서식을 16진법 표기로 변환하기 위한 서식 지정입니다.

> printf("%x\n", 10);

컴퓨터의 화면에는 16진수 a가 표시됩니다. 간단해 보이지만, 함수의 호출에서부터 문자를 표시하기까지 printf( ) 함수의 내부에서는 지정된 서식을 분석하여 변환하고, 화면에 출력하는 일련의 처리를 수행하고 있는 것입니다.

이렇게 함수를 이용하면, 귀찮은 처리를 일일이 기술하지 않아도 여러 기능을 실현할 수 있습니다. 말하고 보니, 함수는 아주 편리한 마법의 블랙박스 같군요. 이렇게 편한 걸 이용하지 않을 이유는 없겠지요.

함수라고 하면 막연히 어렵고 힘들 거라고 생각했던 분들도 조금은 흥미가 생겼지요?

용어설명

16진법 표기(hexa decimal notation)

$16=2^4$를 기수로 하는 수의 표기법. 2진법 표기이며, 소수점을 기점으로 좌우에 4자리씩 구분하고 각 조의 4자리 2진수에 16진수를 넣으면 16진법 표기가 된다. 컴퓨터 내부의 2진수 데이터를 표시하기 위해 8진법과 더불어 널리 쓰이고 있다. 10진 수치와 구별하기 위해 16진수에서는 100은 100H로 표기한다.

꼭 알아야 할 Key Point

 ## 실용적인 프로그램으로의 첫걸음

printf( ), strcpy( ) 등 C 언어가 제공하는 함수(**표준 라이브러리 함수**) 외에 프로그래머가 직접 함수를 만들 수 있습니다.

이 장에서는 마법의 블랙박스인 함수의 내용을 직접 만들어 볼 것이므로, 약간의 노력이 필요할 것입니다. 함수를 만들고 이용하는 데 필요한 지식을 기초부터 자세히 설명할 것입니다. 구체적으로는 변수의 **유효 범위**, 함수의 원형을 컴파일러에게 알려 주는 **프로토타입**, 또한 함수로 **데이터를 전달하는 방법**에 대해서 학습하겠습니다.

왠지 귀찮아 보여 함수 같은 거 직접 만들어 보고 싶지 않다구요? 하지만 만약 함수를 만들지 않는다면, main( ) 함수 속에 몇십 몇백 줄이 넘는 소스 코드를 적어야 할 것입니다.

마치 커다란 여행 가방 속에 칫솔이나 지갑 등 모든 물건들을 마구잡이로 채워 넣는 것과 같습니다. 막상 사용하고 싶을 때에 원하는 것을 쉽게 찾아낼 수 없을 것입니다.

실제로 일상생활 속에서도 세면 도구나 의류, 귀중품 등 사용 목적이나 용도에 따라 필요한 것을 정리하여 가방에 넣게 됩니다. 프로그램을 작성할 때에도 각 처리별로 몇 개의 함수로 묶은 뒤에 그 함수들을 main( ) 함수에서 호출하는 것이 깔끔합니다.

함수를 이해하는 것은, 실용적인 프로그램으로 향하는 첫걸음입니다. 천천히 해도 상관없으니 이 장의 내용들을 확실히 이해해서 함수를 자유자재로 사용할 수 있도록 합시다.

•• 라이브러리(library)
애플리케이션 개발을 위해 사용되는 함수 모임. 라이브러리는 소스 파일을 공개하지 않고 다른 프로그램에서 호출하여 사용할 수 있도록 목적 파일로 컴파일되어 제공하는 일종의 함수 세트이다. 라이브러리는 개별적으로 만들어 사용하기도 하나 개발 생산성을 높이기 위해 이미 만들어진 함수 라이브러리를 사용한다.

••• 변수의 유효 범위(scope)
변수 사용의 유효 범위로 글로벌(전역) 변수, 로컬(지역) 변수가 있다.

•••• 프로토타입(prototype)
함수를 선언할 때 매개변수의 형을 명시적으로 지정하는 방식으로 함수의 원형을 나타낸다.

함수의 정의

함수의 개념을 이해하고 C 언어로 함수를 정의하는 방법을 살펴보겠습니다.

🔓 함수란?

함수란 프로그래머가 전달해 준 값을 지시대로 처리하고, 결과를 산출해 내는 상자 같은 것입니다. 처리의 재료가 되는 값을 **인수(파라미터)**라고 하며, 결과 값을 **리턴 값(반환 값)**이라고 합니다. 예를 들어 다음과 같은 함수가 있다고 생각해 봅시다.

● 두 정수 값의 합을 구하는 addnum( ) 함수

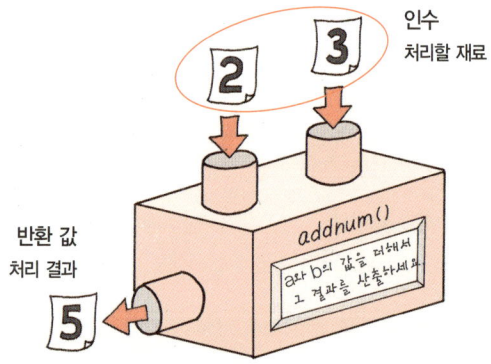

위 함수를 C 언어로 작성하면 아래와 같습니다. 이렇게 함수의 기능을 기술하는 것을 「함수를 **정의한다**」고 합니다.

```
int addnum(int a, int b)
{
    int x;
    x = a + b;
    return x;
}
```

반환 값의 형 / 함수명 / 제1 인수 (형 변수명) / 제2 인수 (형 변수명)

← 세미콜론을 넣어선 안 됩니다.
a와 b라는 int형 변수가 인수 값을 받아들입니다.
이곳에 필요한 처리를 적습니다.

return 문
함수를 종료하고, 뒤에 있는 값을 반환합니다. 「return (x);」라고 쓰기도 합니다.

인수는 필요한 수만큼 「,」로 구분하여 나열합니다.

반환 값과 인수를 가지지 않는 함수

함수가 값을 반환할 필요가 없을 때에는 반환 값의 형을 `void`로 지정합니다. void는 「빈」이라는 뜻입니다. 예를 들어 아래와 같은 함수를 생각해 보겠습니다.

● 인수의 정수 값을 표시하는 dispnum( ) 함수

```
void dispnum(int a)
{
    printf("인수의 값은 %d\n", a);
    return;
}
```

반환 값을 지정하지 않아도 됩니다(이 경우에는 return 문이 없어도 상관없습니다).

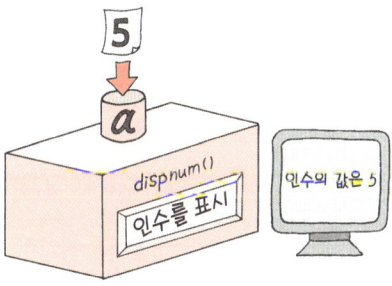

또한, 인수가 필요 없을 때에는 다음과 같이 함수를 정의합니다.

● 「Hello World」라고 표시하는 hello( ) 함수

```
void hello(void)
{
    printf("Hello World\n");
}
```

「void hello( )」라고 쓰기도 합니다.

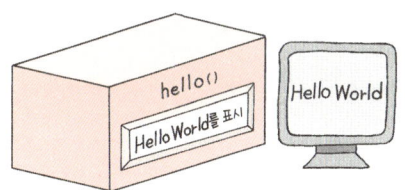

표준 라이브러리 함수

printf( )나 strcpy( )처럼 C 언어가 사전에 준비해 둔 함수를 표준 라이브러리 함수라고 합니다. 이 함수들의 정의는 프로그램이 동작하는 환경 속에 있습니다. 프로그래머는 별도로 정의하지 않아도 이 함수들을 이용할 수 있습니다(자세한 내용은 8장을 참조하세요).

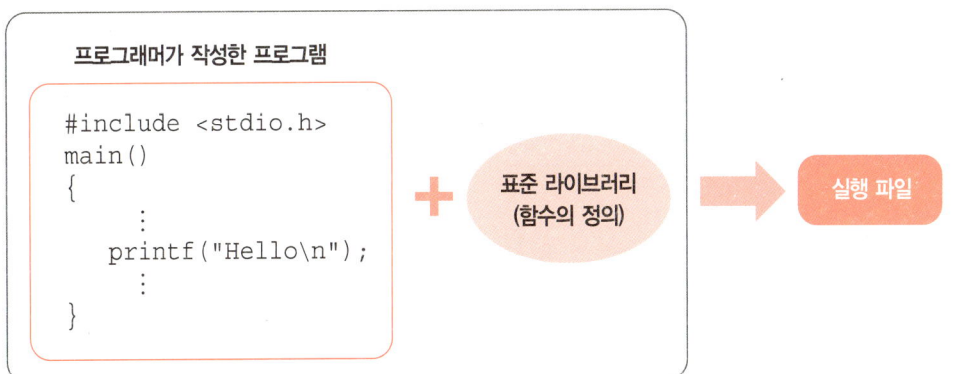

함수의 호출

정의한 함수를 호출하고 실행하는 방법을 알아봅니다.

🔒 함수 호출의 기본

함수의 정의에 대해, 호출하는 부분은 아래와 같이 작성합니다.

- **함수의 정의**

```
void dispnum(int a)   ← a의 값은 5가 됩니다.
{
    ⋮
}
```

대응

- **함수의 호출**

```
dispnum(5);   ← 세미콜론이 필요합니다.
```
함수명   인수

인수로는 int형의 값을 지정합니다.

예

```
#include <stdio.h>

void dispnum(int a)
{
    printf("인수의 값은 %d\n", a);
}

main()
{
    int x = 10;

    dispnum(5);     ← 5를 인수로 하여, dispnum( ) 함수를 실행합니다.
    dispnum(x);     ← x의 값 10을 인수로 하여, dispnum( ) 함수를 실행합니다.
}
```

실행 결과

```
인수의 값은 5
인수의 값은 10
```

제5장 함수

반환 값의 이용

함수가 값을 반환할 때에는 반환 값의 형에 맞게 변수를 준비하고 그 안에 결과를 대입합니다.

- **함수의 정의**

```
int addnum(int a, int b)
{
    ⋮
}
```
대응

- **함수의 호출**

```
int n;
n = addnum(2, 3);
```
함수의 반환 값을 n에 대입합니다.

 반환 값을 집어넣는 변수의 형은, 함수의 반환 값의 형과 일치해야 합니다.

예

```c
#include <stdio.h>

int addnum(int a, int b)
{
    int x;

    x = a + b;
    return x;
}
main()
{
    int n;

    n = addnum(2, 3);
    printf("반환 값은 %d\n", n);
}
```

addnum( ) 함수를 실행하여 반환되는 값을 n에 대입합니다.

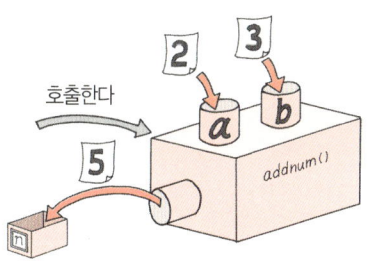

실행 결과

반환 값은 5
■

변수의 범위

변수를 선언하는 장소에 따라 변수의 유효 범위가 달라집니다.

🔓 로컬 변수와 글로벌 변수

함수 안에 선언하는 변수를 **로컬 변수**라고 합니다. 로컬 변수를 참조할 수 있는 범위는 변수를 선언한 함수 내로 한정됩니다. 변수의 유효 범위를 변수의 **범위(scope)**라고 합니다.

```
void func()
{
    int y;        변수 y의 범위
        :
}
```

```
main()
{
    int x;        변수 x의 범위
    x = 3;
    y = 5;
        :
}
```
✗ func( )에 있는 y를 참조할 수 없습니다.

다른 함수 내에서 선언된 변수는 보이지 않습니다.

함수 밖에 선언하는 변수를 **글로벌 변수**라고 합니다. 글로벌 변수는 변수가 선언된 이후에 정의된 모든 함수에서 참조할 수 있습니다.

```
int z;
void func(...)        변수 z의 범위
{
    int y;        변수 y의 범위
    z = 2;
        :
}
```

```
main()
{
    int x;        변수 x의 범위
    z = 1;
        :
}
```

예

```
#include <stdio.h>

int y;          ← 글로벌 변수 y, z의 범위
int z;

void myfunc(int a)
{
    int z;      ← 글로벌 변수와 같은 이름의 로컬 변수가
    int x;      ← 있을 때에는 로컬 변수가 우선합니다.
    x = a;
    y = a;
    z = a;      ← 로컬 변수 x, z의 범위
}

main()          ← 동일한 이름의 로컬 변수끼리는 별개의
{                 변수로 간주합니다.
    int x;      ← 로컬 변수 x의 범위
    x = 10;
    y = 10;
    z = 10;
    printf("x, y, z의 값은 %d, %d, %d\n", x, y, z);
    myfunc(5);
    printf("x, y, z의 값은 %d, %d, %d\n", x, y, z);
}
```

함수 myfunc( ) 안에서는 x와 z는 로컬 변수로서, y는 글로벌 변수로서 취급된 거죠.

실행 결과

```
x, y, z의 값은 10, 10, 10
x, y, z의 값은 10, 5, 10
```

글로벌 변수 y의 값만 변화합니다.

 1 프로그램의 기본

 2 연산자

 3 제어문

 4 배열과 포인터

 5 함수

 6 파일 입출력

 7 구조체

 8 프로그램의 구성

9 부록

변수의 범위 | 119

프로토타입

함수를 정의하기 전에 함수를 호출하기 위해서는 함수의 **프로토타입(원형)**을 선언합니다.

🔓 함수의 프로토타입 선언하기

지금까지는 「함수의 정의」 → 「함수의 호출(main( ) 함수)」의 순서로 코딩을 해 왔습니다. 만약 이것을 거꾸로 하게 되면 컴파일 에러가 나는 경우가 있습니다.

호출할 때 어떤 함수인지 모릅니다.

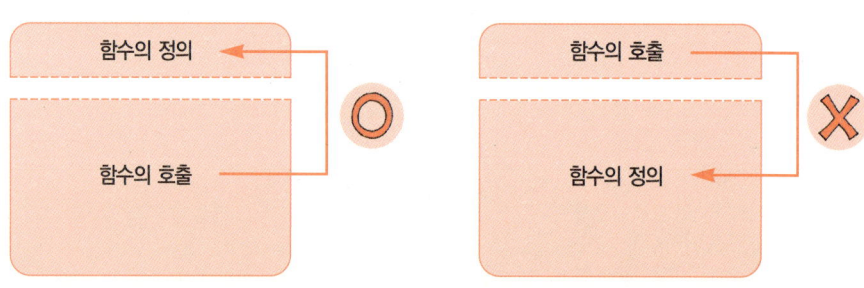

이런 경우에는 프로토타입이라는 함수의 원형을 호출하기 전에 선언해 둡니다. 프로토타입 선언은 함수의 사양에 해당하는 부분만 추출해 놓은 것입니다.

프로토타입을 선언하면 소스를 파악하기 쉬우므로 사용을 추천합니다.

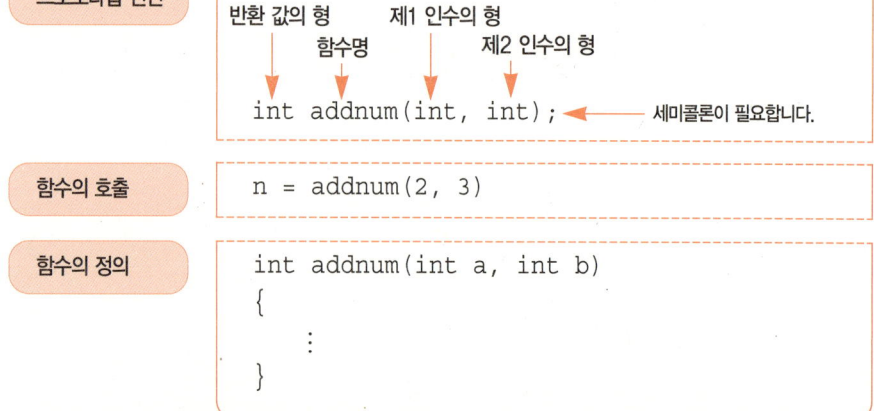

함수의 형식 체크

함수를 호출하는 부분이나 정의한 부분에서 프로토타입 선언과 맞지 않는 곳이 있으면, 컴파일할 때 에러가 발생합니다.

프로토타입 선언

```
int addnum(int, int);
```

· 반환 값의 형
· 인수의 개수, 형, 나열 순서를 체크

에러

호출하는 부분

```
n = addnum(5, "ABC");
```

정수값을 바르게 지정해야 합니다.

예

```
#include <stdio.h>
void dispnum(int);     ← 프로토타입 선언

main()
{
    int x = 10;

    dispnum(5);
    dispnum(x);
}

void dispnum(int a)
{
    printf("인수의 값은 :%d\n", a);
}
```

116페이지에서 첫 번째 예로 들었던 함수의 순서를 바꾸면 이렇게 됩니다.

실행 결과

```
인수의 값은 :5
인수의 값은 :10
```

인수의 전달

값에 의한 전달과 참조에 의한 전달의 차이를 이해합시다.

🔓 실인수와 가인수

함수를 이용할 때, 호출하는 쪽과 정의된 쪽 모두에서 인수를 지정합니다. C 언어에서는 이 둘을 구분하여 호출하는 쪽을 **실인수**, 정의된 쪽을 **가인수**라고 합니다.

호출하는 부분
```
swapvalue(a, b);
```
└─ 실인수

함수의 정의
```
void swapvalue(int x, int y)
{
    ⋮
```
└─ 가인수

🔓 값 전달과 참조 전달

실인수와 가인수의 값을 주고받는 방법에는 **값에 의한 전달**(call by value)과 **참조에 의한 전달**(call by reference)의 두 종류가 있습니다.

함수에서 여러 개의 값이나 문자열을 반환할 때에 사용합니다.

● 값 전달

실인수의 「값」을 가인수에 전달하는 표준적인 방법입니다.

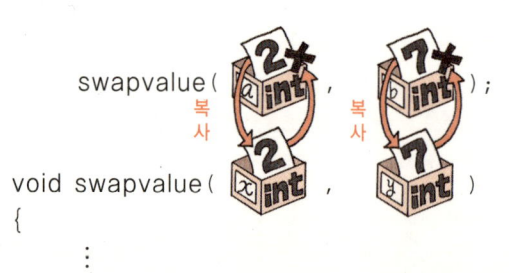

실인수와 가인수는 완전히 별개의 변수로 인식되므로, 함수 안에서 가인수의 값을 변경해도 실인수의 값에는 영향을 주지 않습니다.

● 참조 전달

실인수의 「주소」를 가인수에 전달하는 방법입니다.

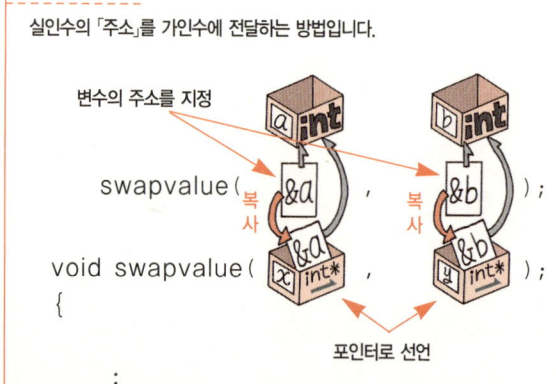

실인수도 가인수도 같은 주소 값을 참조하기 때문에, 함수 안에서 호출한 쪽의 값을 변경할 수 있습니다.

```c
#include <stdio.h>

void swapbyval(int, int);
void swapbyref(int *, int *);

main()
{
    int a = 2, b = 7;

    printf("a=%d, b=%d\n", a, b);
    swapbyval(a, b);              ◀── 값 전달
    printf("a=%d, b=%d\n", a, b);
    swapbyref(&a, &b);            ◀── 참조 전달
    printf("a=%d, b=%d\n", a, b);
}

void swapbyval(int x, int y)
{
    int temp;
    temp = x;        ◀── x, y의 값을 바꿔 넣는 처리
    x = y;
    y = temp;        ── 포인터로 선언
}

void swapbyref(int *x, int *y)
{
    int temp;
    temp = *x;
    *x = *y;         ◀── *x와 *y의 값을 바꿔 넣는 처리
    *y = temp;
}
```

실행 결과

```
a=2, b=7
a=2, b=7
a=7, b=2
■
```

참조 전달로 인수를 전달했을 때에만, 실인수를 변경할 수 있습니다.

main( ) 함수

커맨드라인 인수의 사용법을 중심으로 main( ) 함수를 알아보겠습니다.

 main( ) 함수의 서식

main( ) 함수는 프로그램의 시작점(엔트리 포인트)이 되는 특별한 함수입니다. 지금까지 main( ) 함수를 최소한의 서식으로만 작성하여 왔는데, 다음과 같이 함수의 반환 값이나 인수를 지정하는 경우도 있습니다.

```
main()
{

}
```
인수와 반환 값을 생략

```
int main()
{
    return 0;
}
```
인수를 생략, 반환 값은 int

```
int main(int argc, char *argv[])
{
    return 0;   ← 정상 동작을 했을 때는 보통 0을 반환합니다.
}
```
인수와 반환 값 (int)을 지정(기본 패턴)

 커맨드라인 인수의 취득

커맨드라인에서 인수를 붙여 프로그램을 실행하게 되면, main( ) 함수의 인수에 프로그램 자신의 파일명과 커맨드라인 인수의 정보가 들어갑니다.

인수	들어가는 정보
argc	배열 argv의 크기(=커맨드라인 인수의 개수 + 1)
argv[0]	프로그램 파일의 경로 문자열을 가리키는 포인터
argv[1]	첫 번째 커맨드라인 인수의 문자열을 가리키는 포인터
argv[2]	두 번째 커맨드라인 인수의 문자열을 가리키는 포인터
⋮	⋮

argv는 포인터 배열로 되어 있습니다.

> test.exe val1 val2 val3

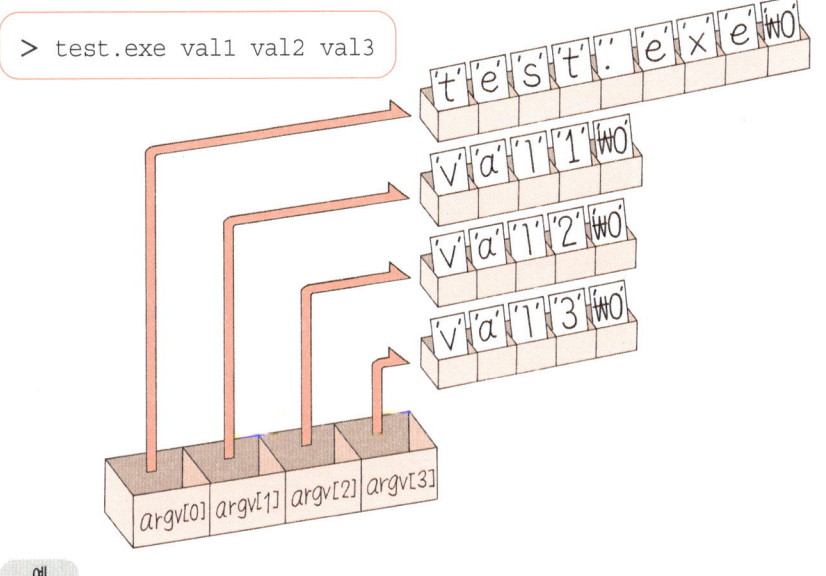

argv[0]가 가리키는 문자열의 내용은 시스템에 따라 달라집니다.

예

```
#include <stdio.h>
#include <string.h>

int main(int argc, char *argv[])
{
    int i;

    if(argc <= 1)
        return 1;
    if(strcmp(argv[1], "enum") == 0);
        for(i = 0;i< argc;i++)
            printf("argv[%d] : %s\n", i, argv[i]);
    else if(strcmp(argv[1], "count") == 0)
        printf("커맨드라인 인수의 수 : %d\n", argc-1);
    return 0;
}
```

— 인수를 지정하지 않았을 때 에러가 나지 않도록 합니다.

위의 소스를 컴파일한 파일명 : cmdparam.exe

실행 결과

```
>cmdparam.exe enum orange apple
argv[0] : cmdparam.exe
argv[1] : enum
argv[2] : orange
argv[3] : apple
>cmdparam.exe count orange apple
커맨드라인 인수의 수 : 3
```

※ 굵은 글자는 키보드로 입력한 문자

예제 프로그램 ❶
파일 삭제하기

커맨드라인에서 파일을 삭제하는 커맨드(del이나 rm)를 실행하면, 파일을 복원할 수 없습니다. 그래서 인수로 지정한 파일명에 .bak를 추가하여, 백업 파일을 만들 수 있는 프로그램 "trash"를 만들어 보겠습니다. 단, -d 옵션을 사용하면 파일을 완전히 삭제하기로 합니다.

소스 코드

```c
#include <stdio.h>
#include <string.h>
int main(int argc, char *argv[])
{
    char usage[] = "usage: trash <-d> filename\n";
    int ret = 0; /* 함수의 반환 값 */
    char newfilename[256] = "";

    /* 파라미터 없음 */
    if(argc <= 1) {
        printf(usage);
        return 1;
    }
    /* -d 지정함 */
    else if(strcmp(argv[1], "-d") == 0) {
        if(argc <= 2) {
            printf(usage);
            return 2;
        }
        ret = remove(argv[2]);      ◀── remove( ) 함수
        if(ret == 0)                    인수로 지정한 파일을 삭제합니다.
            printf("파일을 삭제했습니다.\n");
        else
            printf("파일을 삭제할 수 없습니다.\n");
    }
    /* -d 지정하지 않음 */
    else {
        sprintf(newfilename, "%s.bak", argv[1]);
        ret = rename(argv[1], newfilename);   ◀── rename( ) 함수
        if(ret == 0)                              인수로 지정한 파일을
            printf("파일명의 끝에 .bak를 추가합니다.\n");  삭제합니다.
        else
            printf("파일명을 바꿀 수 없습니다.\n");
    }
    return 0;
}
```

a.txt와 b.txt가 커런트 디렉토리(이 프로그램과 같은 디렉토리)에 존재하는 것으로 합니다. a.txt.bak가 새로 생기고, b.txt가 삭제된 것을 확인해 보세요.

실행 결과

```
>trash a.txt⏎
파일명의 끝에 .bak를 추가했습니다.
>trash -d b.txt⏎
파일을 삭제했습니다.
```

※ 굵은 글자는 키보드로 입력한 문자

예제 프로그램 ❷
서력에서 일본력 구하기

1990 등 서력의 값을 입력하면 헤이세이(平成) 2년이라는 일본력을 출력하는 프로그램을 만들어 보겠습니다.

소스 코드

```c
#include <stdio.h>
#include <string.h>
int wtoj(int, char *, int *);        ← wtoj( ) 함수의 프로토타입 선언

int main( )
{
    int wyear = -1, jyear = 0;
    char nengo[16];

    printf("서력→일본력의 변환을 수행합니다. 종료하려면 0을 입력하세요. \n");
    while(wyear != 0) {
        printf("서력을 입력하세요(1868-2050) : ");
        scanf("%d", &wyear);          ← 이력한 서력을 정수로서
        if(wtoj(wyear, nengo, &jyear) == 0)   wyear에 저장했습니다
            printf("서력%d년은 %s%d년입니다. \n", wyear, nengo, jyear);   (→146페이지).
    }
    return 0;
}

/*********************************************
wtoj( )  서력에서 일본력으로 변환하니다.
[인수]   wyear -- 서력
         nengo -- 일본력의 연호 문자열을 가리키는 포인터    ← 함수의 실명을 적으면 됩니다.
         jyear -- 일본력을 가리키는 포인터
[반환 값] 변환할 수 있으면 0, 범위 밖이면 1
*********************************************/    ← 복수의 값을 얻을 때는
int wtoj(int wyear, char *nengo, int *jyear)          참조 전달합니다.
{
    if(wyear >= 1868 && wyear <= 1911){
        strcpy(nengo, "明治");
        *jyear = wyear-1868+1;
        return 0;
    } else if(wyear >= 1912 && wyear <= 1925){
        strcpy(nengo, "大正");
        *jyear = wyear-1912+1;
        return 0;
    } else if(wyear >= 1926 && wyear <= 1988){
        strcpy(nengo, "昭和");
        *jyear = wyear-1926+1;
        return 0;
    } else if(wyear >= 1989 && wyear <= 2050){
        strcpy(nengo, "平成");
        *jyear = wyear-1989+1;
        return 0;
    }
    return 1;
}
```

실행 결과

```
서력 → 일본력의 변환을 수행합니다. 종료하려면 0을 입력하세요.
서력을 입력하세요(1868-2050) : 1990⏎
서력 1990년은 平成 2년입니다.
서력을 입력하세요(1868-2050) :0⏎
```

*굵은 글자는 키보드로 입력한 문자

알아두면 도움이 되는 C 프로그래밍 상식

재귀 호출

함수는 자기 자신을 호출할 수 있습니다. 이것을 **재귀 호출**이라고 하여 다음과 같은 식입니다.

```
void func(int c)
{
    printf("Hello!\n");
    c--;
    if(c > 0)          ← 종료 조건
        func(c);       ← 자기 자신을 호출
}
```

이 함수를 main( ) 함수 등 다른 함수에서 「func(5);」라고 호출하면, "Hello!"라는 문자열을 다섯 번 표시합니다.

재귀 호출 함수를 만들 때 주의해야 할 점이 있습니다. 바로 재귀 호출에서는 반드시 **종료 조건을 지정**한다는 것입니다. 만약, 종료 조건이 없다면 어떻게 될까요? 위의 예에서 「if(c>0)」이라는 부분이 없다면, 문자열 "Hello!"를 표시하고 func( ) 함수를 호출하고…. 이 순서가 계속 반복되어 아무리 기다려도 프로그램이 종료되지 않을 것입니다. 실제로는, 재귀 호출을 무한히 반복하면 스택이라는 메모리 영역이 부족하게 되어 실행 시 에러가 발생합니다. 재귀 호출을 사용할 때에는 반드시 종료 조건을 바르게 지정해야 합니다.

재귀 호출의 장점은 복잡한 처리를 깔끔하게 할 수 있다는 것입니다. 재귀 호출의 전형적인 예인, 정수 n의 계승(팩토리얼 : n! = n×(n-1)× …… ×2×1)을 구하는 함수를 아래에 소개하겠습니다.

```
int factorial(int n)
{
    if(n == 0)
        return 1;
    else
        return(n*factorial(n-1));
}
```

도전! C 프로그래밍

>> exercise

프로그래밍의 제1 수칙은 '백문이불여일행' 이라고 합니다. 백 번 듣고 보는 것보다 한 번 프로그래밍을 해 보는 것이 훨씬 낫다는 말입니다. 실제로 프로그래밍에 도전해 보지 않고서는 프로그래머가 될 수 없습니다. 여기에서는 앞 장에서 배운 내용을 토대로 실제 예를 통해 적용해 보겠습니다. 여러분의 프로그래밍 실력을 쌓을 수 있는 기초가 될 것입니다.

문제

01_ 실인수와 가인수의 차이점은 무엇인가요?

02_ 함수의 프로토타입을 다음 지시에 따라 작성하세요. 함수 본체는 작성할 필요가 없습니다.

  a. dount( )는 하나의 int형 전달 인수를 취하며, 어떤 결과도 리턴하지 않습니다. .

  b. gear( )는 두 개의 int형 전달 인수를 취하며, int형 값을 리턴합니다.

  c. stuff_it( )는 하나의 double형 값과 하나의 double형 포인터를 전달 인수로 취하며, 제1 인수의 값을 주어진 위치에 저장합니다.

03_ 다음과 같이 정의된 함수에서 잘못된 부분을 찾아 수정하세요.

```
void salami(num)
{
   int num, count;
   for(count = 1; count <= num; num++)
      printf("O salami mio!\n");
}
```

04_ 어떤 정수를 입력받아서 그 수의 절대값을 출력해 주는 프로그램을 작성하세요.

05_ 세 개의 정수를 전달 인수로 하고, 세 값 중에서 가장 큰 수를 리턴하는 함수를 작성하세요.

정답 및 해설

01

가인수 : 형식 전달 인자라고 하며 호출되는 함수에 정의되는 변수

실인수 : 함수 호출에서 나타나는 값으로 이 값이 가인수에 대입된다.

형식 전달 인자는 새로운 변수이며 컴퓨터는 이 변수에 대하여 메모리를 할당해 주어야 합니다. 간단히 말해서, 형식 전달 인자는 호출된 프로그램에서의 변수이며 실인수는 그 프로그램을 호출함으로써 형식 인자에 그 실제 값을 할당하는 변수입니다.

02

a. void dount(int n) ;
b. int gear(int t1, int t2) ;
c. void stuff_it(double d, double *pd) ;

함수의 프로토타입은 기본적으로 다음과 같은 형식으로 이루어집니다.

예) <u>int</u>   <u>function</u>   <u>(int a, double b)</u> ;
    반환형의 값   함수명   전달 인수

반환형의 값은 변수와 마찬가지로 몇 가지 형태로 분류됩니다. 정수형의 값을 리턴할 경우에는 int, 실수형은 float, 어떤 결과도 리턴하지 않을 경우에는 void 등을 사용하며, 전달 인수는 전달되는 인수의 형태와 이름을 ','로 구분하여 ( ) 안에 적어 주면 됩니다.

03

void salami(num) → void salami(int num)
int num, count; → int count;
num++ → count++

num을 salami( ) 전달 인수 목록에서 선언해야 합니다. 즉, void salami(int num)이 되어야 하며 int num, count;에서 다시 num을 선언해 줄 필요는 없습니다.

04

```
#include <stdio.h>
int abs(int);
int main(void) {
    int a;
    printf("\nInput the value : ");
    scanf ("%d", &a);  /* 정수 a를 입력받습니다. */
    printf("The absolute value of %d is %d", a, abs(a));
    /* a의 절대값을 출력합니다. */
}
int abs(int a) {
    int b;
    b = ( a < 0 ) ? -a : a ;
    /* a가 0보다 작으면 b=(-a), 같거나 크면 b=a */
    return b;
}
```

프로그램 작성을 위해서는 한 수를 입력받은 후에, 그 수가 양수이면 그냥 출력해 주고 그 수가 음수일 경우에는 그 수에 (-1)을 곱한 값을 출력해 주면 됩니다. 여기서는 abs( )라는 함수를 이용하여 작성되었습니다. abs( )는 정수 값을 리턴해 주므로 int형으로 선언되었고, 입력받은 하나의 인자를 전달받으므로 선언부는 int abs(int a)로 선언할 수 있으며 계산한 결과를 return으로 돌려주면 됩니다.

05

```
int largest(int a, int b, int c) {
    int max = a;  /* max에 a를 할당 */
    if (b > max)  /* b가 max보다 크면 max에 b를 할당 */
        max = b;
    if (c > max)  /* c가 max보다 크면 max에 c를 할당 */
        max = c;
    return max;  /* max 값을 리턴 */
}
```

세 개의 정수를 인수로 전달받으며, 정수 값을 돌려주므로, int largest (int a, int b, int c)의 형식으로 선언하여 주고 계산된 결과를 max에 저장한 후에 그 결과 값을 돌려줍니다.

6

파일 입출력

파일이란 무엇일까?

이 장에서는 파일에 대해 학습하겠습니다. 파일이라고 하면, 보통 「어떤 소프트웨어에서 만든 데이터를 보존하기 위한 것」이라고 생각할 것입니다. C 언어에서 말하는 파일에는 물론 그런 의미도 있지만, 실은 그뿐이 아닙니다.

우선, 파일의 종류에 대해 생각해 보겠습니다. 파일은 크게 **텍스트 파일**과 **바이너리 파일**로 나눌 수 있습니다. 이 두 가지를 구분하는 기준은 「사람이 읽을 수 있느냐 없느냐」입니다. 즉, 텍스트 파일은 사람이 의미를 알 수 있는 규칙을 통해 기록된 파일입니다. 그에 비해, 바이너리 파일은 의미를 알 수 없는 데이터를 늘어놓은 것처럼 보입니다. 다시 말해, 지금까지 만든 C 언어 소스 프로그램은 텍스트 파일이며, 그것을 컴파일한 것은 바이너리 파일입니다.

파일을 다루는 데도 순서가 있다

다음으로 프로그램상에서 파일의 내용을 읽거나, 파일에 데이터를 쓰는 방법을 알아보겠습니다. C 언어를 비롯하여, 많은 프로그래밍 언어에서는 파일명을 직접 지정하여 읽거나 쓰지 않습니다. 대신, **파일 포인터**라는 것으로 파일을 치환하여, 이것을 통해 파일에 접근합니다. 파일 포인터는 파일의 어느 부분을 읽고 쓰기 할 것인지에 대한 정보를 포함하고 있습니다.

파일 포인터를 선언한 후, ① 대상 파일을 열고, 파일 포인터를 가져온다. ② 파일 포인터를 통해 파일을 읽고 쓴다. ③ 조작이 끝나면 파일을 닫는다. 이 세 단계로 프로그램을 작성합니다. 텍스트 파일과 바이너리 파일에서는 함수의 종류나 인수가 미묘하게 다르니 혼동하지 않도록 하세요.

텍스트 파일(text file)
텍스트를 내용으로 하는 파일. 미국에서는 텍스트 파일 내의 문자는 알파벳과 숫자를 주로 하고 있으며, ASCII만으로 나타낼 수 있으므로 ASCII 파일이라고 한다.

바이너리 파일(binary file)
인간이 판독 가능한 ASCII 텍스트로 구성되는 파일과는 달리 8비트 데이터나 실행 가능한 코드의 배열에 의하여 구성되는 파일. 바이너리 파일은 보통 프로그램에 의해서만 판독 가능한 형식으로 되어 있으며, 특정 프로그램이 판독하기 쉬운 방법으로 압축 또는 구조화되는 경우가 많다.

꼭 알아야 할 Key Point

 ## 파일이 어떻게 사용될까?

이제까지는 보통 디스크상에 존재하는 파일을 이야기했지만, C 언어에서의 파일은 조금 더 넓은 의미가 있습니다. 예를 들면, 키보드에서 입력한 문자열 데이터를 읽어 들여, 디스플레이 장치에 표시하는 프로그램이 있다고 하겠습니다. 이 프로그램에는 키보드에서 프로그램으로 데이터를 읽어 들이는 **입력 부분**과 프로그램 내의 데이터를 디스플레이 장치에 표시하는 **출력 부분**이 존재하게 됩니다. 입출력 과정 전반은 대상이 디스크상의 파일이든, 키보드에서 입력하는 파일이든 「파일」이라는 개념을 사용하여 공통화할 수 있습니다.

키보드나 디스플레이를 사용하기 위한 파일을 **표준 입출력 파일**이라고 합니다. 표준 입출력 파일은 데이터 파일처럼 구체적인 이미지는 아니지만, 프로그램 실행 시작과 동시에 열려 있으며, 언제라도 사용할 수 있는 상태가 되어 있습니다.

데이터를 변수에만 저장하면 프로그램이 종료될 때 데이터가 사라져 버리지만, 하드 디스크 같은 곳에 파일로 보관해 두면, 전원이 꺼져도 사라지지 않고 남아 있습니다. 파일의 사용법을 마스터하고, 데이터를 자유자재로 활용할 수 있게 되면 프로그래밍을 할 수 있는 폭도 분명 넓어질 것입니다.

소스 프로그램(source program)
프로그래밍 언어의 문법에 따라서 기술한 프로그램. 문자 코드에 의해 프로그램을 기술하기 위해 일반적으로 텍스트 에디터를 쓴다. 소스 프로그램은 컴파일러에 의해 번역되고, 링커에 의해 실행 형식의 오브젝트 코드로 변환된다.

컴파일(compile)
고수준 프로그래밍 언어로 작성된 프로그램을 컴퓨터용 언어로 번역하는 것.

표준 입출력(standard input & output)
유닉스 시스템에서의 입출력에는 물리적인 입출력 장치와 논리적인 입출력 장치가 구별되어 사용되고, 후자에 대응하는 입출력을 표준 입출력이라고 한다. 표준 입력, 표준 출력 및 표준 에러의 세 개 파일이 사용된다.

파일

데이터나 프로그램 등을 디스크상에 기록한 것을 파일이라고 하는데, 어떻게 다루어야 할까요?

🔓 파일의 종류

파일은 크게 나누어 텍스트 파일과 바이너리 파일의 두 종류가 있습니다. 바이너리 파일은 텍스트 에디터로 글자를 읽을 수 없습니다.

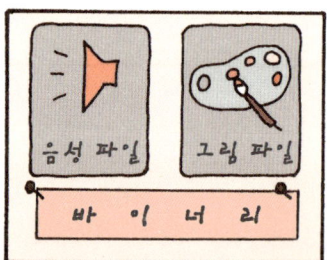

문자로서 읽을 수 있는 것
(C 언어의 프로그램 소스나 HTML 등)

문자로서 읽을 수 없는 것
(컴파일 후의 C 언어 프로그램, 영상 데이터 등)

🔓 파일 처리의 기본

프로그램에서 파일을 다루기 위해서는 사전에 파일 포인터를 선언하는 작업이 필요합니다. 파일 포인터는 파일의 읽고 쓰기를 시작할 수 있는 위치를 나타내는 표시 같은 것입니다. 선언은 다음과 같이 합니다.

포인터로 선언합니다.

```
         ┌── 파일 포인터
FILE *fp;
```

파일을 다룰 때에는 반드시 다음과 같은 순서로 프로그램을 기술해 갑니다.

파일 열기

파일을 열기 위해서는 **fopen( )** 함수를 사용합니다.

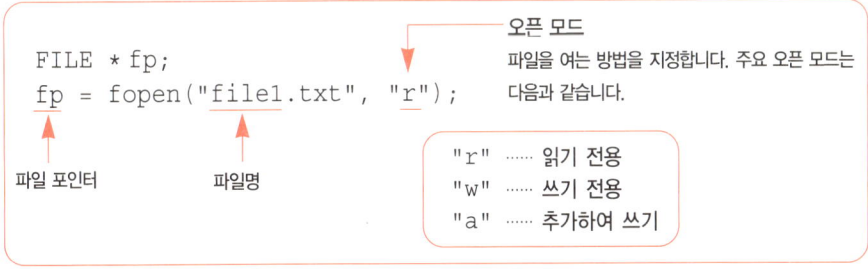

파일 열기에 성공하면, fopen( ) 함수는 파일 포인터를 반환합니다. 어떤 모드로 파일을 열었는가에 따라 기존 파일에 대한 취급이나 파일 포인터가 맨 처음 가리키는 위치가 달라집니다.

읽어 들일 파일이 없거나, 쓰기 권한이 없는 등의 이유로 파일 열기에 실패하면, fopen( ) 함수는 NULL을 반환합니다. 파일 포인터를 사용하기 전에 NULL인지 아닌지 반드시 체크하도록 하십시오.

파일 닫기

파일을 닫으려면(오픈 모드에 관계없이) **fclose( )** 함수를 사용합니다.

```
fclose(fp);
```

파일 읽기

텍스트 파일 읽기에 대해 예제를 통해 파일 처리의 흐름을 살펴보도록 하겠습니다.

🔓 텍스트 파일 읽기 순서

file1.txt에서 한 줄의 데이터를 문자 배열 s에 읽어 들이겠습니다.

❶ 파일을 연다

오픈 모드를 읽기 전용인 "r"로 해서 파일을 열겠습니다.

```
char s[10];      ← 읽어 들인 데이터를 저장할 문자열
FILE *fp;
fp = fopen("file1.txt", "r");
```

❷ 데이터를 읽어 들인다

한 줄씩 읽어 들일 때는 **fgets( )** 함수를 사용합니다. 아래 좌측 상단과 같이 fp가 나타내는 위치로부터 최대 9개의 문자를 s에 넣어 보겠습니다.

```
fgets(s, 10, fp);
```
- 읽어 들인 값을 넣을 문자 배열
- 읽어 들일 최대 문자 수
- 파일 포인터

배열의 크기와 최대 문자 수는 NULL 문자를 고려하여 정합니다.

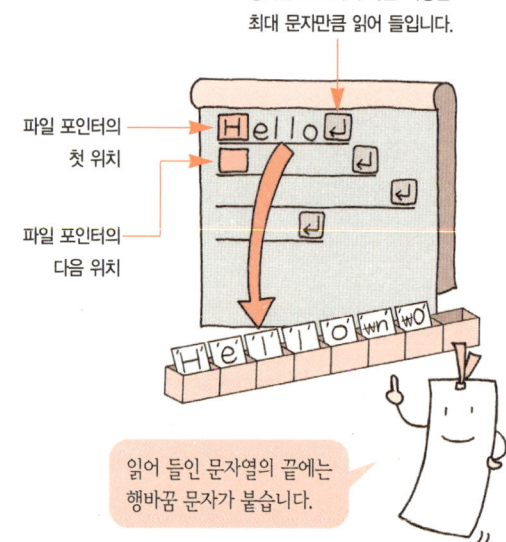

행바꿈 코드까지 혹은 지정된 최대 문자만큼 읽어 들입니다.

파일 포인터의 첫 위치

파일 포인터의 다음 위치

읽어 들인 문자열의 끝에는 행바꿈 문자가 붙습니다.

❸ 파일을 닫는다

마지막으로 fclose( ) 함수를 사용하여 파일을 닫아 줍니다.

```
fclose(fp);
```

파일의 끝까지, 읽기

파일의 끝까지 한 줄씩 읽으려면 fgets( )를 파일의 끝이 나올 때까지 반복합니다. 파일의 끝을 체크하기 위한 함수는 **feof( )** 함수인데, feof( ) 함수는 파일 포인터의 위치가 파일의 맨 끝(end of file)이면 참(true)이 되는 함수입니다.

```
        ⋮
while(1)
{
    fgets(s, 10, fp);
    if(feof(fp))      ← 파일의 끝을 만나면 feof( ) 함수는 true를 돌려주기 때문에,
        break;            루프가 종료됩니다.
}
        ⋮
```

예

```
#include <stdio.h>

main()
{
    FILE *fp;
    char s[20];
    int i = 1;
    fp = fopen("abc.txt", "r");
    if(fp == NULL)
        return 0;        ← 파일을 열지 못했을 때는 프로그램을 종료합니다.
    while(1)
    {
        fgets(s, 20, fp);
        if(feof(fp))
            break;
        printf("%04d:%s", i, s);
        i++;
    }
    fclose(fp);
}
```

abc.txt의 내용

```
abcdefg
hijklmn
opqsrtu
vwxyz
```

미리 abc.txt를 준비해 둡니다. z 다음에는 행 바꿈 합니다.

실행 결과

```
0001:abcdefg
0002:hijklmn     ← 파일 내용에 행 번호를 붙여 표시합니다.
0003:opqsrtu
0004:vwxyz
```

파일 쓰기

파일 읽기 다음에는 프로그램으로 텍스트 파일을 만들어 보도록 하겠습니다.

🔒 텍스트 파일 작성 순서

"Hello"라는 데이터를 file2.txt에 기록해 보겠습니다.

① 파일을 연다

오픈 모드를 새 파일 작성하기인 "w"나, 기존 파일에 추가하기인 "a"로 해서 파일을 엽니다.

```
FILE *fp;
fp = fopen("file2.txt", "w");
```

② 파일로 출력한다

문자열을 파일에 출력할 때에는 **fputs( )** 함수를 사용합니다.

```
fputs("Hello\n", fp);
```

기록할 문자열

③ 파일을 닫는다

```
fclose(fp);
```

지정한 서식으로 출력하기

fprintf( ) 함수는 printf( ) 함수와 같은 동작을 파일에 대하여 수행합니다. 텍스트 데이터를 파일에 출력할 때는, fprintf( ) 함수를 사용하는 게 편리합니다.

```
int a = 5;
fprintf(fp, "%02d\n", a);
                 ↑           ↑
              서식 지정   출력할 데이터
```

> 첫 번째 파라미터가 파일 포인터로 되어 있습니다.

예

```c
#include <stdio.h>

main()
{
    FILE *fp;
    int a = 100, b = 5, c = 40;
    int x = 1, y = 10, z = 100;
    char delm[] = "----=====----\n";

    fp = fopen("mat.txt", "w");
    if(fp == NULL)
        return 0;
    fputs(delm, fp);
    fprintf(fp, "%4d%4d%4d\n%4d%4d%4d\n", a, b, c, x, y, z);
    fputs(delm, fp);
    fclose(fp);
}
```

실행 결과

```
(mat.txt 파일의 내용)
----=====----
 100   5  40
   1  10 100
----=====----
■
```

파일 쓰기 | 139

바이너리 파일의 읽기와 쓰기(1)

바이너리 파일은 여는 법과 읽고 쓰는 데 사용하는 함수가 텍스트 파일과는 조금 다릅니다.

바이너리 파일 읽고 쓰기

텍스트 파일을 다룰 때 fgets( ) 같은 함수는 자동적으로 행바꿈 문자를 인식했습니다. 하지만 바이너리 파일의 경우는, 일반적인 문자이든 행바꿈 문자 같은 제어 코드이든 구별하지 않고 똑같은 데이터로 취급합니다.

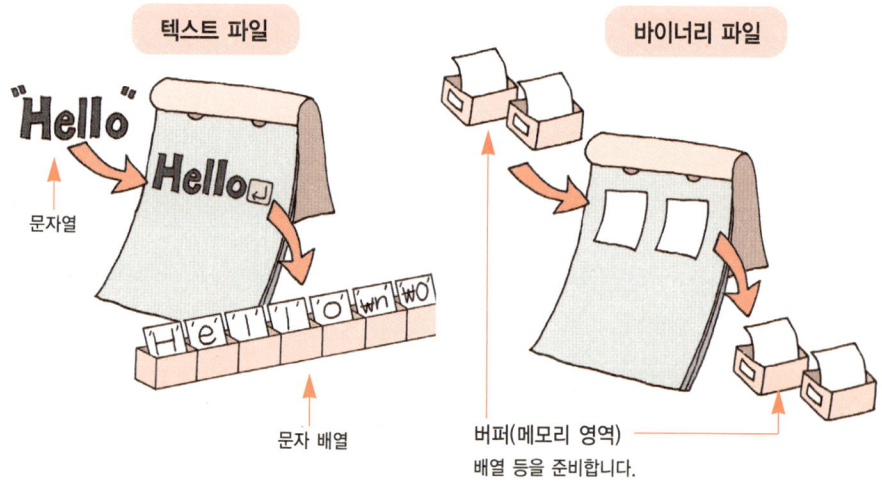

바이너리 파일 열기

바이너리 파일을 열 때도 fopen( ) 함수를 사용합니다. 단, 오픈 모드에서 「b」를 추가로 지정하여, 바이너리 모드로 열어야 합니다.

각 모드로 열었을 때의 파일 포인터의 위치는 "r", "w", "a"와 동일합니다.

```
FILE *fp;
fp = fopen("file3.dat", "rb");
```

파일 포인터   파일명   오픈 모드

주요 오픈 모드는 다음과 같습니다.
 "rb" …… 읽기 전용
 "wb" …… 쓰기 전용
 "ab" …… 기존 파일에 추가하기

바이너리 파일을 읽어 들이는 순서

file3.dat에서 short형 변수 세 개를 메모리로 읽어 옵니다.

 **파일을 연다**

오픈 모드를 바이너리 읽기 전용인 "rb"로 하여 파일을 엽니다.

```
short buf[3];         ← 읽어 들인 데이터를 저장할 버퍼
FILE *fp;                sizeof(short)=2 이므로, 6바이트만큼의 버퍼가 됩니다.
fp = fopen("file3.dat", "rb");
```

데이터를 읽어 온다

바이너리 데이터를 읽을 때는 fread( ) 함수를 사용합니다. 아래의 예문에서는 fp가 가리키는 위치에서부터 2바이트의 데이터를 세 번 읽고 있습니다.

fread( ) 함수는 실제로 읽은 횟수를 반환합니다. 에러가 발생할 경우, 인수로 지정했던 횟수와 반환되는 값이 일치하지 않습니다.

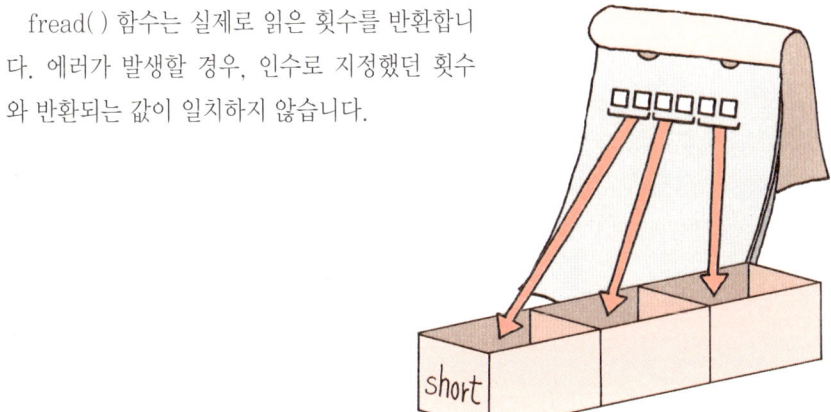

 short형 변수에 세 번 읽어 들일 경우, 기본 단위를 sizeof(short), 횟수를 3으로 지정합니다.

파일을 닫는다

마지막으로 fclose( ) 함수를 사용하여 파일을 닫습니다.

```
fclose(fp);
```

바이너리 파일의 읽기와 쓰기(2)

읽기에 이어서 파일에 쓰는 방법도 알아보겠습니다.

🔒 바이너리 파일을 만드는 순서

file4.dat에 short형 변수 세 개만큼의 데이터를 기록하겠습니다.

① 파일을 연다

오픈 모드를 바이너리 쓰기 전용인 "wb"로 해서 파일을 엽니다.

```
short buf[] = {
    0x10, 0x20, 0x30          ← 써넣을 데이터를 미리 준비해 둡니다.
}
FILE *fp;
fp = fopen("file4.dat", "wb");
```

② 파일에 쓴다

바이너리 파일에 데이터를 써넣기 위해서는 **fwrite( )** 함수를 사용합니다.
아래의 예는 fp가 가리키는 위치에 2바이트 데이터를 세 번 기록하게 됩니다.

```
fwrite(buf, sizeof(short), 3, fp);
```

- 버퍼의 맨 앞 주소
- 써넣을 기본 단위 (바이트)
- 써넣을 횟수
- 파일 포인터

fwrite( ) 함수는 실제로 써넣은 횟수를 반환합니다. 에러가 발생할 경우, 지정한 횟수와 반환 값이 일치하지 않습니다.

③ 파일을 닫는다

마지막으로 fclose( ) 함수를 이용하여 파일을 닫아 줍니다.

```
fclose(fp);
```

예

```
#include <stdio.h>

main()
{
    FILE *fp;
    char filename[] = "bintest.dat";
    int buf_w[10], buf_r[10];
    int i;

    for(i = 0; i < 10; i++)
        buf_w[i] = (i+1) * 10;          ┐ 파일에 쓸 데이터 생성
    if(!(fp = fopen(filename, "wb")))
        return 0;
    if(fwrite(buf_w, sizeof(int), 10, fp) != 10) {
        fclose(fp);                      ┐ 쓰기
        return 0;
    }
    fclose(fp);

    if(!(fp = fopen(filename, "rb")))
        return 0;
    if(fread(buf_r, sizeof(int), 10, fp) != 10) {
        fclose(fp);                      ┐ 읽기
        return 0;
    }
    fclose(fp);

    for(i = 0; i < 10; i++)
        printf("%d ", buf_r[i]);         ┐ 읽어 들인 내용을 표시
}
```

읽기, 쓰기를 할 때 에러에 대비한 처리도 잊지 않도록 하세요!

실행 결과

```
10 20 30 40 50 60 70 80 90 100 ■
```

일반적인 입출력

파일은 항상 디스크상에만 존재하는 것은 아닙니다.

C 언어의 입출력

지금까지 살펴본 바와 같이, C 언어는 파일 포인터를 통해 디스크상의 파일에 접근합니다. 그런데 키보드나 디스플레이 같은 입출력 장치와 통신을 할 때도, 그 장치들을 파일로 간주하여 파일을 처리하는 것과 같은 방식으로 데이터를 주고받을 수 있습니다.

표준 입출력 파일의 종류

C 언어는 기본적인 입출력을 위해 **stdin, stdout, stderr**라는 세 가지 파일 포인터를 마련하고 있습니다. 이것들은 프로그램 실행과 동시에 자동적으로 열리므로 프로그램상에서 파일을 열거나 닫는 조작이 필요 없습니다.

stdin (표준 입력) stdin은 표준 입력 장치(표준 설정은 키보드)로부터의 입력을 받는 파일 포인터입니다.

stdout (표준 출력)

stdout은 기본 출력 장치(표준 설정은 디스플레이)에 출력할 때 창구가 되는 파일 포인터입니다.

디스플레이에 출력

stderr (표준 에러 출력)

stderr은 기본 에러 출력 장치(표준 설정은 디스플레이)에 출력할 때 창구가 되는 파일 포인터입니다.

에러 정보를 디스플레이에 출력

파일을 다루는 함수의 파일 포인터로 표준 입출력 장치를 지정하면, 키보드나 디스플레이에서 입출력이 이루어집니다. 예를 들면, printf( ) 함수는 디스플레이에 출력하기 위해 데이터를 stdout으로 보내기 때문에 다음이 성립됩니다.

```
printf("%d", a);
```
동일함
```
fprintf(stdout, "%d", a);
```

예

```
#include <stdio.h>

main()
{
    char s[30];
    fgets(s, 29, stdin);        ◀── 키보드에서 입력한 문자열을 s에 넣습니다.
    fputs(s, stdout);           ◀── s를 디스플레이에 표시합니다.
    fputs("error!\n", stderr);  ◀── "error!"를 디스플레이에 표시합니다.
}
```

실행 결과

```
Hello␍
Hello
error!
■
```

※ 굵은 글자는 키보드로 입력한 문자

일반적인 입출력 | 145

키보드 입력

키보드로 입력한 데이터를 변수나 배열에 저장하는 방법을 살펴보겠습니다.

🔓 키보드를 통한 데이터 입력

지금까지도 한 문자를 키보드에서 입력받는 getchar( ) 함수 같은 것을 사용해 왔는데, 이번에는 키보드를 통한 데이터 입력에 사용되는 주요 함수들을 정리해서 소개합니다.

scanf( ) 함수

scanf( ) 함수는 키보드에서 입력된 데이터를 지정한 서식으로 변환하여 변수나 배열에 저장합니다.

> &를 붙여서 주소를 나타내는 것에 주의하세요.

```
int a;
scanf("%d", &a);
```
- 입력 데이터의 서식 지정
- 데이터가 저장될 곳의 주소

문자열의 경우
```
char s[30];
scanf("%s", s);
```
배열명은 배열의 첫 번째 요소에 대한 포인터가 되기 때문에 &가 필요 없습니다.

여러 데이터를 한번에 입력할 수도 있습니다(입력 문자는 스페이스로 구분합니다).

```
int a;
char s[30];
scanf("%d %s", &a, s);
```

입력 문자를 스페이스로 구분하기 때문에, 스페이스를 포함하는 문자열은 제대로 읽어 들일 수 없습니다. 또한, 실제 사용자가 입력하는 문자와 지정한 서식이 맞는다는 보장이 없기 때문에 권장하지는 않습니다.

gets( ) 함수

gets( ) 함수는 키보드에서 입력된 한 행의 문자열을 문자 배열에 저장합니다. 스페이스도 읽어 들일 수 있습니다.

```
char s[30];    ← 저장용 문자 배열
gets(s);
```

getchar( ) 함수

getchar( ) 함수는 키보드를 통해 입력된 한 문자만을 변수에 저장합니다.

```
int c;    ← 저장용 변수(int형으로 합니다)
c = getchar();
```

gets( ) 함수 등을 실행하면 프로그램은 키보드의 입력을 기다리는 상태가 됩니다. 입력한 다음 [Enter] 키를 누르면, 데이터를 받아들입니다.

예

```c
#include <stdio.h>

main()
{
    int a, b = 7;
    char s[40];
    printf("이름을 입력해 주세요. \n");
    gets(s);
    printf("숫자 맞히기 퀴즈! 0부터 9 사이의 숫자를 입력하세요. \n");
        while(a != b) {
            scanf("%d", &a);
            if((a == b-1)||(a == b+1))
                printf("아깝네요! \n");
            else if(a > b+1)
                printf("좀 더 작은 수입니다. \n");
            else if(a < b-1)
                printf("좀 더 큰 수입니다. \n");
        }
        printf("정답입니다. %s 님, 축하합니다!! \n", s);
}
```

실행 결과

```
이름을 입력해 주세요.
홍길동↵
숫자 맞추기 퀴즈! 0부터 9 사이의 숫자를 입력하세요.
6↵
아깝네요!
7↵
정답입니다. 홍길동 님, 축하합니다!!
■
```

※ 굵은 글자는 키보드로 입력한 문자

예제 프로그램 ❶
파일 속의 문자열을 바꿔 넣기

dog.txt라는 텍스트 파일에서 각 행의 "dog"라는 문자열을 "rabbit"으로 변환하고, rabbit.txt라는 이름으로 저장하는 프로그램을 만들어 보겠습니다.

소스 코드

> **dog.txt의 내용**
> The quick brown fox jumps over
> the lazy dog.
> I like cat and dog.

```c
#include <stdio.h>
#include <string.h>

int main()
{
    FILE *fpr, *fpw;                    /* 읽기, 쓰기 파일 포인터 */
    char bufr[256], bufw[256];          /* 읽기, 쓰기 버퍼 */
    char str1[] = "dog";                /* 바꿀 원래 문자열 */
    char str2[] = "rabbit";             /* 바꿔 넣을 문자열 */
    char *p, *q;

    if(!(fpr = fopen("dog.txt", "r"))) {
        printf("파일을 읽어 오지 못했습니다.");
        return 1;
    }
    if(!(fpw = fopen("rabbit.txt", "w"))) {
        printf("작성할 파일을 열지 못했습니다.");
        return 1;
    }
    while(1) {
        fgets(bufr, 256, fpr);
        strcpy(bufw, bufr);
        p = strstr(bufr, str1);
        if(p) {
            q = bufw + (p - bufr);
            strcpy(q, str2);
            strcpy(q+strlen(str2), p+strlen(str1));
        }
        fprintf(fpw, "%s", bufw);
        if(feof(fpr))
            break;
    }
    fclose(fpr);
    fclose(fpw);
    return 0;
}
```

strstr( ) 함수
첫 번째 인수에서 두 번째 인수로 주어진 문자열을 찾아, 그 위치의 포인터를 반환

문자열을 치환합니다.

실행 결과

(rabbit.txt의 내용)
The quick brown fox jumps over
the lazy rabbit.
I like cat and rabbit.

예제 프로그램 ❷

dump 커맨드의 작성

바이너리 파일의 내용을 표시하는 프로그램인 "dump"를 만들어 보겠습니다.

소스 코드

```c
int main(int argc, char* argv[])
{
    FILE *fp;
    unsigned char buf[16]; /* 읽기 버퍼 */
    unsigned long addr = 0; /* 첫째의 주소 */
    int readnum, i;

    if(argc <= 1) {
        printf("usage: dump filename\n");
        return 1;
    }
    if(!(fp = fopen(argv[1], "rb"))) {
        printf("파일을 열지 못했습니다. \n");
        return 1;
    }
    while(1) {
        printf("%08X ", addr);
        readnum = fread(buf, 1, 16, fp);
                /* 바이너리 데이터 표시 */
        for(i = 0; i < readnum; i++) {
            if(i == 8)
                printf(" ");
            printf("%02X ", buf[i]);
        }
        for(i = readnum; i < 16; i++) {
            if(i == 8)
                printf(" ");
            printf("   ");
        }
        printf(" ");
        for(i = 0; i < readnum; i++)
            printf("%c", (32 <= buf[i] && buf[i] <= 126) ? buf[i] : '.');
        printf("\n");
        addr += 16;
        if(feof(fp))
            break;
    }
    fclose(fp);
    return 0;
}
```

readnum은 실제로 읽어 들인 바이트 수

제어 코드는 "." 으로 바꿈

실행 결과

```
>dump bintest.dat
00000000  0A 00 00 00 14 00 00 00  1E 00 00 00 28 00 00 00   ............(...
00000010  32 00 00 00 3C 00 00 00  46 00 00 00 50 00 00 00   2...<...F...P...
00000020  5A 00 00 00 64 00 00 00                            Z...d...
```

※ 굵은 글자는 키보드로 입력한 문자. 실행 결과는 143페이지의 예제에서 만든 bintest.dat을 이용했을 때의 것입니다.

{ 알아두면 도움이 되는 **C 프로그래밍 상식** *}

fseek( ) 함수

파일 입출력을 공부하다 보면 「파일을 읽고 쓰는 위치를 내가 결정할 수는 없을까」 하는 의문이 생길 것입니다. 사실 파일 포인터의 위치를 이동하기 위한 함수가 있습니다. **fseek( ) 함수**는 파일 포인터를 이동할 때 사용합니다.

```
SEEK_SET ··· 파일의 시작
SEEK_CUR ··· 파일 포인터의 현재 위치
SEEK_END ··· 파일의 끝
```

fseek( ) 함수는 텍스트 · 바이너리 파일 모두 1바이트씩 처리합니다. 텍스트 파일에서는 개발 환경에 따라 행바꿈 코드가 2바이트가 되는 경우도 있는데, 각각 1바이트로 다루므로 주의해야 합니다.

Windows 같은 운영 체제는 파일 속의 행바꿈 문자를 2바이트로 표시합니다.

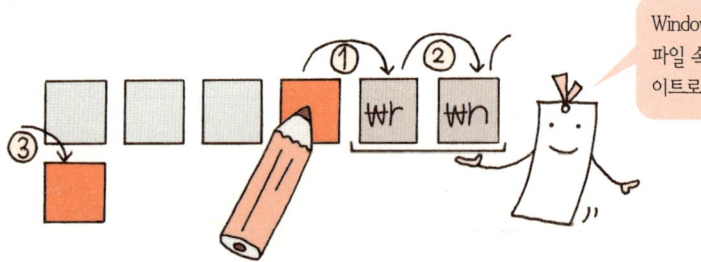

도전! C 프로그래밍

<< exercise

프로그래밍의 제1 수칙은 '백문이불여일행' 이라고 합니다. 백 번 듣고 보는 것보다 한 번 프로그래밍을 해 보는 것이 훨씬 낫다는 말입니다. 실제로 프로그래밍에 도전해 보지 않고서는 프로그래머가 될 수 없습니다. 여기에서는 앞 장에서 배운 내용을 토대로 실제 예를 통해 적용해 보겠습니다. 여러분의 프로그래밍 실력을 쌓을 수 있는 기초가 될 것입니다.

문제

01_ 다음 프로그램은 어떤 부분이 잘못되었을까요?

```c
int main(void)
{
    int *fp;
    int k;

    fp = fopen("gelatin");
    for(k = 0; k < 30; k++)
        fputs(fp, "Nanette eats gelatin.\n");
    fclose("gelatin");
    return 0;
}
```

02_ 다음 프로그램은 어떤 작업을 수행할까요?

```
1:#include <stdio.h>
2:#include <stdlib.h>
3:#include <ctype.h>
4:int main(int argc, char *argv[ ])
5:{
6:    int ch;
7:    FILE *fp;
8:
9:    if((fp = fopen(argv[1], "r")) == NULL)
10:        exit(1);
11:    while((ch = getc(fp)) != EOF)
12:        if(isdigit(ch))
13:            putchar(ch);
14:    fclose(fp);
15:    return 0;
16:}
```

03_ 다음의 차이점은 무엇일까요?

a. 8238201을 fprintf( )를 이용해서 저장하는 것과 fwrite( )를 이용해서 저장하는 것.

b. 문자 S를 putc( )를 이용해서 저장하는 것과 fwrite( )를 이용해서 저장하는 것.

04_ 커맨드라인에서 소스 파일 이름과 타깃 파일 이름을 전달받는 프로그램을 작성해 보세요. 가능하다면 표준 입출력과 바이너리 모드를 사용하세요.

05_ 텍스트 파일을 읽어, 세 번째 문자마다 취하여 출력시키는 프로그램을 작성하세요.

01

```c
#include <stdio.h>
int main(void)
{
    FILE *fp;
    int k;

    fp = fopen("gelatin", "w");
    for(k = 0; k < 30; k++)
        fputs("Nanette eats gelatin.\n", fp);
    fclose(fp);
    return 0;
}
```

파일 정의를 위해 #include <stdio.h>를 프로그램에 삽입해야 합니다. FILE *fp와 같이 파일 포인터로 fp를 선언합니다. fopen( ) 함수는 fopen("gelatin", "w") 또는 fopen("gelatin", "a")와 같은 모드를 요구합니다. fputs( )에 전달할 전달 인자의 순서를 바꾸어야 합니다. fclose( ) 함수는 fclose(fp);와 같이 파일명이 아니라 파일 포인터를 필요로 합니다.

02

1-3라인 : 기본적인 파일 입출력 및 처리를 위한 라이브러리 헤더를 읽어 오는 부분

4-16라인 : 메인 프로그램

6-7라인 : 정수 변수 ch, 파일 포인터 변수 fp를 선언

9-10라인 : 커맨드라인 첫 번째 전달 인수를 파일 이름으로 가지는 파일을 읽을 수 없으면 프로그램을 종료

11-13라인 : 파일의 끝이 만나는 EOF까지 반복하면서 문자들을 읽어서 숫자만 출력

14라인 : 파일을 닫아 줌

03

a. fprintf( )를 사용해서 8238201을 저장할 때에는 7바이트 안에 저장된 7개의 문자로 간주합니다. fwrite( )를 사용해서 저장할 때에는 그 산술적인 수치를 2진 표기로 된 4바이트 정수로 저장합니다.

b. 차이가 없습니다. 각 경우에 대해 1바이트 2진 코드로 저장됩니다.

04

```c
#include <stdio.h>
#include <stdlib.h>   /* 기본 입출력에 관련된 헤더 파일을 불러옴 */
#include <console.h>  /* Macintosh용 */

int main(int argc, char *argv[ ])
{
    int byte;
    FILE *source;   /* source를 file pointer로 선언 */
    FILE *target;   /* target을 file pointer로 선언 */

    argc = ccommand(&argv);  /* Macintosh용 */

    if (argc != 3)
    {
        printf("Usage: %s sourcefile targetfile\n",
            argv[0]);
        exit(EXIT_FAILURE);
    }
    /* command-line에서 인수를 잘못 입력했을 경우
       에러 메시지 출력 후 종료 */
    if ((source = fopen(argv[1], "rb")) == NULL)
    {
```

MORE

```
    printf("Could not open file %s for input\n",
        argv[1]);
    exit(EXIT_FAILURE);
}
/* source 파일 이름을 잘못 입력했을 경우 에러 메
   시지 출력 후 종료 */
if ((target = fopen(argv[2], "wb")) == NULL)
{
    printf("Could not open file %s for output\n",
        argv[2]);
    exit(EXIT_FAILURE);
}
/* target 파일 이름을 잘못 입력했을 경우 에러 메시
   지 출력 후 종료 */
while ((byte = getc(source)) != EOF)
    putc(byte, target);
/* source 파일에서 EOF가 나올 때까지 한 글자씩
   계속 읽은 후에 target으로 기록 */
if (fclose(source) != 0)
    printf("Could not close file %s\n", argv[1]);
if (fclose(target) != 0)
    printf("Could not close file %s\n", argv[2]);
/* file을 정상적으로 종료하지 못했을 경우 에러 메시
   지 출력 */
return 0;
}
```

이 문제를 해결하기 위해서는 커맨드라인상에서 인자를 전달 받는 법을 알아야 합니다. 커맨드라인상에서 인자를 전달받기 위해서는 main 함수를 선언할 때, 전달받는 인자의 개수와 각각의 인자를 저장하는 배열을 같이 선언해 주면 됩니다.

예)〉〉〉

int main(int argc, char *argv[ ])

argc : 전달받는 인자의 수로, 커맨드라인에서 실행될 때 자기 자신의 이름(예 : program)을 포함한 개수가 됩니다.

*argv[ ] : 전달받은 인자를 보관하는 배열

실행 예)〉〉〉

program arg1 arg2

위와 같이 입력된 경우에는 아래와 같이 저장됩니다.

argc = 3

argv[0] = program

argv[1] = arg1

argv[2] = arg2

05

```
#include <stdio.h>
#include <string.h>

main(int argc, char*argv[ ])
{
    FILE *in, *out;  /* 파일 입출력을 위한 두 개의 파일
                        포인터 선언 */
    int ch;
    char name[20]; /* 출력 파일 이름 */

    int count = 0;
    if (argc < 2)  /* 입력 파일이 있는지 검사 */
        printf("Sorry, I need the filename for argument\n");
    else {
        if (( in = fopen(argv[1], "r")) != NULL ) {
            strcpy(name, argv[1]);
            /* 출력 파일 이름을 생성 */
            strcat(name, ".out");
            /* 출력 파일 이름에 결과물임을 나타내기 위하여
               '.out' 추가 */
            out = fopen (name, "w");
            /* 기록하기 위하여 파일을 연다 */
            while ((ch = getc(in)) != EOF )
                if (count++ % 3 == 0 )
```

정답 및 해설

```
            /* 각 세 번째 문자마다 출력 - 3으로 나눈
               나머지가 0일 때만 출력 */
            putc(ch, out);
        fclose(in);
        fclose(out);
    } else
        printf("I can't find the file %s  \n", argv[1]);
    }
}
```

이 문제에서는 동시에 두 개의 파일을 열고 처리할 수 있어야 하므로, 두 개의 파일 포인터를 선언해 주어야 합니다. 또, 한 쪽 파일 포인터를 이용하여 입력받은 문자를 다른 쪽으로 출력해 주면 되는 간단한 문제입니다. 참고로 매 세 번째 문자를 취하여 출력하는 부분은 나머지 연산자를 응용하면 간단히 해결할 수 있습니다.

7

구조체

다른 형의 데이터를 모으려면?

7장에서는 **구조체**를 소개합니다. 구조체란 무엇일까요?

구조체에 대해 공부하기 전에, 4장에서 학습한 배열을 떠올려 보십시오. 배열이란 「동일한 형」의 데이터를 한데 모은 것이었습니다. 이에 비해, 구조체는 「다른 형」의 데이터를 한데 모으는 것입니다. 여러분들이 앞으로 보다 복잡한 프로그램을 만들 수 있게 되면, 「다른 형이지만 관계 있는 데이터니까 모아 두고 싶은데…」라고 생각할 때가 있을 것입니다. 그럴 때 바로 구조체를 사용하는 것입니다.

우선, 구조체에 어떤 형의 변수를 모아 둘지를 지정합니다. 이것을 구조체의 **템플릿**이라고 합니다. 하지만 템플릿을 정의한 것만으로 그 안에 데이터를 넣을 수는 없습니다. 그래서 다음으로 그 구조체의 형을 가진 변수(**구조체 변수**)를 준비해야 합니다.

용어설명

구조체(structure)
구조체란 여러 가지 형의 변수들을 하나로 모아 둔 것입니다.

구조체의 템플릿(template)
프로그래머가 필요에 따라 정의한 자료 구조의 틀로서 Typedef(형의 재정의)를 구조체와 함께 사용하면 일반적인 변수 선언처럼 편리하게 사용할 수 있습니다.

꼭 알아야 할 Key Point

마치 녹인 초콜릿을 준비한 틀에 부어 넣어 굳히는 것 같은 이미지입니다. 그렇게 해서 완성된 구조체 변수의 상자에 데이터를 모아 넣어 둠으로써 방대한 데이터를 깔끔하게 모을 수 있습니다.

좀 더 응용해서, 구조체를 「배열」로 만든 **구조체 배열**에 대해서도 소개합니다. 구조체 배열은 구조체의 틀에 흘려 넣어 만든 상자 같은 것을 지정한 수만큼 준비한 것입니다. 이것은 사원 명부 같은 것에 응용할 수도 있습니다. 예를 들어, 기록할 데이터의 종류에는 사원번호, 이름, 성별, 생년월일, 입사연월일이라는 다섯 개의 항목이 있고, 사원이 1,000명이 있다고 합시다. 구조체 배열을 사용하면, 우선 다섯 개의 항목이 들어가는 템플릿을 준비하고, 구조체 배열에서 1,000개의 동일한 상자를 만들면 되는 것입니다.

구조체

구조체란 무엇이며, 선언하기 위해서는 어떻게 해야 하는지 알아보겠습니다.

🔓 구조체란?

구조체란 여러 가지 형의 변수를 하나로 모아 둔 것입니다. 배열과 비슷하지만, 구조체는 다른 형이든, 배열이든 하나로 정리할 수 있습니다. 또한 구조체에 의해 정리된 요소 하나하나를 **멤버**라고 합니다.

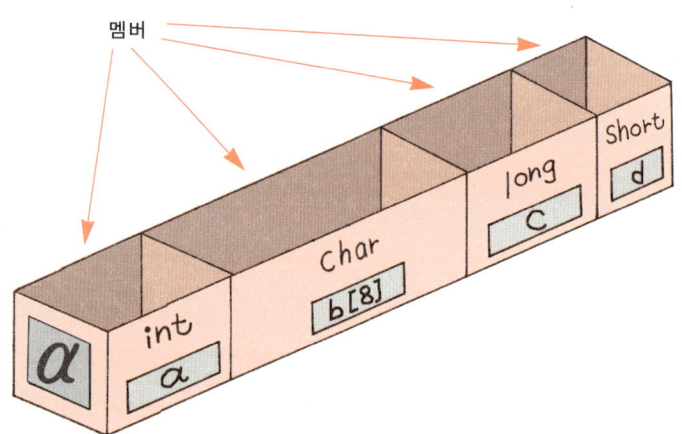

🔓 구조체의 선언

구조체의 선언은 아래의 두 단계로 이루어집니다.

> ① 구조체 템플릿을 선언한다 ← 어떤 형의 변수와 배열을 정리할 것인지 틀을 결정합니다.
>
> ② 구조체 변수를 선언한다 ← 데이터를 실제로 기억하기 위해, 구조체 템플릿을 가진 변수를 준비합니다.

또한, 구조체 템플릿과 구조체 변수의 선언을 한번에 기술할 수도 있습니다.

구조체 템플릿 선언

어떤 변수를 하나의 구조체로 묶을 것인지를 정의하는 일을 「구조체의 템플릿 선언」이라고 합니다. 선언은 다음과 같이 합니다.

```
            ┌── 구조체 템플릿 이름
struct data {
    int  no;
    char name[10];
    int  age;
};
```

멤버 : 구조체를 구성하는 요소입니다. ; 으로 구분하여 나열합니다.

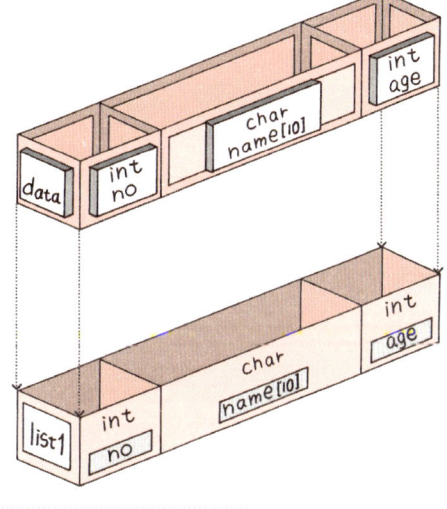

구조체 변수의 선언

실제로 구조체를 사용하려면 구조체의 형을 가지는 변수(구조체 변수)를 만들어야 합니다. 선언하는 방법은 다음과 같습니다.

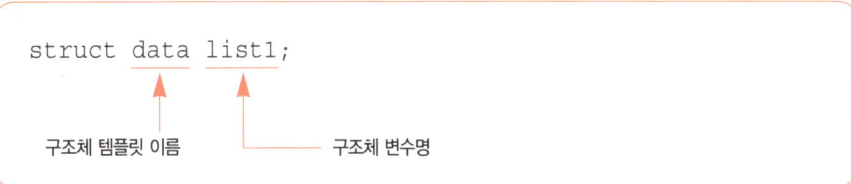

data의 템플릿을 가진 list1 이라는 구조체 변수를 만들었습니다.

구조체 템플릿과 구조체 변수를 동시에 선언하기

다음과 같이 구조체와 변수를 동시에 선언할 수 있습니다.

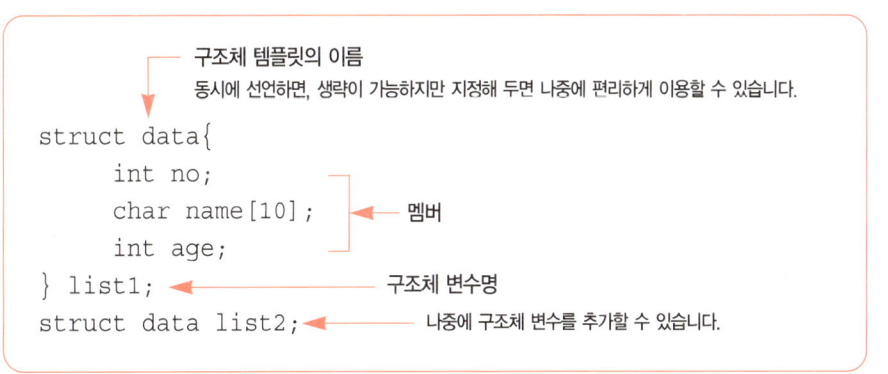

구조체의 활용

구조체 각각의 멤버에 값을 대입하는 방법과 값을 참조하는 방법을 살펴보겠습니다.

🔓 구조체의 초기화

구조체 변수의 초기화는 선언 시에 다음과 같이 이루어집니다.

```
struct data {
    int no;
    char name[10];      ┐ 구조체 data를 선언
    int age;
};
struct data list1 = {1, "홍길동", 39};   초기화
         ↑           ↑         ↑
    구조체 템플릿 이름  구조체    초기화 리스트
                   변수명    구조체의 선언에 맞추어 데이터를 기술합니다.
```

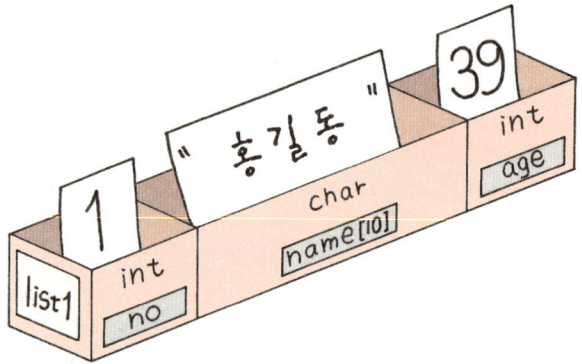

멤버가 많을 경우는 줄을 바꿔 나열하기도 합니다.

선언과 혼동하지 마세요 !!

```
struct data list1 = {
    1,
    "홍길동",
    39
};
```

구조체 멤버에 접근하기

구조체 변수의 멤버를 참조하기 위해서는「.(피리어드)」를 사용하여 어떤 멤버를 참조할 것인지 지정합니다.

```
                       피리어드
printf("%d %s %d\n", list1.no, list1.name, list1.age);
                       ↑          ↑
                   구조체 변수명   멤버명
```

변수명과 멤버명을 피리어드로 연결합니다.

구조체 변수에 데이터를 대입할 때도 마찬가지입니다.

```
list1.no = 3;                  구조체 변수 list1의
strcpy(list1.name,"홍길동");   멤버 no에 3을 대입
list1.age = 39;                멤버 name에 홍길동을 복사
                               멤버의 age에 39를 대입
```

예

```c
#include <stdio.h>

struct _point2d {
    double x;
    double y;
} pt;

main( )
{
    pt.x = 30.0;
    pt.y = 23.6;
    printf("pt = (%4.1f, %4.1f)\n", pt.x, pt.y);
}
```

실행 결과

```
pt = (30.0, 23.6)
```

구조체와 포인터

변수에 대한 포인터와 마찬가지로 구조체 변수에 대한 포인터를 생각해 볼 수 있습니다.

🔓 구조체를 가리키는 포인터

구조체 변수를 포인터로 가리키는 것을 생각해 봅시다. 기본적인 개념은 변수에 대한 포인터와 동일합니다. 구조체를 지시할 포인터를 선언하기 위해 포인터 이름 앞에 * 를 붙입니다.

실체를 선언할 때 사용하기 때문에 구조체 템플릿의 이름을 지정합니다.

```
struct data {
    int no;
    char name[10];
    int age;
};
struct data *sp;
```

구조체 템플릿 이름   포인터 이름

포인터에 구조체의 주소 값 대입은 다음과 같이 합니다.

```
struct data list1;
sp = &list1;
```

구조체 변수명

구조체 변수명 앞에 &를 붙이면 주소 값을 가져옵니다.

포인터를 사용한 구조체의 참조

포인터를 사용하여 구조체의 멤버를 참조하기 위해서는 -> 라는 기호(**애로우 연산자**)를 사용합니다. 다음과 같이 기술합니다.

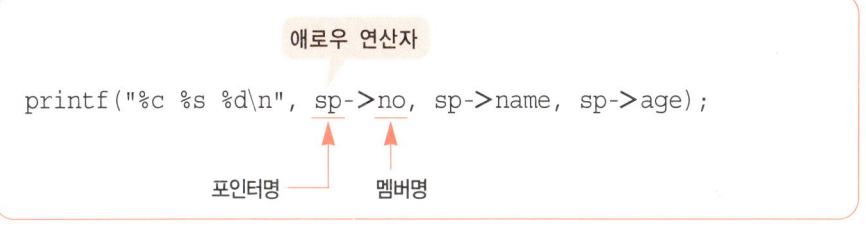

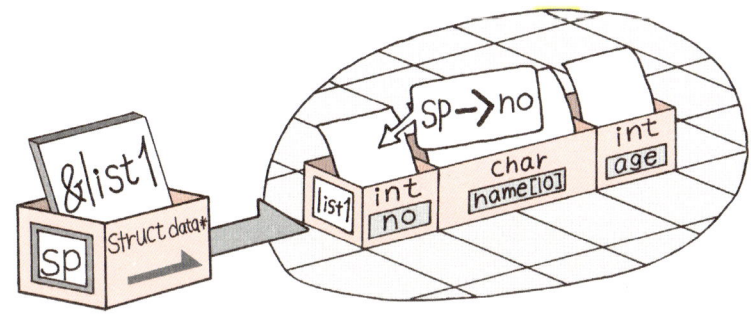

> 예

```
#include <stdio.h>

struct _colorpoint2d {
    double x, y;
    int colorid;
} cpt;
struct _colorpoint2d *ppt = &cpt;

main()
{
    ppt->x = 2.4;
    ppt->y = 3.2;
    ppt->colorid = 1;
    printf("(%3.1f, %3.1f) color = %d\n",
        ppt->x, ppt->y, ppt->colorid);
}
```

> 실행 결과

```
(2.4, 3.2) color = 1
```

구조체와 배열

구조체의 응용편으로 구조체 배열에 대해 살펴보겠습니다. 회원 관리 데이터베이스 등에 사용할 수 있습니다.

🔓 구조체 배열

일반적인 변수와 마찬가지로 구조체 변수에 대해서도 배열을 사용할 수 있습니다. 이것을 구조체 배열이라고 합니다.

변수의 배열과 똑같네요.

구조체 배열의 사용법은 구조체 변수와 거의 동일합니다.

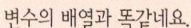
구조체 배열의 선언

구조체 템플릿과 구조체 배열을 따로 선언
```
struct data{
    int no;
    char name[10];
    int age;
};
struct data list1[10];
```

구조체 템플릿과 구조체 배열을 동시에 선언
```
struct data{
    int no;
    char name[10];
    int age;
} list1[10];
```

구조체 배열

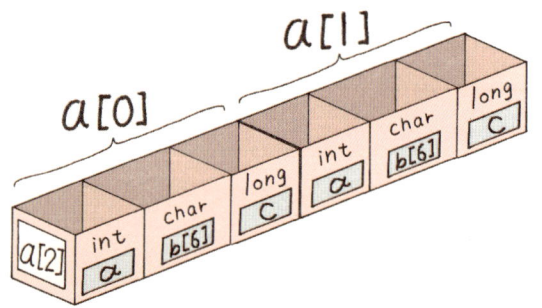

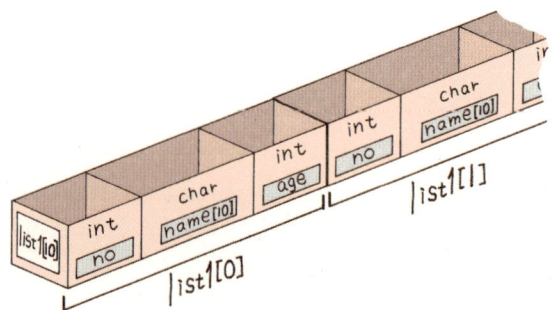

164 제7장 구조체

구조체 배열의 초기화

```
struct data list1[10] = {
    {1, "이나영", 39},
    {2, "장나라", 33},
         ⋮
    {10, "권보아", 31}
};
```

요소마다 { }로 둘러쌉니다.

구조체 배열의 참조

다음 세 가지는 for 문을 사용하여 배열의 마지막 요소까지 참조를 반복하고 있습니다. 모두 같은 결과를 나타냅니다.

[ ]를 사용하여 표기

```
int i;
for(i = 0; i < 10; i++)
    printf("%d %s %d\n", list1[i].no, list1[i].name,
           list1[i].age);
```

* 를 사용하여 표기

```
int i;
struct data *sp = list1;
for(i = 0; i < 10; i++)
    printf("%d %s %d\n",
           (*(sp+i)).no, (*(sp+i)).name,(*(sp+i)).age);
```

구조체 배열명은 요소 0번이 되기 때문에 & 표시는 필요 없습니다.

->를 사용하여 표기

```
struct data *sp;
for(sp = list1; sp!= list1+10; sp++)
    printf("%d %s %d\n", sp->no, sp->name, sp->age);
```

형의 재정의

긴 형의 이름은 프로그램을 작성하는 데 사용하기 불편합니다. typedef를 사용하면 간결하게 쓸 수 있습니다.

🔓 형의 이름 변경하기

형의 이름은 unsigned 등과 조합하여 사용하면 길어집니다. 그럴 때는 **typedef**을 사용하여 임의로 이름을 붙일 수가 있습니다(**형의 재정의**라고 합니다).

다음과 같이 하면 「unsigned char」를 「u_char」라고 쓸 수 있습니다.

```
                 기존의 형명      새로운 형명
                     ↓               ↓
typedef unsigned char u_char;
u_char c;   ←——— unsigned char c와 같은 의미입니다.
```

포인터 형의 재정의는 다음과 같습니다.

```
typedef unsigned int *pt_int;
pt_int a;   ←——— unsigned int *a와 같은 의미입니다.
```

a 앞에 *를 붙일 필요가 없습니다.

구조체명 변경하기

typedef을 사용하면, 구조체의 템플릿에도 임의의 이름을 정의할 수 있습니다.

구조체명
아래에서 DATA라는 새 이름을 붙였기 때문에
생략해도 재이용하는 데 지장은 없습니다.

```
typedef struct data {
    int no;
    char name;
    int age;
} DATA;    ← 새 이름

DATA list1;
```
DATA는 형명이기 때문에 struct는 필요 없습니다.

양쪽의 결과는 같습니다.

구조체명

```
struct data {
    int no;
    char name;
    int age;
};

struct data list1;
```
구조체명 앞에 struct가 필요합니다.

예

```c
#include <stdio.h>

typedef struct _PROFILE {
    char name[40];
    int age;
} PROFILE;

main( )
{
    PROFILE prof[2] = {
        {"juhyun", 23},
        {"jiwon", 31}
    };
    int i;
    for(i = 0; i < 2; i++)
        printf("%s 님은 %d 살입니다. \n",
            prof[i].name, prof[i].age);
}
```

실행 결과

```
juhyun님은 23살입니다.
jiwon님은 31살입니다.
```

예제 프로그램
칼로리 계산 프로그램

식품 등록을 할 수 있는 칼로리 계산 프로그램을 만들어 보겠습니다.

소스 코드

```c
#include <stdio.h>
#include <string.h>

typedef struct _CALORIE {         ┐
        char name[40];            │ CALORIE 구조체를 정의
        float value;              │
} CALORIE;                        ┘

int calregist(CALORIE *, int);    ┐ 프로토타입 선언
float calcalc(CALORIE *, int);    ┘

int main()
{
        CALORIE cal[500] = {             ← 데이터베이스를 main() 함수 안에 정의
                {"쌀류", 150.0}, {"짜장면", 57.1},      (최대 500건)
                {"국수", 133.3}, {"우동", 100.0},
                {"소면", 133.3}, {"식빵", 250.0}
        };
        int cal_num = 6;                 ← 처음 6건은 미리 등록
        int mode = 0;

        printf("칼로리 계산기 \n");
        while(1) {
                printf("등록은 1, 계산은 2, 종료는 0을 입력하세요 : ");
                scanf("%d", &mode);
                if(mode == 0)
                        break;
                else if(mode == 1)
                        cal_num = calregist(cal, cal_num);
                else if(mode == 2)
                        printf("총칼로리 : %6.2fkcal\n\n", calcalc(cal, cal_num));
        }
        return 0;
}

/*****************************************************
   calregist()  칼로리 리스트에 등록
   [인수]   pcal -- 칼로리 리스트를 가리키는 포인터
            num  -- 등록 전 리스트의 요소 수
   [반환 값] 등록 후 리스트의 요소 수
*****************************************************/
int calregist(CALORIE *pcal, int num)
{
    printf("식품명을 입력하세요:");
    scanf("%s", (pcal+num)->name);
    printf("그 식품의 칼로리를 입력하세요[kcal/100g]:");
    scanf("%f", &((pcal+num)->value));
    printf("등록되었습니다. \n\n");
    return num+1;
}

/***********************************************************************
```

168 제7장 구조체

```
          calcalc() 칼로리를 계산한다.
   [인수] pcal -- 칼로리 리스트를 가리키는 포인터
          num -- 리스트의 요소 수
   [반환 값] 칼로리 수
*************************************************************************/
float calcalc(CALORIE *pcal, int num)
{
        char name[40]; /* 입력된 식품명 */
        float gram;    /* 입력된 그램 수 */
        float totalcal = 0.0; /* 합계 칼로리 */
        int i;

        printf("-- 식품명 일람 -----------------\n");
        for(i = 0; i < num; i++)
                printf("%s\t", (pcal+i)->name);
        printf("\n-----------------------------\n");

        while(1) {
                printf("식품명(end를 입력하면 계산합니다.) : ");
                scanf("%s", name);
                if(strcmp(name, "end") == 0)
                        break;
                printf("그램 수 : ");
                scanf("%f", &gram);
                for(i = 0; i < num; i++) {
                        if(strcmp(name, (pcal+i)->name) == 0) {
                                totalcal += (pcal+i)->value * gram / 100.0;
                                break;
                        }
                }
        }
        return totalcal;
}
```

실행 결과

```
칼로리 계산기
등록은 1, 계산은 2, 종료는 0을 입력하세요 : 1
식품명을 입력하세요 : 딸기
그 식품의 칼로리를 입력하세요 [kcal/100g] : 36.4
등록되었습니다.
등록은 1, 계산은 2, 종료는 0을 입력하세요 : 2
-- 식품명 일람 -------------------
쌀류    짜장면   국수    우동    소면    식빵    딸기
-------------------------------
식품명(end를 입력하면 계산합니다.) : 국수
그램수 : 120
식품명(end를 입력하면 계산합니다.) : 딸기
그램수 : 50
식품명(end를 입력하면 계산합니다.) : end
총칼로리 : 178.16kcal

등록은 1, 계산은 2, 종료는 0을 입력하세요 : 0
```

※ 굵은 글자는 키보드에서 입력한 문자

알아두면 도움이 되는 C 프로그래밍 상식

데이터를 한데 모으다

프로그램의 구조화를 파고들다 보면 함수의 인수가 늘어나고, 그 내용도 복잡해집니다. 인수의 수가 10여 개에 이르거나, 인수의 형이 포인터의 포인터가 되는 경우도 있습니다. 예를 들면, 다음의 두 가지 중에서는 함수를 이용하는 빈도가 많을수록 두 번째 경우가 깔끔합니다.

```
void getpoint(int *x, int *y, int *z, int *col)
{
        :
}
        :
int x, y, z, col;
getpoint(&x, &y, &z, &col);
        :
```

```
typedef struct _POS3D {
    int x, y, z, col;
} POS3D, *LPPOS3D;
        :
void getpoint(LPPOS3D pos)
{
        :
}
        :
POS3D  pos3d;
        :
getpoint(&pos3d);
        :
```

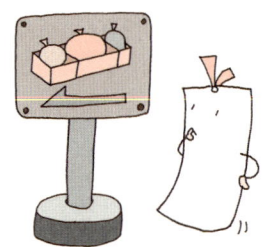

또한, 인수가 많은 경우 값을 하나하나 전달하면 그때마다 데이터를 이동시켜야 하지만 참조 전달을 하게 되면 구조체를 가리키는 포인터 하나만 넘기면 되므로 속도면에서도 유리합니다. 단, 참조 전달의 경우는 함수 내에서 값을 변경하면 호출한 쪽에도 영향을 주기 때문에 조심해야 합니다.
구조체를 하나의 「덩어리(오브젝트)」로 간주하여 한데 모아 다루는 개념은 곧바로 C++언어의 「클래스」의 개념으로 연결됩니다.

>> exercise

프로그래밍의 제1 수칙은 '백문이불여일행' 이라고 합니다. 백 번 듣고 보는 것보다 한 번 프로그래밍을 해 보는 것이 훨씬 낫다는 말입니다. 실제로 프로그래밍에 도전해 보지 않고서는 프로그래머가 될 수 없습니다. 여기에서는 앞 장에서 배운 내용을 토대로 실제 예를 통해 적용해 보겠습니다. 여러분의 프로그래밍 실력을 쌓을 수 있는 기초가 될 것입니다.

문제

01_ 각 달(month)의 영문 명칭, 영문 약칭, 날수, 달수를 저장하는 구조체 템플릿을 작성하세요.

02_ 문제 1에서 12개의 구조체들을 원소로 하는 배열을 정의하고 초기화하세요.

03_ 자동차의 이름, 마력 수, EPA 시내 주행 속도(mpg), 축거(자동차의 앞뒤 차축 사이의 거리), 제작년도 및 제작사 등의 항목들을 저장하는 데 적절한 구조체 템플릿을 정의하세요. 템플릿의 태그로 car를 사용합니다.

04_ 한 야구팀에 소속된 15명 타자들의 성적(이름(name), 타율(avr), 홈런(hr), 도루(steel), 안타 수(hit))을 포함하는 구조체(HITTER)를 선언하고 이 중에 2번 타자의 성적을 임의로 입력해 보세요.

05_ 구조체 gals를 전달 인수로 사용하는 함수를 작성하세요. 전달되는 구조체는 distance와 gals 정보를 포함한다고 가정합니다. 이 함수가 멤버 mpg에 대한 정확한 값을 계산하도록 하고, 완결된 구조체를 리턴하도록 합니다.

01

```
struct month {          /* 구조체 템플릿 month 선언 */
    char name[10];
    char abbrev[4];
    int days;
    int monumb;
};
```

구조체란 여러 가지 형을 하나로 모아 둔 것입니다. 배열에 가까운 이미지이지만, 구조체는 다른 형이든, 배열이든 하나로 정리할 수 있습니다. 또한 구조체에 의해 정리된 요소 하나하나를 멤버라고 합니다. 어떤 변수를 구조체로서 하나로 묶을 것인지 정의하는 일을 '구조체의 템플릿 선언'이라고 합니다. 선언은 다음과 같이 합니다.

　　　　　　　　┌─ 구조체 템플릿 이름

```
struct data {
    int no;         /* 멤버 - 구조체를 구성하는 요소를 ;로
                       구분하여 나열합니다. */
    char name[10];
    int age;
}
```

구조체를 사용하기 위해서는 구조체의 형을 가지는 변수(구조체 변수)를 만들어야 합니다. 선언하는 방법은 다음과 같습니다.

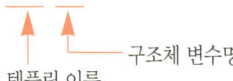

　　　struct data list ;
　　　　　　　　　　└── 구조체 변수명
　　　　└── 구조체 템플릿 이름

02

```
struct month month[12] =
{
    {"January", "Jan", 31, 1},
    {"February", "Feb", 28, 2},
    {"March", "Mar", 31, 3},
    {"April", "Apr", 30, 4},
    {"May", "May", 31, 5},
    {"June", "Jun", 30, 6},
    {"July", "Jul", 31, 7},
    {"August", "Aug", 31, 8},
    {"September", "Sep", 30, 9},
    {"October", "Oct", 31, 10},
    {"November", "Nov", 30, 11},
    {"December", "Dec", 31, 12}
};
```

위 1번에서와 같이 구조체를 선언하고 초기화를 해 주는 부분을 따로 할 수도 있지만, 한번에 처리할 수 있습니다.

03

```
struct car {
    char name[20];
    float hp;
    float epampg;
    float wbase;
    int year;
    char maker[20];
};
```

이름, 마력 수, EPA 시내 주행 속도, 축거, 제작년도 및 제작사를 멤버로 가지는 car라는 구조체 템플릿을 정의합니다.

정답 및 해설

04

```
typedef struct hitter {
    char name[10];
    float avr;
    int hr;
    int steal;
    int hit;
} HITTER;
/* 타자의 이름, 타율, 홈런, 도루, 안타 수를 포함하는 구조체 HITTER를 생성 */

HITTER lotte[15];
/* lotte라는 이름으로 HITTER의 구조를 갖는 15개의 배열을 생성 */

    lotte[2].name = "나 잘 쳐";
    lotte[2].avr = 0.321
    lotte[2].hr = 15
    lotte[2].steal = 19
    lotte[2].hit = 125

/* 2번 타자 "나 잘 쳐"의 성적을 각각 대입 */
```

HITTER의 구조를 가지는 데이터 형을 선언합니다. HITTER는 선수의 이름, 타율, 홈런 수, 도루 수, 안타 수를 저장합니다.

05

```
struct gas {
/* 거리, 연료량, 거리당 연료 소모량을 포함하는 구조체 gas 선언 */
    float distance;
    float gals;
    float mpg;
};

struct gas mpgs(struct gas trip)
{
    if(trip.gals > 0)
        trip.mpg = trip.distance / trip.gals;
    else
        trip.mpg = -1.0;
    return trip;
}
struct gas idaho;
idaho = mpgs(idaho);
```

이 함수는 호출 함수에 있는 값들을 직접 변경시킬 수 없습니다. 따라서 정보를 전달하기 위해 리턴 값을 사용해야 합니다.

Memo

꼭 기억해 둘 내용을 메모하세요.

8
프로그램의 구성

C 프로그램 구성의 기본은?

printf( ) 함수를 사용하기 위해서는 소스 파일의 시작 부분에 「#include <stdio.h>」라고 표현해야 했습니다. 이 행에는 어떤 의미가 있는 것일까요?

사실, 이 부분은 「stdio.h라는 파일을 소스 파일 속에 넣어 주세요」라는 명령입니다. 확장자가 「.h」인 파일을 **헤더 파일**이라고 합니다. 헤더 파일에는 주로 선언이나 정의가 기술되어 있습니다. 확장자가 「.c(.cpp인 경우도 있습니다)」인 소스 파일에서는 **#include**를 사용하여 헤더 파일을 **인클루드**하고 그 기능을 흡수합니다.

이렇게 C 언어 프로그램은 여러 파일로 구성되는 경우가 대부분입니다. 큰 프로그램은 몇십, 몇백 개의 헤더 파일과 소스 파일로 구성됩니다.

비단, 코딩 기술뿐 아니라 이 파일들을 어떤 식으로 조립할 것인가라는 설계 기술도 프로그래머의 실력을 평가할 수 있는 부분입니다. 프로그램의 기능과 규모에 따라 적절한 설계를 생각해 내는 것은 그렇게 간단한 문제가 아닙니다. 무엇보다도 경험이 중요할 수 있습니다. 이 장에서는 그 첫걸음으로 프로그램을 구성하는 파일을 어떤 식으로 조합하면 되는가 하는 기본적인 사항을 파악해 두도록 하겠습니다.

헤더 파일(header file)
프로그래밍에서의 정보 파일로, 프로그램의 맨 위에 있으며, 그 프로그램 중의 함수가 사용하는 데이터 형이나 변수의 정의가 들어 있다.

인클루드(include)
C 언어에서 사용되는 명령. 이 명령은 다른 프로그램을 프로그램에 포함시킬 때 유효하다.

꼭 알아야 할 Key Point

 **실행 파일이 완성되기까지**

프로그래머와 컴퓨터는 어떤 관계일까요? C 언어는 컴퓨터에 대한 명령문입니다. 그러나 제2장 첫머리에서 설명한 것처럼, 0과 1(2진수)의 세계에서 동작하는 컴퓨터는 if나 switch 같은 단어를 이해하지 못합니다. 그렇다면 어떻게 프로그래머가 컴퓨터에 명령을 전달하여 프로그램이 동작하고 있는 것일까요?

이 수수께끼를 풀기 위해 프로그램이 실행 파일로 만들어지기까지의 과정을 살펴보겠습니다. 대략적으로 말하자면, 프로그램 소스 파일은 **컴파일**과 **링크**라는 두 가지 공정을 거쳐 실행 파일로 만들어집니다. C 언어의 소스 프로그램을 컴파일하면, 그것들은 컴퓨터가 이해할 수 있는 「기계어」로 해석되어, 오브젝트 파일이라는 파일이 됩니다. 링크 처리는 오브젝트 파일 등을 하나의 파일로 모아서 실행 파일로 만드는 것입니다.

덧붙여 말하면, 컴파일의 제일 처음 단계는 「#」으로 시작되는 키워드로 지정된 명령이 실행됩니다(#include에 의한 파일 삽입도 이때 실행됩니다). 다양한 전처리 지시자 중에서 #define 지시어로 매크로를 정의하여 사용할 수 있습니다. 이 장의 후반에서는 매크로의 편리한 활용 방법과 주의해야 할 점에 대해 설명하겠습니다.

• • •
소스 파일(source file) · 실행 파일 (executable file)
소스 파일은 원시 프로그램을 포함하는 파일. 프로그래밍 언어로 기술한 텍스트 형식의 프로그램 파일. 이것을 컴파일하여 실행 형식의 파일을 작성할 수 있다. 실행 파일은 실행 형식의 파일로, 보통 확장자가 .exe 형태로 끝나는 파일을 통칭한다.

• • • •
링크(link) · 오브젝트 파일(object file)
링크는 다른 시점에서 작성되고 컴파일된 둘 이상의 프로그램을·묶어서 하나의 프로그램으로 하는 것. 오브젝트 파일은 목적 코드를 포함하고 있는 파일. 일반적으로 컴파일러 또는 어셈블러의 출력이며, 링커의 입력이 된다.

• • • • •
매크로(macro)
C 프로그램에서는 같은 처리의 반복이 여러 번 있을 때 이것을 #define 지시어를 사용하여 매크로로 정의하여 사용할 수 있습니다.

헤더 파일

확장자가 「.h」인 파일의 내용과 사용법에 대해 자세하게 살펴보겠습니다.

헤더 파일의 내용

stdio.h 같이 확장자가 「.h」인 파일을 헤더 파일이라고 합니다. 헤더 파일은 프로토타입 선언, 구조체나 정수의 정의 등을 포함하는 텍스트 파일로, 이것을 소스 파일 속에 끼워 넣으면(인클루드하면), 헤더 파일에 있는 선언이나 정의를 이용할 수 있습니다.

```
#include <stdio.h>
main()
{
    :
}
```

=

```
stdio.h의 내용
main()
{
    :
}
```

← 소스 파일의 맨 앞에 stdio.h의 내용을 삽입하는 것과 같습니다.

← 인클루드한 헤더 파일에 포함된 선언과 정의를 참조할 수 있게됩니다.

인클루드의 서식은 C 언어에 표준으로 마련되어 있는 헤더 파일과 자신이 작성한 헤더 파일이 조금 다릅니다.

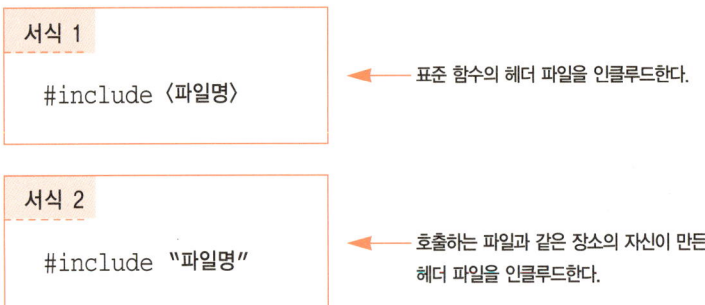

서식 1

```
#include <파일명>
```

← 표준 함수의 헤더 파일을 인클루드한다.

서식 2

```
#include "파일명"
```

← 호출하는 파일과 같은 장소의 자신이 만든 헤더 파일을 인클루드한다.

C 언어가 가지고 있는 헤더 파일에는 다음과 같은 것이 있으며, 처리할 종류별로 다른 파일로 나뉘어 있습니다. 소스 파일에서 표준 라이브러리 함수를 호출하기 위해서는 적절한 헤더 파일을 인클루드해야 합니다.

헤더 파일	처리의 종류
stdio.h	입출력
string.h	문자열 처리
time.h	시간 처리
math.h	수학 처리

헤더 파일이 있는 곳을 찾아, 그 내용을 볼 수도 있지만 변경해서는 안 됩니다.

헤더 파일 만들기

프로그래머는 자신에게 필요한 헤더 파일을 직접 만들 수도 있습니다. 그럴 경우, 독자적으로 정의한 함수나 구조체, 매크로 선언과 정의를 헤더 파일에 기술합니다. 대입식 등 구체적인 처리를 해야만 하는 것은 아닙니다. 그 선언과 정의들을 이용하려면 헤더 파일을 인클루드해야 합니다.

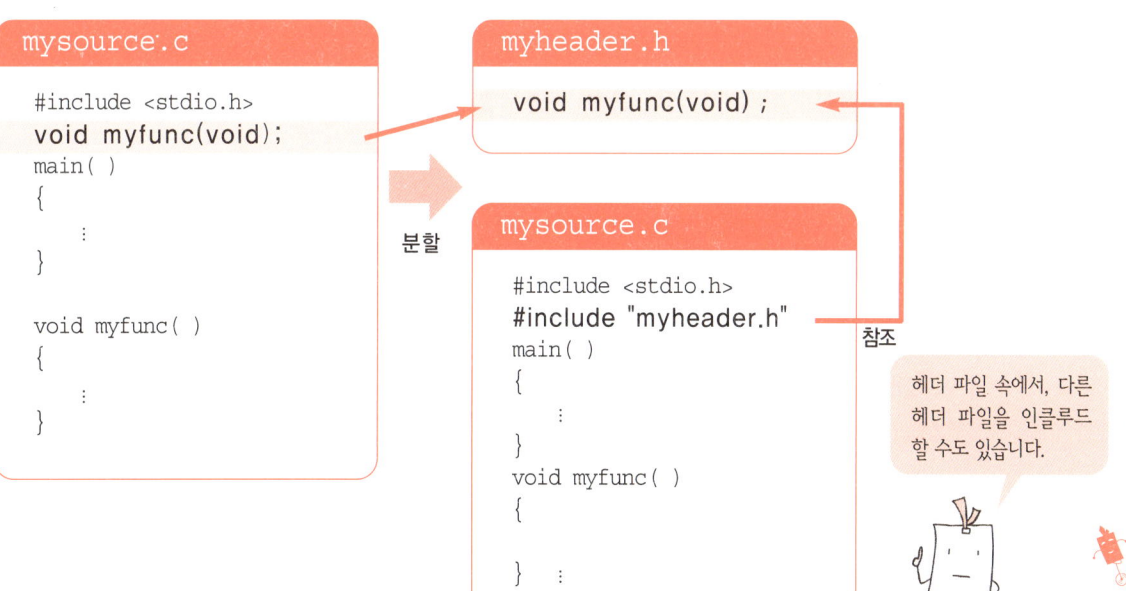

헤더 파일 속에서, 다른 헤더 파일을 인클루드 할 수도 있습니다.

컴파일과 링크

C 언어 프로그래밍의 실행 파일이 만들어지기까지의 과정을 소개합니다.

 실행 파일이 만들어지기까지

프로그램의 실행 파일은 C 언어 소스 코드를 컴파일하고 링크함으로써 만들어집니다. 컴파일과 링크를 합하여 **빌드** 혹은 **메이크**라고 합니다.

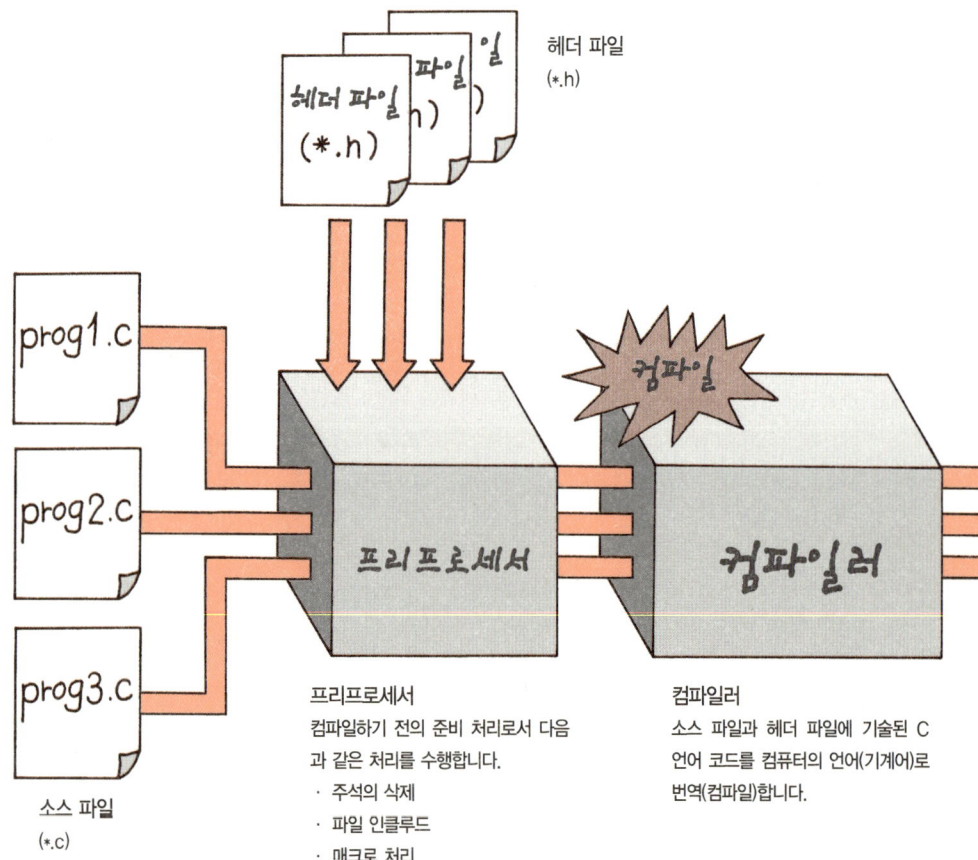

소스 파일
(*.c)

헤더 파일
(*.h)

프리프로세서
컴파일하기 전의 준비 처리로서 다음과 같은 처리를 수행합니다.
· 주석의 삭제
· 파일 인클루드
· 매크로 처리

컴파일러
소스 파일과 헤더 파일에 기술된 C 언어 코드를 컴퓨터의 언어(기계어)로 번역(컴파일)합니다.

아래의 순서를 하나하나 실행할 수도 있지만, 컴파일러 제품에는 대체적으로 **메이크 프로그램**이라는 자동 처리 툴이 있습니다. 메이크 프로그램은 **메이크 파일**이라는 텍스트 파일을 근거로, 최소한의 순서로 자동적으로 실행 파일을 만들어 줍니다(Visual C++에서는 프로젝트로 이것을 관리하고 있습니다).

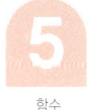

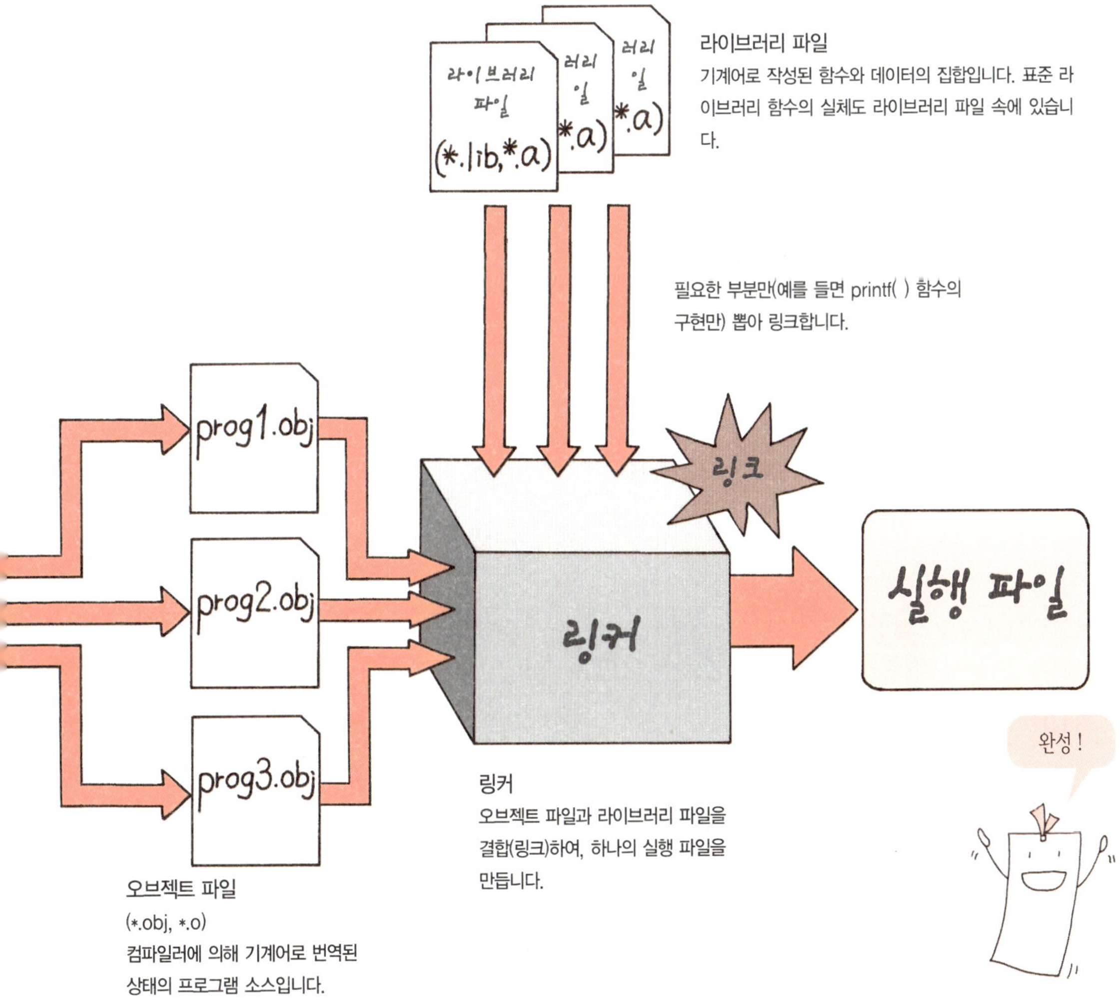

라이브러리 파일 (*.lib,*.a)
라이브러리 파일
기계어로 작성된 함수와 데이터의 집합입니다. 표준 라이브러리 함수의 실체도 라이브러리 파일 속에 있습니다.
필요한 부분만(예를 들면 printf( ) 함수의 구현만) 뽑아 링크합니다.
prog1.obj
prog2.obj
prog3.obj
링크
링커
실행 파일
완성!
링커
오브젝트 파일과 라이브러리 파일을 결합(링크)하여, 하나의 실행 파일을 만듭니다.
오브젝트 파일
(*.obj, *.o)
컴파일러에 의해 기계어로 번역된 상태의 프로그램 소스입니다.

파일 조립하기

소스 파일(*.c)과 헤더 파일(*.h)을 어떤 식으로 준비하면 좋을지 생각해 봅시다.

소스 파일의 분할

소스 관리나 가독성을 생각한다면, 하나의 소스 파일에 많은 프로그램 코드를 적어 넣는 것은 바람직하지 않습니다. 그런 경우에는 프로그램을 구성하는 「기능」별로 소스 파일을 분할합니다.

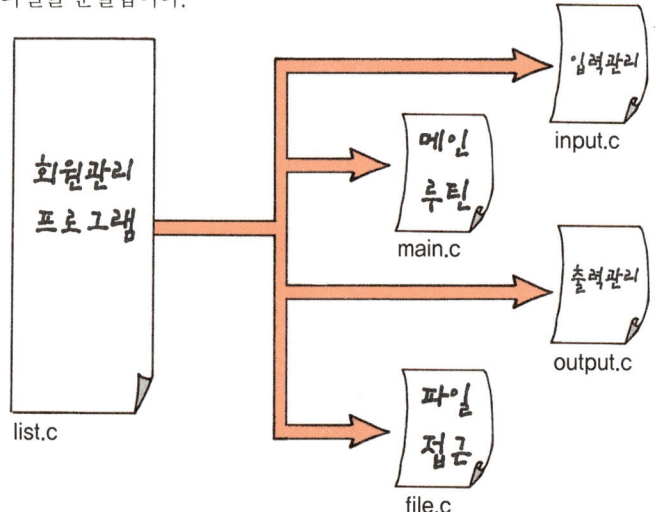

외부 변수 선언

소스 파일을 분할한 경우, 다른 소스 파일과의 연계가 문제 됩니다. 외부 변수를 이용하면, 여러 파일에서 공통된 변수를 참조할 수 있습니다. 실제 변수의 선언도 외부 변수의 선언도 함수 바깥쪽에 기술합니다.

gvar은 세 개의 파일에서 공통적으로 이용할 수 있는 글로벌 변수가 됩니다.

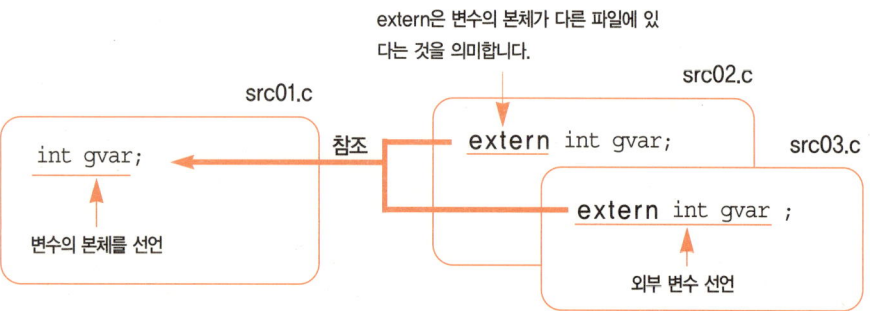

헤더 파일의 이용

헤더 파일을 이용하면 효율적으로 프로젝트를 관리할 수 있습니다. 구성의 한 예를 살펴보도록 하겠습니다.

- 각 소스 파일에서 공통적으로 이용하는 선언이나 정의를 하나의 헤더 파일에 모읍니다.

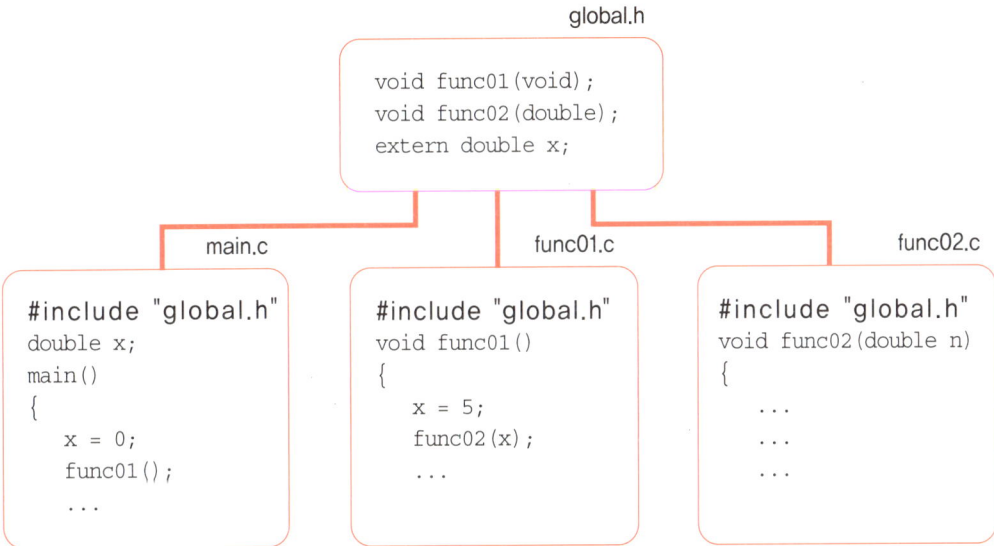

- 소스 파일과 대응하는 헤더 파일을 만들고, 각각에 다른 파일에 공개하는 선언과 정의를 기술합니다.

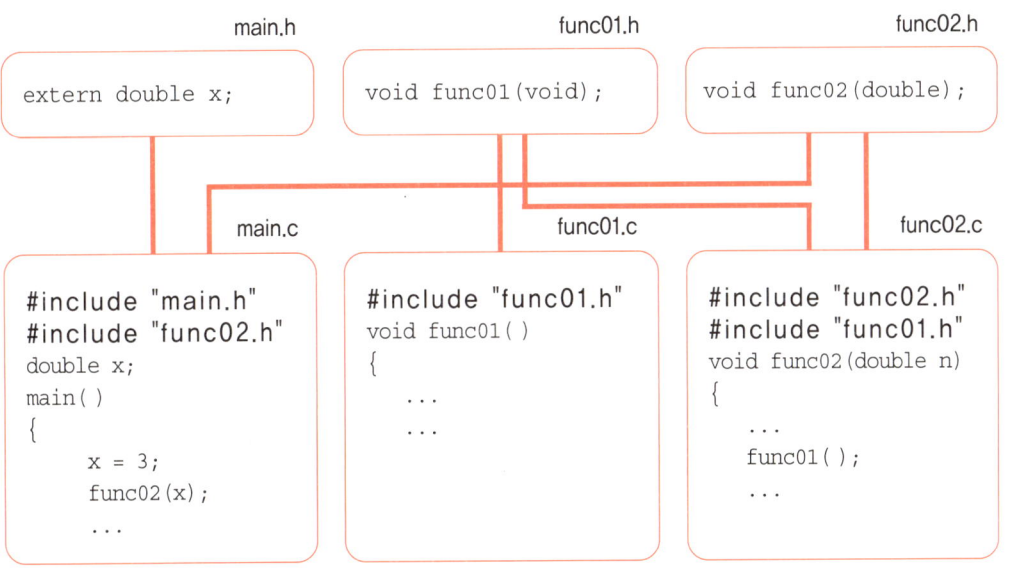

여러 가지 선언들

변수를 static으로 선언하면 외부에서의 참조를 제한하거나 변수의 유효 범위를 변경할 수 있습니다.

🔒 static으로 선언된 글로벌 변수

static을 붙인 글로벌 변수를 선언하면, 변수의 유효 범위는 선언된 파일로 제한됩니다. 외부 변수로 선언하여 다른 파일에서 참조할 수 없습니다(링크할 때 에러가 발생합니다).

static 선언이 된 변수를 정적 변수라고 합니다.

gvar은 다른 파일에서 참조할 수 없습니다.

src01.c
`static int gvar;`

src02.c
`extern int gvar;`

src03.c
`extern int gvar;`

🔒 static으로 선언된 로컬 변수

일반적으로 로컬 변수는 함수가 실행될 때 만들어지고, 함수가 종료될 때 사라집니다. 그러나 static으로 선언된 로컬 변수는 프로그램이 실행을 시작할 때 만들어지고, 프로그램이 종료할 때까지 값을 가진 채 사라지지 않습니다.

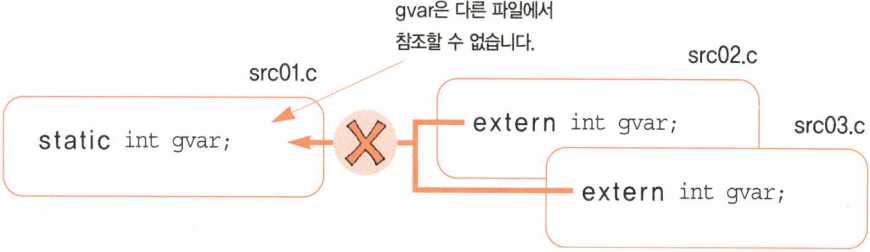

```
void func(void);
main()
{
    func();
    func();
}
void func()
{
    int a;
    static int b;
    ...
}
```

프로그램 실행 개시
func( ) 함수 시작 — 생성
func( ) 함수 종료 — 파기
func( ) 함수 시작 — 생성
func( ) 함수 종료 — 파기
프로그램 실행 종료

static 선언 — 생성 / 파기

const 선언

다음과 같이 변수를 const로 선언하면 변수의 값을 변경할 수 없게 됩니다. 즉, const선언된 변수는 상수처럼 다룰 수 있습니다.

> const int x = 10; ← 정수 값 10을 의미하는 상수 x를 선언합니다.

함수의 인수가 const 선언이 되어 있는 경우, 그 변수의 값이 함수 안에서 변경되지 않는다는 것이 보증됩니다.

표준 라이브러리 함수 strcat의 프로토타입 선언

> char *strcat(char *str1, const char *str2);

예

```
#include <stdio.h>

void increment(void);

main()
{
    int i;
    for(i = 0; i < 3; i++)
                increment();
}

void increment()
{
    int a = 0;
    static int b = 0;  ← 프로그램이 실행되는 시점에서(프로그램이 시작될 때) 초기화
    a++; b++;              됩니다.
    printf("a : %d, b : %d\n", a, b);
}
```

실행 결과

```
a : 1, b : 1
a : 1, b : 2   ← static으로 선언된 b 값만 함수가 호출될 때마다 증가합니다.
a : 1, b : 3
■
```

매크로(1)

매크로를 이용하여 컴파일에 관련한 여러 가지 처리를 지정할 수 있습니다.

매크로란?

C 언어에서는 #define 전처리 지시어로 시작하는 한 줄 또는 여러 줄의 명령을 매크로로 정의하여 사용할 수 있습니다. 매크로는 지금까지 학습해 온 문법의 틀을 넘는 확장 기능으로, 컴파일하기 전에 프리프로세서가 매크로를 처리하게 됩니다.

치환 - #define

#define은 문자열을 치환하는 매크로입니다. 다음과 같이 쓰면 프로그램 중에 있는 LOOPNUM이라는 부분을 3으로 치환합니다.

치환되는 쪽은, 다른 변수와 구별하기 위해, 대문자로 합니다.

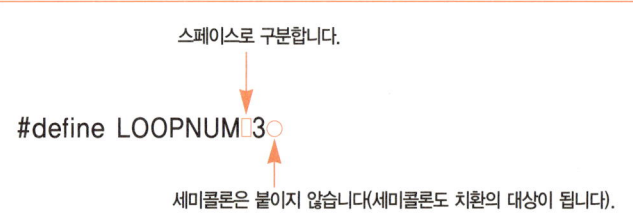

스페이스로 구분합니다.

#define LOOPNUM□3

세미콜론은 붙이지 않습니다(세미콜론도 치환의 대상이 됩니다).

또한, 다음과 같이 쓰면 「DEBUG_MODE가 정의되어 있다」는 사실만을 나타냅니다.

```
#define DEBUG_MODE
```

예

```
#include <stdio.h>

#define LOOPNUM 3        ← 이 행 아래에 나오는 LOOPNUM이라는
                           기술을 3으로 치환합니다.
main()
{                           3으로 치환됩니다.
    int i;
    for(i = 0; i < LOOPNUM; i++)
        printf("LoopCount : %d\n", i+1);
}
```

실행 결과
```
LoopCount : 1
LoopCount : 2
LoopCount : 3
```

조건에 따른 컴파일을 지시 — #if, #ifdef, #ifndef

조건에 따라 필요한 부분만을 뽑아 컴파일해야 할 때가 있습니다. 그럴 때 다음과 같은 서식으로 매크로를 정의합니다.

```
#if 조건
    지정 범위
#endif
```
조건이 참일 때, 지정 범위를 컴파일 대상 영역에 포함한다.

```
#ifdef 식별자
    지정 범위
#endif
```
식별자가 **정의되어 있을 때**, 지정 범위를 컴파일 대상 영역에 포함한다.

```
#ifndef 식별자
    지정 범위
#endif
```
식별자가 **정의되어 있지 않을** 때, 지정 범위를 컴파일 대상 영역에 포함한다.

if 문과 마찬가지로 복수의 조건을 판단할 수도 있습니다.

```
#ifdef 식별자       식별자가 정의되어 있다
    지정 범위 A       → 지정 범위 A를 컴파일
#elif 조건 B        조건 B가 성립
    지정 범위 B       → 지정 범위 B를 컴파일
#else              아무것도 성립하지 않음
    지정 범위 C       → 지정 범위 C를 컴파일
#endif
```

컴파일 영역에 포함되는 지정 범위는 그 중 하나입니다.

헤더 파일의 중복 인클루드를 막는다

복수의 파일에서 #include를 사용하다 보면, 결과적으로 동일한 헤더 파일을 두 번 이상 인클루드하는 경우가 있습니다. 그러면 선언이 중복되어 에러가 발생합니다. 헤더 파일에 다음과 같은 매크로를 추가하여 중복 인클루드를 막을 수 있습니다.

myheader.h
```
#ifndef _MYHEADER_       ← 최초의 인클루드에서만 _MYHEADER_를 정의합니다.
#define _MYHEADER_
    void MyFunc();       두 번째부터는 이미 _MYHEADER_가 정의되어 있기
    extern int x;        때문에, 이 부분이 인클루드되지 않습니다.
#endif
```

매크로(2)

연산자의 우선순위 등 주의점에 대해 충분히 고려하여, 인수를 가지는 매크로를 이용해 봅시다.

🔓 인수를 가지는 매크로

#define 문을 사용하면 인수를 가지며 함수처럼 동작하는 매크로를 정의할 수 있습니다. 다음 예에서는 x-y 값을 구하는 매크로 MINUS를 정의합니다.

인수를 대응시켜 치환합니다.

```
                매크로명      스페이스로 구분합니다.              세미콜론은 붙이지 않습니다.
#define  MINUS(x, y)  ((x)-(y))
                     인수 리스트    실행할 처리
```

186페이지에서 서술한 것과 같이, #행의 유효 범위는 한 줄이지만, \ 기호를 사용하면 여러 줄에 걸쳐서 기술할 수 있습니다.

```
                                              다음 행으로 이어지는 것을 나타냅니다.
#define calculate(a, b, c)  ((a)*(b)*(c) \
           + a+b+c)                            한 행으로 간주합니다.
```

예

```c
#include <stdio.h>
#define MINUS(x, y)  ((x)-(y))      ◀── 인수를 가진 매크로를 정의

main()
{
    printf("매크로 실행 결과 : %d\n", MINUS(5, 3));
}                           인수로 지정된 5와 3을 대입하여 치환합니다.

           printf("매크로 실행 결과 : %d\n", ((5)-(3)));
```

실행 결과

```
매크로 실행 결과 : 2
```

인수를 가진 매크로 사용 시 주의할 점

연산자의 우선순위를 고려하여 실행할 처리 전체와 그 속의 인수는 괄호로 감싸 줍니다.

○
```
#define MINUS(x, y)  ((x)-(y))
    ⋮
MINUS(5+2, 1+3)
        ↓ 치환
   ((5+2)-(1+3)) = 3
```

✕
```
#define MINUS(x, y)  (x-y)
    ⋮
MINUS(5+2, 1+3)
        ↓ 치환
   (5+2-1+3) = 9
```

연산자 우선순위 때문에 의도하지 않은 결과가 됩니다.

매크로명과 ( ) 사이에 스페이스를 넣으면 구분을 제대로 인식하지 못합니다.

○
```
#define MINUS(x, y)  ((x)-(y))
    ⋮
MINUS(5, 3)
        ↓ 치환
   ((5)-(3))
```

✕
```
#define MINUS (x, y)  ((x)-(y))
    ⋮                    ← 스페이스
MINUS(5, 3)
        ↓ 치환
   (5, 3) ((5)-(3))
```

예

```
#include <stdio.h>
#define JIJYO(x)  ((x)*(x))    ← 인수의 제곱을 계산하는 매크로를 정의

main()
{
    int i = 1;
    while(i <= 5) {
        printf("결과 : %d\n", JIJYO(i++));
    }
}
```

실행 결과

```
결과 : 1
결과 : 9
결과 : 25
```

i++가 두 번씩 호출되므로, 1~5의 제곱을 차례로 계산하지는 않습니다.

예제 프로그램
여러 파일로 구성된 칼로리 계산 프로그램

7장에서 소개한 칼로리 계산 프로그램을 세 개의 파일로 나누면 다음과 같습니다.

callib.h를 인클루드하면 calorie.c 이외에도 callib.h에 있는 정의 및 선언과 callib.c에 있는 처리 부분을 이용할 수 있습니다.

소스 코드 calorie.c

```c
#include <stdio.h>
#include "callib.h"        ← 직접 만든 헤더 파일을 인클루드합니다.

int main()
{
    CALORIE cal[500] = {
        {"쌀류", 150.0},
        {"짜장면", 57.1},
        {"국수", 133.3},
        {"우동", 100.0},
        {"소면", 133.3},
        {"식빵", 250.0}
    };
    int cal_num = 6;
    int mode = 0;

    printf("칼로리 계산기\n");
    while(1) {
        printf("등록은 1, 계산은 2, 종료는 0을 입력해 주세요: ");
        scanf("%d", &mode);
        if(mode == 0)
            break;
        else if(mode == 1)
            cal_num = calregist(cal, cal_num);
        else if(mode == 2)
            printf("총칼로리:%6.2fkcal\n\n", calcalc(cal, cal_num));
    }
    return 0;
}
```

다른 파일에서 정의한 선언과 함수를 이용할 수 있습니다.

소스 코드 callib.h

```c
#ifndef _CALLIB_H_
#define _CALLIB_H_

typedef struct _CALORIE {
        char name[40];
        float value;
} CALORIE;

int calregist(CALORIE *, int);
float calcalc(CALORIE *, int);

#endif
```

중복 인클루드되는 것을 막기 위한 매크로

소스 코드
callib.c

```c
#include <stdio.h>
#include <string.h>
#include "callib.h"        ← 직접 만든 헤더 파일을 인클루드합니다.

/*******************************************
    calregist() 칼로리 리스트에 등록
    [인수] pcal -- 칼로리 리스트를 가리키는 포인터
          num  -- 등록 전 리스트의 요소 수
    [반환 값] 등록 후 리스트의 요소 수
*******************************************/
int calregist(CALORIE *pcal, int num)
{
        printf("식품명을 입력하세요: ");
        scanf("%s", (pcal+num)->name);
        printf("그 식품의 칼로리를 입력하세요[kcal/100g] : ");
        scanf("%f", &((pcal+num)->value));
        printf("등록되었습니다.\n\n");
        return num+1;
}

/*******************************************
    calcalc() 칼로리를 계산
    [인수] pcal -- 칼로리 리스트를 가리키는 포인터
          num  -- 리스트의 요소 수
    [반환 값] 칼로리 수
*******************************************/
float calcalc(CALORIE *pcal, int num)
{
        char name[40]; /* 입력된 식품명 */
        float gram;    /* 입력된 그램 수 */
        float totalcal = 0.0; /* 합계 칼로리 */
        int i;

        printf("-- 식품명 일람 ------------------\n");
        for(i = 0; i < num; i++)
                printf("%s\t", (pcal+i)->name);
        printf("\n------------------------------\n");

        while(1) {
                printf("식품명(end를 입력하면 계산합니다.) : ");
                scanf("%s", name);
                if(strcmp(name, "end") == 0)
                        break;
                printf("그램 수: ");
                scanf("%f", &gram);
                for(i = 0; i < num; i++) {
                        if(strcmp(name, (pcal+i)->name) == 0) {
                                totalcal += (pcal+i)->value * gram / 100.0;
                                break;
                        }
                }
        }
        return totalcal;
}
```

알아두면 도움이 되는 C 프로그래밍 상식

프로그램 최적화

프로그램이 성능을 최대한 발휘할 수 있도록 조정하는 작업을 최적화라고 합니다. 예를 들면, 대량의 계산을 실행하는 프로그램의 경우, 하나하나의 연산에 걸리는 시간을 최대한 단축할 필요가 있습니다. 또한, 메모리가 적은 환경에서 동작하는 프로그램의 경우, 실행 파일의 크기를 가능한 줄여야 합니다.

가장 간단한 최적화 방법은 컴파일러 옵션을 설정하는 것입니다. 컴파일러 옵션에 따라 프로그램의 목적과 동작 환경에 맞게 최적화된 컴파일 방법을 지정할 수 있습니다. 가령, Microsoft의 C 컴파일러에는 다음과 같은 컴파일 옵션이 있습니다.

옵션	기능
/GL	모듈 간의 최적화를 수행합니다.
/Ot	처리 속도를 우선하여 컴파일합니다.
/Os	실행 파일의 크기를 최소화하는 것을 우선하여 컴파일합니다.
...	...

컴파일러에 일임할 것이 아니라 프로그래머가 직접 최적화를 위한 소스 코드를 튜닝하는 것도 중요합니다. 예를 들어, 이 장에서 배운 인수를 가지는 매크로와 함수에는 각각 다음과 같은 특징이 있습니다.

인수를 가지는 매크로	• 처리가 소스 코드 속에 포함되므로 실행 속도가 빠르다. • 사용 빈도가 높으면 소스 코드가 커진다.
함수	• 호출할 때마다 점프하는 만큼 실행 속도가 느려진다. • 한 곳을 참조하므로 소스 코드가 작아진다.

일반적으로 처리가 비교적 간단하고 호출 횟수가 적을 때는 인수를 가지는 매크로로 하는 편이 좋고, 처리 내용이 복잡하거나 호출 횟수가 많을 때는 함수로 만드는 편이 좋습니다. 그 밖에도 가능한 메모리를 사용하지 않는 변수형을 선택하거나, 보다 좋은 알고리즘(프로그램 구조)과 데이터 구조를 검토하는 등 다양한 부분들이 최적화 포인트가 됩니다.

최근에는 프로세서의 속도가 점점 빨라지고, 메모리나 하드 디스크의 용량도 비약적으로 증가하였습니다. 실제로, 이전만큼 최적화에 신경을 쓸 필요는 없습니다. 그러나 막상 실용적인 프로그램을 작성해야 할 때 최적화 문제는 매우 중요합니다. 우선 불필요한 부분이 없는 깔끔한 코드를 작성하는 것부터 시작하여, 다양한 최적화 방법을 연구해 보십시오.

도전! C 프로그래밍

>> exercise

프로그래밍의 제1 수칙은 '백문이불여일행'이라고 합니다. 백 번 듣고 보는 것보다 한 번 프로그래밍을 해 보는 것이 훨씬 낫다는 말입니다. 실제로 프로그래밍에 도전해 보지 않고서는 프로그래머가 될 수 없습니다. 여기에서는 앞 장에서 배운 내용을 토대로 실제 예를 통해 적용해 보겠습니다. 여러분의 프로그래밍 실력을 쌓을 수 있는 기초가 될 것입니다.

문제

01_ 소스 코드 파일, 오브젝트 코드 파일, 실행 파일의 차이점에 대해 설명하세요.

02_ 다음과 같은 목적을 완수하기 위한 #define 문을 작성하세요.

  a. 값 25를 갖는 명명된 상수를 작성하세요.

  b. SPACE가 공백 문자를 나타내도록 하세요.

  c. PS( )가 공백 문자의 출력을 나타내도록 하세요.

  d. BIG(X)가 X에 3을 더하는 것을 나타내도록 하세요.

  e. SUMSQ(X, Y)가 X와 Y의 제곱합을 나타내도록 하세요.

03_ 소스 코드 뒤에 다음과 같은 매크로 정의와 사용 예가 있습니다. 매크로 확장 결과는 어떻게 될까요? 그리고 유효할까요?

  a. #define FPM 5280 /* 1마일 = 5280피트 (feet) */

    dist = FPM * miles;

  b. #define FEET 4
    #define POD FEET + FEET
    plort = FEET * POD;

  c. #define SIX(X) (X+5)
    new == SIX(1);

  d. #define NEW(X) X + 5
    y = NEW(y);
    berg = NEW(berg) * lob;
    est = NEW(berg) / NEW(y);
    nilp = lob * NEW(-berg);

04_ 두 정수 수식에 대해 수식과 값을 출력하는 매크로 함수를 정의하세요. 예를 들어 함수의 실날 인수가 3+4와 4*12라면 다음과 같이 출력해야 합니다.

> 3+4 is 7 and 4*12 is 48

05_ 학생들의 이름과 국, 영, 수 세 과목의 성적을 하나의 구조체로 묶어서 사용하고자 합니다. 이러한 구조체를 선행 처리기의 정의를 사용하여 헤더 파일 안에 포함하고자 합니다. 이러한 역할을 하는 헤더 파일을 만들어 보세요.

정답 및 해설

01

소스 코드 파일 : 사용한 언어의 종류에 관계없이 프로그래머가 작성한 코드입니다.

오브젝트 코드 파일 : 컴파일러에 의해 번역된 기계어 코드로 되어 있기는 하지만 실행 가능한 형태로 가공되지 않은 상태이므로 완성된 프로그램이라고 볼 수는 없습니다.

실행 파일 : 오브젝드 고드를 실행 가능한 형태로 후처리하여 기계어로 된 완벽한 코드를 가지고 있으며 실행시킬 수 있습니다.

02

a. #define QUARTERCENTRY 25
b. #define SPACE ' '
c. #define PS( ) putchar(' ')
   또는 #define PS( ) printf(" ")
d. #define BIG(X) ((X) +3))
e. #define SUMSQ(X,Y) ((X) * (X) + (Y) * (Y))

#define은 문자열을 치환하는 매크로입니다. 기본적인 형식은 #define A B와 같은 형식으로 선언하게 됩니다. A를 B로 치환하는 형식이며 스페이스로 구분하여 줍니다. 일반적인 경우에 A 부분(치환되는 쪽)은 대문자로 적어 혼란을 방지합니다.

03

a. dist = 5280 * miles;는 유효합니다.
b. plort = 4*4+4;의 의미로 사용했다면 타당합니다. 하지만 4*(4+4)를 원했다면 #define POD(FEET+FEET)를 사용해야 합니다.
c. new == 6;은 유효합니다. 그러나 별다른 의미는 없습니다.
d. y = y+5;은 유효합니다. berg = berg+5*lob;은 유효합니다. 하지만 기대하는 결과를 주지 못합니다. est = berg+5/y+5;과 nlip = lob*-berg+5;은 유효하지만 원하는 결과로 계산되지는 않을 것입니다.

04

#define PR(X, Y) printf(#X " is %d and " #Y " is %d\n", X, Y)

X와 Y가 다른 연산자에 의해 영향을 받지 않으므로 괄호를 사용하여 연산을 보호할 필요가 없습니다. #기호는 문자열 안에 매크로 전달 인자를 포함시킵니다. 즉 #X는 문자열 "X"로 변환됩니다.

05

```
/* scores.h -- define score structure */
#ifndef _SCORE_H_   /* 중복 정의 방지를 위한 선언 */
#define _SCORE_H_
/* 이전에 _SCORE_H_가 선언되었는지 확인한 후 선언되지
   않았다면 _SCORE_H_를 선언합니다. */

struct score
{
        char name[20];
        int korean;
        int english;
        int math;
};
/* 이름과 국, 영, 수 성적을 갖는 구조체 score를 정의합
   니다. */

#endif
```

프로그래머는 자신에게 필요한 헤더 파일을 직접 만들 수 있습니다. 그럴 경우, 독자적으로 정의한 함수나 구조체, 매크로 선언과 정의를 헤더 파일에 기술합니다. 대입식 등 구체적인 처리를 해야만 하는 것은 아닙니다. 그리고 그 선언과 정의들을 이용하려면 헤더 파일을 인클루드해야 합니다. 헤더 파일을 인클루드할 때에는 중복 정의가 되어 있는지 미리 확인하는 습관을 길러야 합니다. 그렇지 않으면 실제로 프로그래밍 할 때 어려움이 따를 수 있습니다. 프로그래머의 경력이 많아 질수록 스스로 만든 헤더 파일들을 많이 가지고 있게 되고, 더 쉽고 효율적으로 프로그래밍하게 됩니다. 스스로 함수를 만들어 각종 프로그램에 응용해 보도록 하세요.

공용체

하나의 주소에 형이 다른 데이터를 공용으로 할당하는 공용체라는 개념에 대해 소개합니다.

🔓 공용체의 개념

공용체를 사용하면 하나의 메모리 영역에 다른 형의 변수 중 어느 하나를 골라서 사용할 수 있습니다. 공용체의 선언과 참조 서식은 구조체와 거의 동일합니다.

```
                    공용체명
                      ↓
union unidata {
    int no;
    char name[10];          ← 공용체의 템플릿을 선언
    float weight;
};
union unidata unilist1;     ← 공용체 변수를 선언
      ↑        ↑
   공용체명   공용체 변수

※unilist1이 메모리에 차지하는 영역은 가장
  큰 데이터 형에 맞춘 크기가 됩니다.
```

🔓 공용체의 사용법

구조체와 마찬가지로 공용체 변수명과 멤버명을 피리어드로 연결하여 참조합니다.

```
unilist1.no = 1;
printf("%d\n", unilist1.no);          ← no에 대입하고 참조
strcpy(unilist1.name, "홍길동");
printf("%s\n", unilist1.name);        ← name에 대입하고 참조
unilist1.weight = 59.3;
printf("%f\n", unilist1.weight);      ← weight에 대입하고 참조
```

멤버의 값을 사용할 때는 반드시 「마지막에 대입한 멤버」를 참조하십시오. 동일한 기억장소를 공유하기 때문에, 순서가 달라지면 값을 보증할 수 없습니다.

```
unilist1.weight = 59.3;
unilist1.no = 1;          ◀── 이 시점에서 unilist1에는 int형의 1이 대입됩니다.
printf("%f\n", unilist1.weight);   ◀── 바른 값이 표시되지 않습니다.
```

예

```
#include <stdio.h>
union _user {
    int usernum;      /* 사용자 번호 */
    char name[10];    /* 이름 */
} user;

main()
{
    int flag = 0;
    printf("입력 항목은? (0=사용자 번호 1=이름) ");
    scanf("%d", &flag);
    if(flag) {
        printf("name ? ");
        scanf(" %s", user.name);
        printf("이름이  %s이군요.\n", user.name);
    } else {
        printf("사용자 번호? ");
        scanf("%d", &(user.usernum));
        printf("사용자 번호는 %d이군요.\n", user.usernum);
    }
}
```

실행 결과

```
입력 항목은 ? (0=사용자 번호, 1=이름) 0 ↵
사용자 번호 ? 456↵
사용자 번호는 456이군요.
```

※ 굵은 글자는 키보드에서 입력한 문자

공용체 | 197

열거형

정수 값에 특정한 이름을 부여하는 열거형에 대해 알아보겠습니다. 열거형을 사용하면 무미건조한 프로그램이 다소 쉬워 보입니다.

열거형의 개념과 선언

열거형을 사용하면 int형의 정수 값에 이름을 붙일 수 있습니다. 열거형의 선언은 **enum**이라는 키워드로 시작합니다. 다음 예에서 month는 January~December 중의 어느 한 가지 값을 가집니다.

```
           ┌── 열거형명
enum _month {
    January,
    February,
    March,
      :               ◄── 열거 정수
    November,
    December
} month;
    ▲
    └── 열거형 변수명
```

각각의 열거 상수는 0부터 순서대로 1씩 증가하는 정수 값이 됩니다.

```
January   … 0
February  … 1
March     … 2
   :
November  … 10
December  … 11
```

```
enum _week{
    Sunday = 10,
    Monday,
    Tuesday = 15,
    Wednesday
      :
    Saturday,
} week;
```

임의의 수를 부여하면, 그 수부터 1씩 증가합니다.

```
Sunday     … 10
Monday     … 11
Tuesday    … 15
Wednesday  … 16
   :
Saturday   … 19
```

열거형의 활용

열거형 변수는 열거 지정자 중 어느 하나의 이름을 사용하여 대입과 참조가 가능합니다.

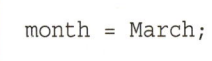

```
month = March;
```

임의의 값을 대입할 수 있습니다.

프로그램의 중지

에러 발생 등 어떤 사정에 의해 프로그램을 중간에 종료하고 싶을 때에는 exit( ) 함수를 사용합니다.

🔓 프로그램을 중지하려면?

exit( ) 함수를 사용하면 임의의 장소에서 프로그램을 정상적으로 **종료**할 수 있습니다. 또한, 프로그램은 그 시점에서 열려 있는 파일을 모두 닫고, 확보한 메모리를 모두 해제합니다.

exit( ) 함수를 사용하기 위해서는 stdlib.h 파일을 인클루드해야 합니다. 사용법은 다음과 같습니다.

```
exit(0);
```

종료 코드
프로그램 종료 시에 시스템에 반환할 값을 지정합니다.
일반적으로 아래와 같이 설정합니다.
정상 종료 … EXIT_SUCCESS 또는 0
이상 종료 … EXIT_FAILURE나 0 이외의 값

exit( ) 함수는 어디서든 몇 개라도 기술할 수 있습니다. 다음과 같이 프로그램이 모두 정상적으로 동작하고 종료하는 경우와 에러가 발생함에 따라 프로그램을 도중에 종료할 경우를 구분해 인수를 바꿔 exit( ) 함수를 호출하면, 시스템 쪽에서 프로그램의 동작을 알 수 있습니다.

```
if((fp = fopen(file1.txt, "r")) == NULL) {
    printf("파일이 존재하지 않습니다. \n");
    exit(EXIT_FAILURE);    ← file1.txt라는 파일이 존재하지 않을 경우에
};                           프로그램을 종료합니다.
        :
exit(EXIT_SUCCESS);
```

비트와 바이트에 관한 연산자

비트 연산자에 대해 알아보겠습니다.

비트 연산자

컴퓨터 내부의 정보를 비트 단위로 비교, 조작할 때 사용하는 것이 아래의 **비트 연산자**입니다.

논리곱 (and) … &

각 비트를 비교하여 「양쪽 모두 1이면 1, 그렇지 않으면 0」을 반환하는 연산자입니다.

예) a = 170, b = 245일 때

변수명	10진수	2진수							
		b8	b7	b6	b5	b4	b3	b2	b1
a	170	1	0	1	0	1	0	1	0
b	245	1	1	1	1	0	1	0	1
a & b	160	1	0	1	0	0	0	0	0

비교 → 양쪽 모두 1이면 1

논리합 (or) … |

각 비트를 비교하여 「어느 한쪽이라도 1이면 1, 그렇지 않으면 0」을 반환하는 연산자입니다.

예) a = 170, b = 245일 때

변수명	10진수	2진수							
		b8	b7	b6	b5	b4	b3	b2	b1
a	170	1	0	1	0	1	0	1	0
b	245	1	1	1	1	0	1	0	1
a | b	255	1	1	1	1	1	1	1	1

비교 → 한쪽이라도 1이면 1

배타적 논리합 (xor)···^

각 비트를 비교하여 「한쪽이 1이고 다른 한쪽이 0이면 1, 그렇지 않으면 0」을 반환하는 연산자입니다.

예) a = 170, b = 245일 때

변수명	10진수	2진수								
		b8	b7	b6	b5	b4	b3	b2	b1	
a	170	1	0	1	0	1	0	1	0	비교
b	245	1	1	1	1	0	1	0	1	값이 다르면 1
a ^ b	95	0	1	0	1	1	1	1	1	

1의 보수 표현 (not)···~

각 비트를 「반전시킨 값」을 반환하는 연산자입니다.

예) a = 170일 때

변수명	10진수	2진수								
		b8	b7	b6	b5	b4	b3	b2	b1	
a	170	1	0	1	0	1	0	1	0	반전
~a	85	0	1	0	1	0	1	0	1	

이상의 연산자를 정리하면 다음과 같습니다.

연산 \ 비트	A=1	B=1	A=1	B=0	A=0	B=1	A=0	B=0
A & B	1		0		0		0	
A | B	1		1		1		0	
A ^ B	0		1		1		0	
~A	0		0		1		1	

비트와 바이트에 관한 연산자 | 201

🔓 시프트 연산자

비트 열을 좌우로 지시한 만큼 이동시키는(shift하는) 연산자를 **시프트 연산자**라고 합니다. 시프트 연산자는 다음 두 종류가 있습니다.

오른쪽 시프트 연산자 >>

예) a >> 2 ··· 오른쪽으로 2비트 시프트한다.

왼쪽 시프트 연산자 <<

예) a << 2 ··· 왼쪽으로 2비트 시프트한다.

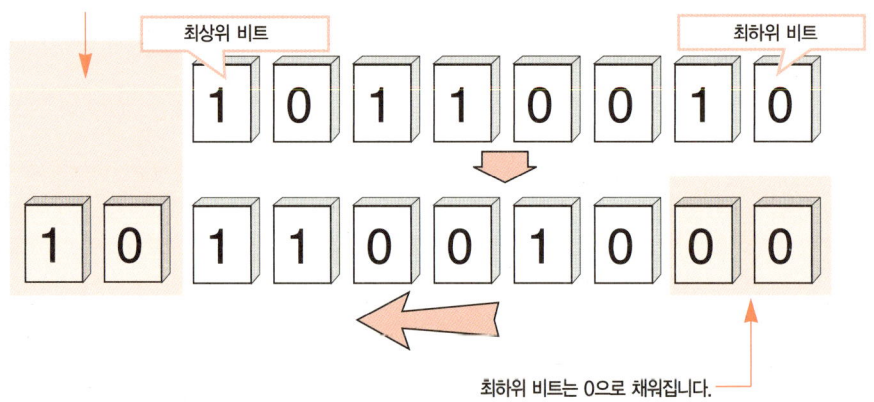

예

```
#include <stdio.h>

main()
{
    char a = 10;    ← 00001010
    char b = 9;     ← 00001001
    char c = 1;     ← 시프트할 비트 수
    printf("%d & %d = %d\n", a, b, a & b);
    printf("%d | %d = %d\n", a, b, a | b);
    printf("%d ^ %d = %d\n", a, b, a ^ b);
    printf("%d << %d = %d\n", a, c, a << c);
    printf("%d >> %d = %d\n", a, c, a >> c);
    printf("~%d = %d\n", a, ~a);
}
```

실행 결과

```
10 & 9 = 8      ← 00001000
10 | 9 = 11     ← 00001011
10 ^ 9 = 3      ← 00000011
10 << 1 = 20    ← 00010100
10 >> 1 = 5     ← 00000101
~10 = -11       ← 11110101
```

char 등의 부호부 정수형의 내부에서는 최상위 비트를 부호로 사용합니다.
0은 +를 나타내고, 남은 비트로 수를 나타냅니다.
1은 −를 나타내고, 남은 비트에서 1을 빼서 비트 반전한 것이 절대 값이 됩니다.

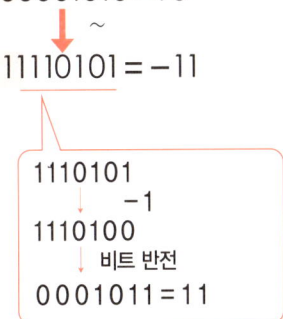

부호를 나타내는 비트

00001010 = 10
  ～
11110101 = −11

1110101
    −1
1110100
  ↓ 비트 반전
0001011 = 11

시간에 관한 함수

「○년 ×월 △일 ※요일, ○시 ×분 △초」까지 정확한 시간을 알아낼 수 있습니다.

현재 시각 알아내기

현재 시각을 알아내려면 time( ) 함수를 사용합니다. 또한, 시간 관련 함수와 정의를 사용하려면 우선 time.h를 인클루드해야 합니다.

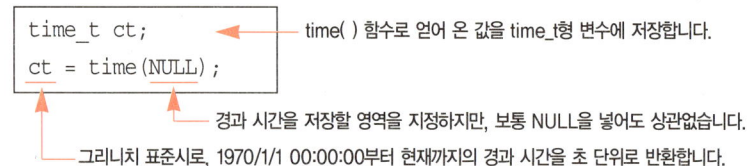

```
time_t ct;
ct = time(NULL);
```

- time( ) 함수로 얻어 온 값을 time_t형 변수에 저장합니다.
- 경과 시간을 저장할 영역을 지정하지만, 보통 NULL을 넣어도 상관없습니다.
- 그리니치 표준시로, 1970/1/1 00:00:00부터 현재까지의 경과 시간을 초 단위로 반환합니다.

※time_t형은 time.h에 정의되어 있습니다.

time( ) 함수로 가져온 값은 초 단위이며, 더구나 시차를 고려하고 있지 않기 때문에 그대로 사용하기는 곤란합니다. 그래서 localtime( )이라는 함수를 사용하여 이것을 변환합니다.

```
struct tm *now;
now = localtime(&ct);
```

- time( ) 함수로 얻어 온 값이 들어간 변수의 주소를 지정합니다.

localtime( ) 함수로 얻어 온 현재 시각 정보는 time.h에 미리 준비되어 있는 tm 구조체 변수에 저장됩니다. localtime( ) 함수에서는 그 포인터만을 반환합니다. tm 구조체의 멤버는 다음과 같습니다.

멤버명	내용
tm_sec	초(0~59)
tm_min	분(0~59)
tm_hour	시간(0~23)
tm_mday	날짜(1~31)
tm_mon	월(0~11, 1월을 0으로 함)
tm_year	현재의 서력에서 1900을 뺀 값
tm_wday	요일(0~6, 일요일을 0으로 함)
tm_yday	연초부터의 통산 일수(0~365, 1월 1일을 0으로 함)
tm_isdst	서머 타임이 적용될 경우는 0 이외의 양수값, 서머 타임이 적용되지 않을 경우는 0, 확실치 않은 경우는 음수값. C 런타임 라이브러리는 DST(Daylight Saving Time)의 계산에서 미국 법률에 따르는 것을 전제로 함

그 외의 시간에 관한 함수

주요 시간 관련 함수를 소개합니다.

함수명	내용	사용법
localtime( )	time_t형 변수 → tm 구조체	time_t t ; struct tm *ptmtime = localtime(&t) ;
gmtime( )	time_t형 변수 → tm 구조체 (시차를 고려하지 않음)	time_t t ; struct tm *ptmtime = gmtime(&t) ;
mktime( )	tm 구조체 → time_t	struct tm tmtime ; time_t t = mktime(&tmtime) ;
asctime( )	tm 구조체 → 문자열※	struct tm tmtime ; char *s = asctime(&tmtime) ;
ctime( )	time_t형 변수 → 문자열※	time_t t ; char *s = ctime(&t) ;

※ asctime( ), ctime( )에서 얻어지는 문자열의 형식은 고정되어 있습니다.

예

```
#include <stdio.h>
#include <time.h>

main()
{
    time_t ct;
    struct tm *now;
    ct = time(NULL);
    now = localtime(&ct);

    printf("%d년 %d월 %d일 %2d:%2d:%2d\n",
        (now->tm_year)+1900,
        (now->tm_mon)+1, now->tm_mday,
        now->tm_hour, now->tm_min, now->tm_sec);
    printf("%s", ctime(&ct));
}
```

실행 결과

```
2016년 11월 22일 13:18:07     ◄──── 실행한 순간의 시간(시각)을 표시합니다.
Tue Nov 22 18:28:01 2016
```

수학 함수

기본적인 계산은 제2장에서 학습한 연산자로 충분하지만, 제곱근 같은 복잡한 계산에는 math.h에 정의된 수학용 함수를 사용합니다.

🔓 수학적 처리를 수행하는 함수

수학적 처리와 관련된 주요 함수를 소개합니다. 아래의 함수를 사용하기 위해서는 math.h를 인클루드해야 합니다.

함수명	기능	사용법	의미(m은 int형, x,y는 double형)
abs( )	절댓값(정수)	int n = abs(m);	n = |m|
fabs( )	절댓값(실수)	double a = fabs(x);	a = |x|
sqrt( )	제곱근	double a = sqrt(x);	a = $\sqrt{x}$
exp( )	지수	double a = exp(x);	a = e^x
log( )	자연대수	double a = log(x);	a = log x
pow( )	거듭제곱	double a = pow(x,y);	a = x^y
log10( )	상용대수	double a = log10(x);	a = $\log_{10} x$
sin( )	사인	double a = sin(x);	a = sin x
cos( )	코사인	double a = cos(x);	a = cos x
tan( )	탄젠트	double a = tan(x);	a = tan x

삼각 함수인 sin( ), cos( ), tan( )에서는 각도를 라디안으로 지정합니다.
예를 들어, 20°의 라디안 값은 다음과 같이 구할 수 있습니다.

$$20.0 * 3.14 / 180.0 \quad \longleftarrow \quad \text{라디안} = \frac{\text{각도}[°] \times \pi}{180}$$

3.14159…처럼 세밀하게 기술하면 보다 정확한 값을 산출합니다.

난수 만들기

난수란 규칙성이 없는 숫자를 말합니다. 프로그램에서 난수를 만들기 위해서는 rand( ) 함수와 srand( ) 함수를 사용합니다. 이 함수들을 사용하기 위해서는 stdlib.h를 인클루드해야 합니다.

프로그램에서 난수를 발생시키려면 다음과 같이 합니다.

```
int n;
srand(time(NULL));   ◀── srand( ) 함수에서 난수 발생의 기준이 되는 숫자
n = rand();                  (seed)를 지정합니다.
          └── rand( ) 함수는 seed 값을 근거로 int형 난수를 발생시킵니다.
              (0~RAND_MAX의 값, RAND_MAX는 stdlib.h 안에 정의되어 있습니다).
```

seed 값이 일정하다면 프로그램의 기동 시마다 매회 같은 난수가 발생하므로 현재 시간을 이용하면 좋습니다.

예

```
#include <stdio.h>
#include <math.h>       ◀── math.h가 필요합니다.
#define PI 3.14159      ◀── 원주율을 PI라는 이름으로 정의합니다.

main()
{
    int kakdo = 30;
    double a, b, c;
    a = sin(kakdo*PI/180);
    b = cos(kakdo*PI/180);
    c = tan(kakdo*PI/180);
    printf("각도 %d도\nsin %f\ncos %f\ntan %f\n",
            kakdo, a, b, c);
}
```

실행 결과

```
각도 30도
sin 0.500000
cos 0.866026
tan 0.577350
```

검색과 정렬

C 언어에는 배열의 정렬이나 데이터 검색을 고속으로 수행할 수 있는 함수가 준비되어 있습니다.

🔓 데이터를 정렬한다

배열 내의 수치나 문자열을 정렬할 때는 qsort( ) 함수를 사용합니다. qsort( ) 함수를 사용하기 위해서는 헤더 파일인 stdlib.h를 인클루드해야 합니다.

qsort( ) 함수는 다음과 같이 기술합니다.

```
int nums[] = {4, 6, 1, 3};
qsort(nums, 4, sizeof(int), compare);
```

- 배열의 시작 주소
- 배열의 요소 수
- 요소 하나의 크기
- 비교 함수

함수의 이름은 그 함수를 가리키는 포인터를 나타냅니다.
여기서는 compare( )라는 함수의 포인터를 인수로 지정합니다.

비교 함수는 1회분의 비교 처리를 정한 함수로 다음과 같이 스스로 정의해야 합니다(함수명은 compare가 아니라도 상관없습니다). a, b에는 비교되는 각 요소가 들어갑니다.

```
int compare(const void *a, const void *b)
{
    *a > *b 일 때  · · ·  양의 값을 반환합니다.
    *b > *a 일 때  · · ·  음의 값을 반환합니다.
    *a = *b 일 때  · · ·  0을 반환합니다.
}
```
※ 이것은 오름차순의 예입니다. 내림차순일 때는 반환 값의 부호를 거꾸로 합니다.

🔓 데이터 검색하기

배열(단, 정렬되어 있을 것)에서 지정한 데이터를 찾기 위해서 bsearch( ) 함수를 사용합니다. 데이터가 발견되면 그 배열 요소를 가리키는 포인터를 반환하고, 발견되지 않을 경우에는 NULL 값을 반환합니다. bsearch( ) 함수를 사용하기 위해서는 헤더 파일인 stdlib.h를 인클루드해야 합니다.

```
const int a = 1;
bsearch(&a, nums, 4, sizeof(int), compare);
```

- 검색할 데이터
- 배열의 시작 주소
- 요소 하나의 크기
- 배열의 요소 수
- 비교 함수

예

```c
#include <stdio.h>
#include <stdlib.h>

int compare(const void *a, const void *b)
{
    int x = *((int *)a);         // void형 포인터를 int 포인터로 캐스트
    int y = *((int *)b);         // 해서 그곳에 있는 값을 구합니다.
    if(x > y)                    // 오름차순으로 정렬하기
        return 1;                // 위하여 비교 함수를
    else if(x < y)               // 정의합니다.
        return -1;
    else
        return 0;
}

main()
{
    int nums[10] = {4, 8, 3, 7, 5, 2, 9, 1, 6, 10};
    int a = 7, i;
    int *p;

    qsort(nums, 10, sizeof(int), compare);   // 오름차순으로 정렬합니다.
    for (i=0; i<10; i++)
        printf("%d ", nums[i]);

    printf("\n%d을 검색합니다. \n", a);       // 오름차순으로 정렬한
                                              // 데이터를 검색합니다.
    p = (int *) bsearch(&a, nums, 10, sizeof(int), compare);
    if(p == NULL)
        printf("%d이 발견되지 않았습니다. \n", a);
    else
        printf("%d은 배열 nums[%d]에 있습니다. \n", a, p-nums);
}
```

실행 결과

```
1 2 3 4 5 6 7 8 9 10
7을 검색합니다.
7은 배열 nums[6]에 있습니다.     ← 7이 발견되었기 때문에 else문 이하를 처리합니다.
```

C의 개발 환경

프로그래밍을 습득하려면 실제로 해 보는 것이 가장 좋습니다. 프로그래밍을 할 때 도움이 될 정보를 제공합니다.

C 컴파일러의 종류

C 언어로 프로그램을 작성하고 컴파일하려면 C 컴파일러가 필요합니다. 최근에는 컴파일러뿐 아니라 개발에 필요한 툴을 모은 제품(개발환경)이 다양하게 나와 있습니다. 대표적인 것을 몇 가지 소개합니다.

마이크로소프트 비주얼 스튜디오

윈도우상에서 동작하는 마이크로소프트사제 툴입니다. 마이크로소프트 제품에 관한 모든 타입의 어플리케이션을 개발할 수 있고, 사실상 윈도우 개발환경의 표준입니다. 한편, 비주얼 스튜디오는 복수의 개발 툴을 총칭하는 말이며, C 언어 프로그램의 개발에 특화된 Visual C++라는 제품도 있습니다.

비주얼 스튜디오(Visual Studio)의 에디션, 인스톨 방법, 개발 방법에 대해서는 뒤에서 자세히 소개합니다.

gcc

프리 소프트웨어를 개발하고 있는 GNU 프로젝트의 C 컴파일러입니다. 리눅스 등 UNIX계 운영체제에서는 C 컴파일러가 표준으로 사용되고 있지만, 그중에서도 주류인 것이 gcc입니다. 또한 cygwin(https://www.cygwin.com/)이라는 프리 소프트웨어(free software)를 쓰면, 윈도우 환경에서 UNIX와 같은 콘솔 환경을 이용 가능합니다.

source.c라는 소스 파일을, gcc에서 컴파일해서 실행 파일을 만들기 위해서는 커맨드 라인에서 다음과 같이 입력합니다.

```
gcc -o hello source.c
```

-o 옵션에서 지정하고 있는 것은 출력하는 실행 파일의 이름입니다. 이번 예에서는 같은 디렉토리에서 hello(cygwin에서 hello.exe)라는 이름으로 실행 파일이 작성됩니다(-o 옵션을 지정하지 않으면 a.out이라는 이름이 됩니다).

이것을 실행할 때는 「./hello」라고 입력합니다. 또한 복수 파일의 컴파일과 링크를 할 경우에는 메이크 파일이라는 텍스트 파일을 준비합니다.

Eclipse

Eclipse(이클립스)는 리눅스, 맥 OS, 윈도우에서 사용할 수 있는 오픈소스의 개발환경으로, Java나 C 언어의 개발도 대응하고 있습니다.

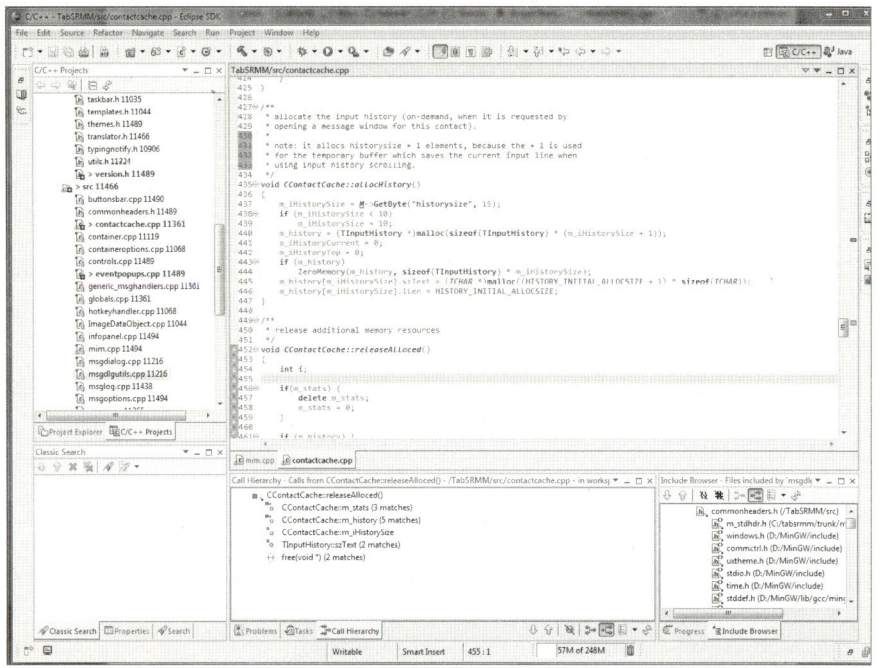

XCode

XCode는 맥의 표준적인 개발환경입니다. C의 프로그램만이 아닌, Objective-C를 써서 아이폰 등의 앱도 개발 가능합니다. XCode를 인스톨하면 gcc도 포함되므로 커맨드라인(Terminal)에서도 컴파일이 가능합니다.

온라인 컴파일러

온라인 컴파일러는 프로그램의 작성, 컴파일, 실행과 같은 일련의 프로그래밍 작업을 특정 웹사이트에 접속하여 행하는 서비스입니다. 온라인 실행환경이라고도 불립니다. 웹브라우저와 네트워크에 접속 가능한 환경이라면 바로 프로그래밍이 가능하기 때문에 손쉽게 프로그램을 시험해 볼 수 있습니다.

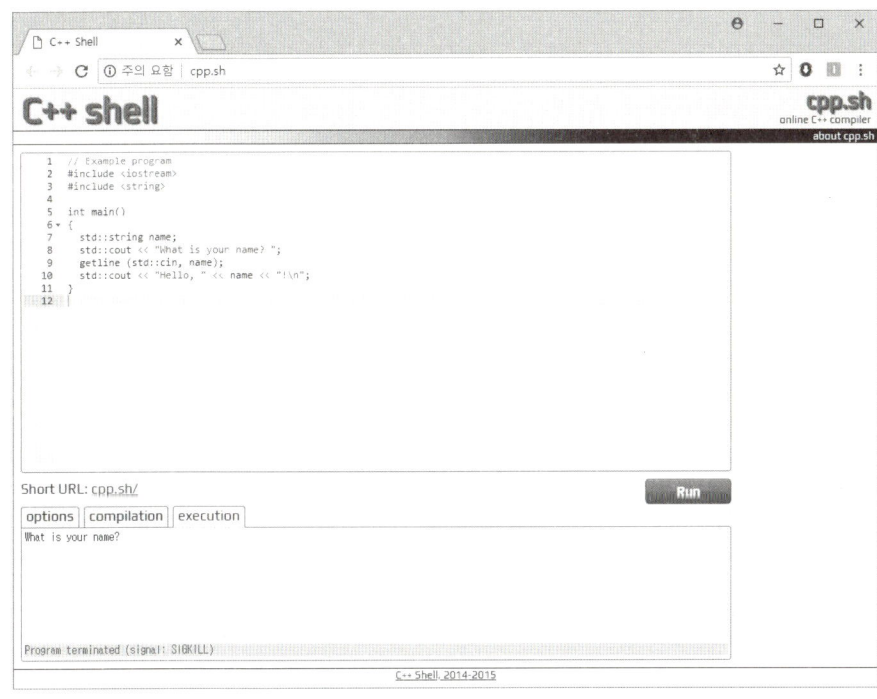

서비스에 따라 대응하는 프로그래밍 언어, 한국어판의 유무, 인터페이스의 사양, 작성한 프로그램이 보존 가능한지의 여부, 유저 등록의 필요 여부, 무료인지 유료인지 등 각각의 특징이 있으므로, 필요한 것을 찾으면 됩니다.

Visual Studio로 개발하기

Visual Studio는 다양한 도구를 포함하고 있는 통합개발환경(IDE)으로, 프로그램의 편집, 컴파일, 디버그, 실행이 가능합니다.

 프로젝트 작성

Visual Studio로 프로그램을 개발하려면 우선 「프로젝트」를 준비합니다. 하나의 프로그램은 복수의 소스 파일로 이루어지는 경우가 많은데, 이 파일들을 관리하는 단위가 **프로젝트**입니다.

Visual Studio을 기동했으면 메뉴의 「파일」→「신규 작성」→「프로젝트」를 선택한 후 Windows 데스크톱 마법사를 선택합니다.

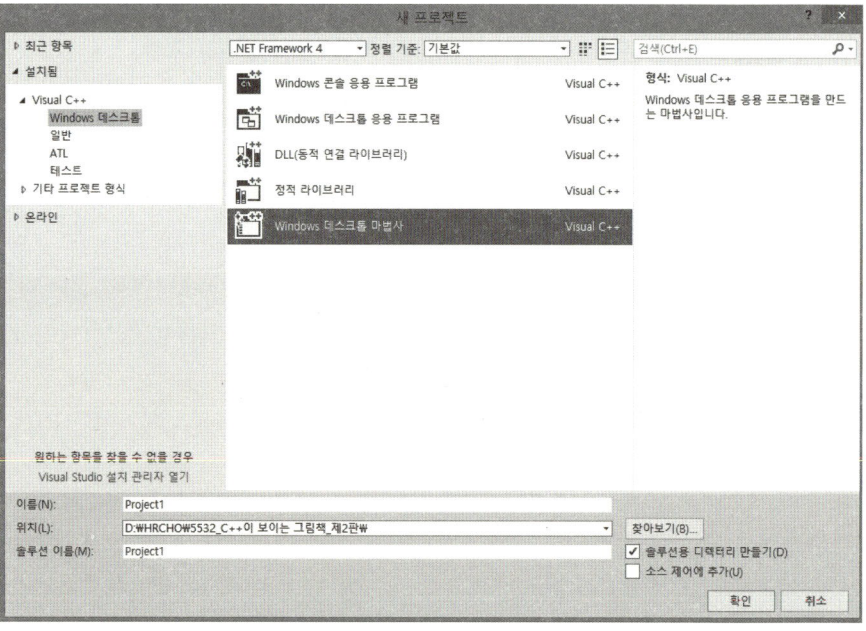

「OK」 버튼을 누르면 다시 애플리케이션 종류를 선택하는 다이얼로그 박스가 나타나므로, 왼쪽의 「애플리케이션 설정」을 클릭하거나 「다음으로」 버튼을 클릭합니다.

애플리케이션 설정 항목이 표시되면 「빈 프로젝트」를 선택하고(빈 프로젝트가 아니어도 상관없지만 쓸데없는 기능이 따라 붙습니다), 마지막으로 「확인」 버튼을 누르면 지정된 폴더에 프로젝트가 작성됩니다.

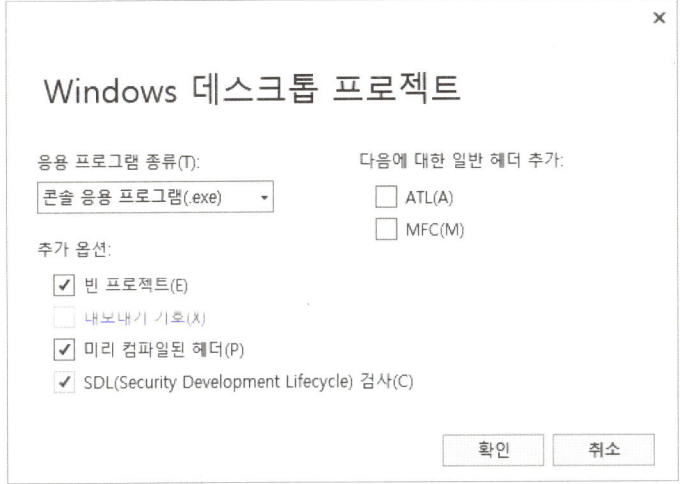

위저드를 완료하면 다음과 같은 화면이 나타납니다.

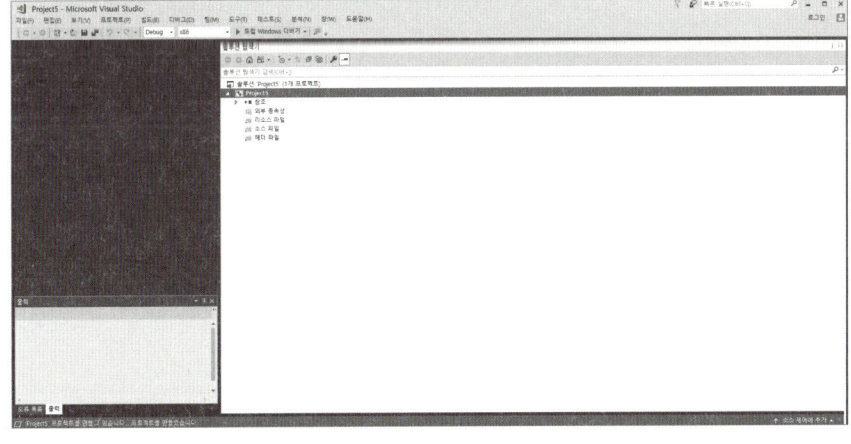

그런데, Visual Studio에서는 작업 단위를 **솔루션**이라고 부릅니다. 하나의 솔루션에서 복수의 프로젝트 파일을 다룰 수 있습니다. 이번처럼 프로젝트를 작성한 직후에는 솔루션이 하나, 프로젝트가 하나, 소스 파일은 0인 상태가 됩니다. 다음 번에 프로그래밍을 재개할 때는 메뉴의 「File」→「Open」→「프로젝트/솔루션」에서 목적하는 폴더의 솔루션 파일(*.sln)을 엽니다.

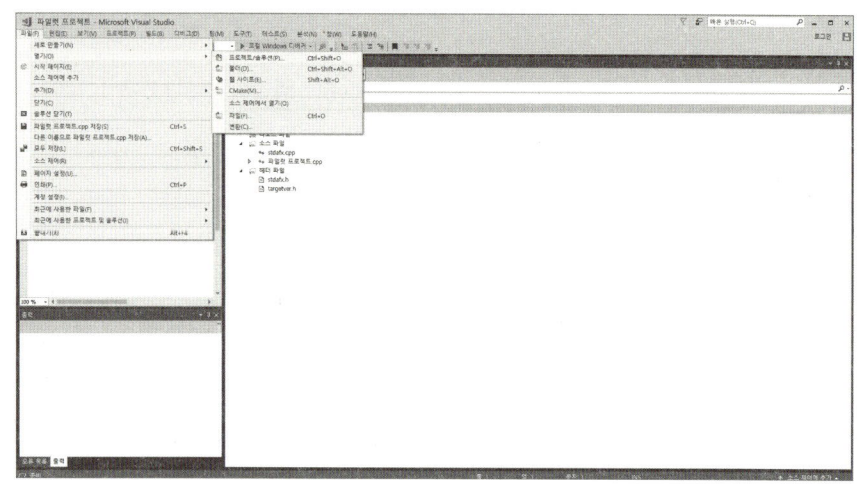

소스 파일 추가

다음 단계로, 프로젝트에 C 언어 소스 파일을 추가합니다. 소스 파일을 새로 만들기 위해서는, 솔루션 익스플로러의 프로젝트명 부분을 오른쪽 클릭해서 콘텍스트 메뉴에서 「추가」-「새로운 항목」을 선택합니다.

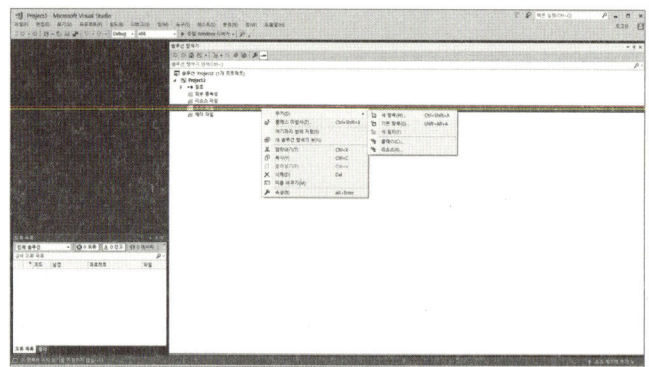

「새로운 항목의 추가」 다이얼로그의 「Visual C++」에서 「C++ 파일」을 선택합니다. 파일명(확장자는 .cf로 합니다)을 입력하고 「ok」 버튼을 누르면 프로젝트에 새로운 파일이 추가됩니다. 추가된 내용은 솔루션 익스플로러 윈도우에서 확인할 수 있습니다.

소스 파일을 추가하면 그 파일이 열린 상태가 됩니다.

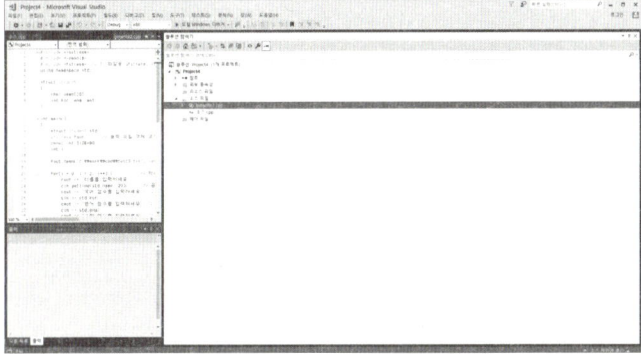

한편, 이미 있는 파일을 프로젝트에 추가할 때는 솔루션 익스플로러의 프로젝트명 부분을 왼쪽 클릭해서 콘텍스트 메뉴에서 「추가」-「기존 항목」을 선택합니다.

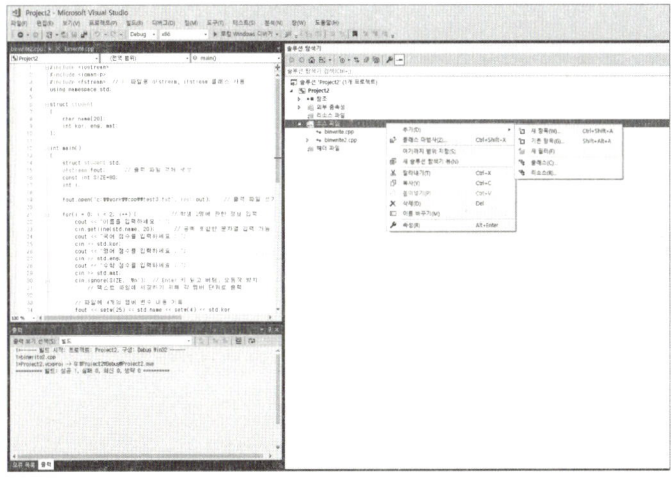

🔓 프로그램 편집·빌드·실행

추가한 파일 속에 프로그램 코드를 기술합니다. 기술을 끝났으면 메뉴의 [빌드]-[솔루션의 빌드]를 선택해서 프로그램을 빌드합니다. 프로그램이 바르면 [출력] 윈도에 [1 정상 종료]라고 표시됩니다([정상 종료된 처리가 하나]라는 의미입니다). 만약 에러가 있으면 [에러 일람] 윈도가 활성화되어 에러 내용이 표시됩니다.

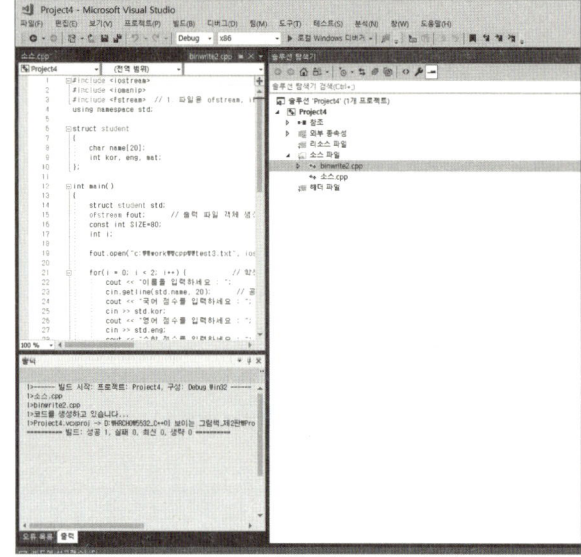

니다. 또한 에러가 아니더라도 문법적으로 맞지 않게 기술되어 있으면 경고를 띄워 보고합니다.

빌드가 성공했다면 프로그램을 실행할 수 있습니다. 메뉴에서 [디버그]-[디버그 없이 개시]를 선택하면 커맨드 프롬프트가 열리고, 그 안에서 프로그램이 실행됩니다. 프로그램이 종료하면 [속행하려면 아무 키나 눌려 주세요…]라고 표시되므로 아무 키를 누르면 커맨드 프롬프트 윈도가 열립니다.

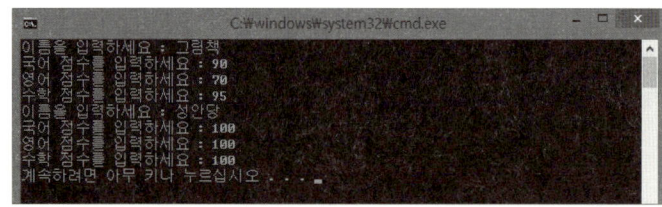

🔓 커맨드 프롬프트에서의 프로그램 실행

Visual Studio는 앞에서 지정한 프로젝트의 [장소]의 bin\Debug 디렉토리의 아래에 실행 파일을 만듭니다. 예를 들면, 프로젝트가 [C:\Projects\sample]에 있으면 [C:\Projects\sample\Debug]에 실행 파일 [sample.exe]를 만듭니다. sample.exe를 실행하기 위해서는 Windows의 스타트 메뉴를 거슬러올라가 [커맨드 프롬프트]를 열어 [sample.exe]를 실행합니다(익스플로러에서 직접 실행해도 상관없지만 결과를 표시할 틈도 없이 바로 종료되어 버립니다). 한편 파일을 취급하는 프로그램에서는 실행하는 디렉토리의 위치에도 신경을 써 주세요.

커맨드 프롬프트에서의 개발

지금까지는 Visual Studio의 IDE를 사용하여 프로그래밍하는 방법을 살펴보았지만, IDE를 사용하지 않고 프로그램을 빌드, 실행할 수도 있습니다. 그때는 사용하기 편한 텍스트 에디터로 소스 파일을 편집하고, Developer Comnand Prompt for VS 2017에서 컴파일을 수행합니다. 윈도우의 '시작' 메뉴에서 'Microsoft Visual Studio 2017' 폴더 안에 있습니다. 비주얼 스튜디오 2017의 설치 아이콘 중 'VS 2017에 대한 개발자 명령 프롬프트'를 선택합니다.

명령 프롬프트에서 컴파일할 때는 'cl.exe'라는 프로그램을 사용합니다. cl.exe는 컴파일러인데, 링크도 자동적으로 수행합니다. binwrite2.cpp라는 파일을 실행 파일로 만들 경우, 명령 프롬프트에서 binwrite2.cpp가 있는 폴더로 이동한 후 'cl binwrite2.cpp'라고 입력하면,

cl binwrite2.cpp

컴파일과 링크가 수행되고 동일한 폴더에 실행 파일인 binwrite2.exe가 생성됩니다.

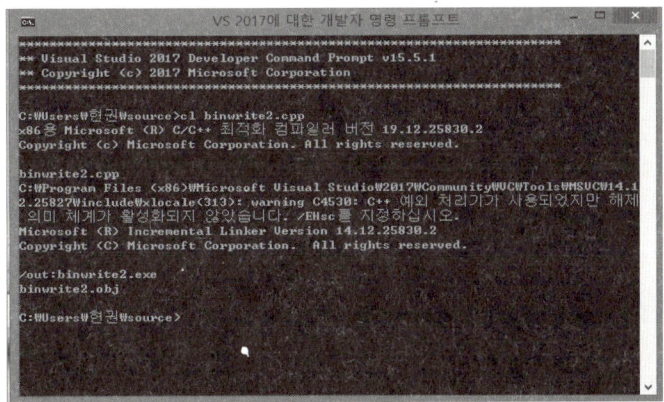

프로그램을 구성하는 파일이 여러 개인 경우는 gcc와 같이 메이크 파일이 필요합니다 (서시은 gcc와는 다릅니다).

일반적인 디버그 방법

프로그램에는 버그(오류)가 따르기 마련입니다. 프로그램이 생각한 대로 동작하지 않을 때는 버그를 제거하는 디버그 작업을 수행합니다.

 에러의 종류

프로그래밍을 하면서 맨 처음 부딪히는 벽은 컴파일 에러입니다. 프로그램을 컴파일할 수 없는 원인으로는 문법상의 오류(철자법 에러)이거나 컴파일 방법이 틀렸거나 아니면 다른 여러 가지 원인이 있을 수 있겠지만, 어느 부분에서 잘못되었는지 컴파일러가 지적해 줍니다.

다만, C 언어의 컴파일러가 출력하는 에러 메시지는 마치 컨베이어 위에서 이루어지는 작업 같아서, 한 곳이라도 에러가 있으면 그 이하의 문장들이 모두 에러 메시지를 표시해 버립니다. 에러 메시지가 너무 많이 표시될 때는 당황하지 말고 어떤 메시지가 본질적인 원인인지 자세히 살펴보고 수정할 필요가 있습니다.

그런데 컴파일을 무사히 마쳤다고 해서 제대로 프로그램이 만들어졌다고 할 수는 없습니다. 가장 디버그하기 힘든 것이 프로그램 실행 중에 일어나는 에러입니다. 버그라고 하면 보통 이것을 지칭합니다. 프로그램이 멈춰버리거나(런타임 에러), 멈추지는 않지만 프로그램 동작이 이상하거나, 생각대로 동작은 하지만 틀린 결과가 나오는 등 여러 종류가 있습니다.

예를 들어 「i = 3;」은 변수 i에 3을 대입하는 문인데, 이 문의 부호(=)를 실수로 두 개 써 버리면 「i == 3;」이 되어 i와 3이 같은지 아닌지를 비교하는 식이 됩니다. 비교를 행하는 식만 달랑 써 놓은 것은 아무런 의미가 없지만, 문법적으로는 올바르기 때문에 컴파일러는 에러를 표시하지 않습니다. 결국, 의도했던 「i에 3을 대입하는」 처리가 수행되지 않는 프로그램이 만들어지는 것입니다.

 버그의 발견

프로그램의 버그를 발견하려면, 우선 소스 프로그램을 차분히 읽는 것이 기본입니다. 자신이 생각했던 처리가 생각대로 기술되어 있는지 한 번 더 확인해 봅니다. 그래도 알 수 없을 경우는 프로그램이 어떻게 동작하고 있는지를 자세히 조사해 볼 필요가 있습니다. 이제부터는 디버그 할 때 자주 사용되는 몇 가지 기법에 대해 그 목적과 방법을 설명하겠습니다.

처리를 분할한다

　C 언어에서는 식이나 문의 기술이 매우 유연하여 생각하기에 따라 한번에 모아서 작성할 수도 있지만, 버그의 온상이 되기도 하므로 어느 정도 분할하여 작성하도록 합니다. 그러는 편이 에러의 위치를 쉽게 파악할 수도 있습니다.

　식의 의미를 알기 힘들거나 우선순위가 확실치 않은 때에는 괄호를 사용한다거나, 한번 변수에 대입해 두면 의미가 확실해지고 코드를 읽기 쉬워집니다.
특히 포인터나 배열에 관한 연산이나 증가 연산자 등을 많이 사용할 때는 프로그램이 복잡해지므로 충분한 주의를 기울여 주십시오.

결과와 중간 과정을 표시한다

　컴파일한 프로그램을 그냥 실행시키면 버그가 있다는 것은 알 수 있어도 원인까지 파악하는 것은 쉽지 않습니다. 그래서 소스 프로그램에 디버그용으로, 원래는 불필요한 「printf("이곳은 실행되었습니다. \n");」와 같이 써 두면, 그 부분이 언제 실행되는지 알 수 있습니다. 변수의 값을 표시하도록 해 두면, 그 시점의 변수 값도 조사할 수 있습니다. 또한, 화면에 내용을 출력하거나 타이밍에 민감한 애플리케이션에서는 로그를 파일로 남기는 것도 효과적인 방법입니다.

함수별로 실행한다

　C 언어에서의 처리 단위는 함수이기 때문에 함수를 테스트하는 일이 많을 것입니다. 함수에 다양한 인수를 부여하여 반환 값을 조사하면, 그 함수가 정상적으로 동작하는지 알 수 있습니다. 프로그램을 일시적으로 치환하여 대상 함수를 바로 실행시킬 수 있도록 하는 것이 효율적인 방법입니다. 별도의 테스트용 프로그램을 만들어, 테스트하고 싶은 함수를 호출하는 방법도 좋습니다.

처리의 흐름을 제한한다

　버그가 잠재해 있는 곳을 찾을 때 조건 분기가 방해될 경우가 있습니다. 조건 분기는 상황에 따라 동작이 바뀌기 때문에 버그를 파악하기 힘듭니다. 이런 경우에는 조건 분기의 조건식을 잠시 바꿔 써 주는 것도 하나의 방법입니다. 이 방법은 에러 체크 등 좀처럼 실행되지 않는 부분을 테스트하는 데 효과적입니다.

데이터 구조를 추측한다

　복잡한 알고리즘이나 데이터 구조를 가진 프로그램들은 버그의 위치와는 전혀 관계없는 곳에서 이상한 동작을 하는 경우도 있습니다. 그럴 때는 「이 부분의 메모리는 어떻게 사용되는 것일까」를 생각해 봅니다. 실제로, 배열의 범위 밖의 요소를 참조하거나 포인터가 잘못된 곳을 가리키고 있어 에러가 발생하는 경우가 많습니다. 이 같은 버그는 발견하기 힘들지만, 어느 정도 고도의 프로그램에서 있을 법한 에러입니다.

Visual Studio의 디버거

구체적인 디버거로서 Visual Studio의 예를 살펴봅시다.

구체적으로 Visual Studio의 디버거를 이용하여 살펴보겠습니다. Visual Studio에서는 디버거도 동일한 통합 개발 환경 안에서 이용할 수 있습니다. 앞의 내용에서의 디버깅 방법에 따라 3가지 기본적인 기능의 조작 방법을 소개하겠습니다.

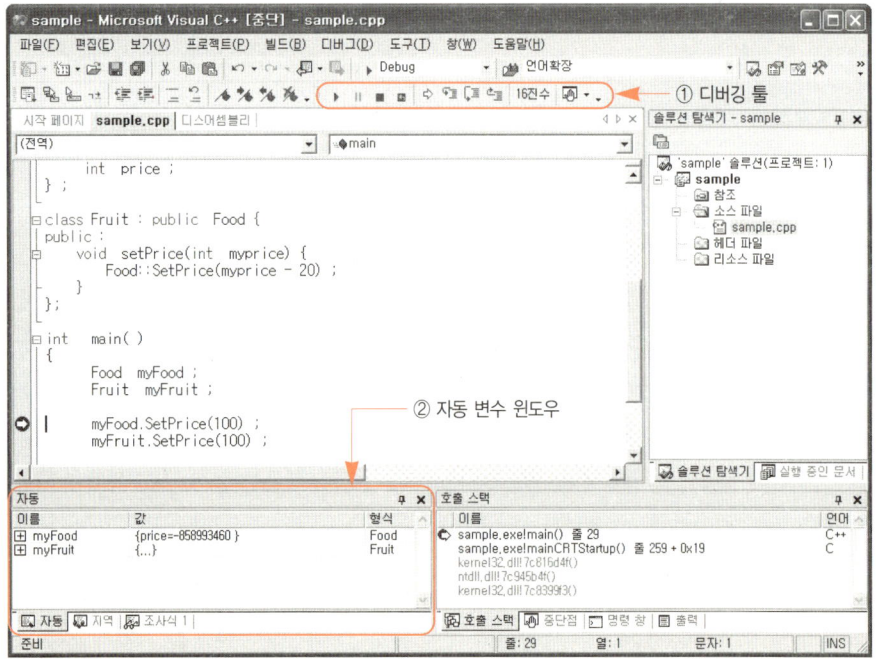

 브레이크 포인트

소스 프로그램의 편집 화면에서 직접 브레이크 포인트를 설정할 수 있습니다. 브레이크 포인트를 설정하기 위해서는, 설정하고자 하는 행에 커서를 이동하고 'F9' 키를 누릅니다. 한 번 더 'F9' 키를 누르면, 브레이크 포인트를 해제할 수 있습니다. 브레이크 포인트는 몇 개라도 설정할 수 있습니다. 프로그램을 실행할 때는 일반적인 '디버깅하지 않고 시작(! 기호)'이 아니라, '시작'을 선택하십시오.

변수의 표시와 변경

브레이크 포인트에서 프로그램이 중지되면 '자동 변수' 윈도우가 열리고, 정지 위치에 관련된 변수와 그 값이 표시됩니다. 그리고 '조사식' 윈도우에서는 변수의 이름이나 식을 입력하고 그 값을 표시할 수 있습니다. 변수명과 식은 드래그 앤 드롭으로도 추가할 수 있습니다.

 ## 단계별(스텝) 실행

Visual Studio에서는 4종류의 단계별 실행을 할 수 있습니다.

프로시저 단위 실행('F10' 키)은 소스 프로그램의 한 줄씩 프로그램을 진행합니다. 한 단계씩 코드 실행('F11' 키)은 다른 함수를 호출할 때, 그 함수 속으로 들어갑니다. 프로시저 나가기('Shift' + 'F11' 키)는 현재 실행중인 함수를 벗어납니다.

이 기능들은 '디버그' 툴 바 안의 버튼을 눌러서 실행할 수 있습니다.

Visual Studio 설치

무료로 제공되는 Visual Studio Community 2017을 다운로드하고 설치해 봅시다.

Visual Stuio 2017이란?

　Visual Studio는 Microsoft가 제공하는 프로그램 개발도구(통합개발환경/IDE)입니다. C#, C++, Visual Basic, HTML, JavaScript 등 다양한 프로그래밍 언어로 윈도우용 애플리케이션이나 웹 애플리케이션을 개발할 수 있습니다. 게다가 최신판인 Visual Studio 2017에서는 윈도우뿐만 아니라 iOS와 Android, Linux상에서 동작하는 프로그램도 만들 수 있게 되었습니다.

　Visual Studio 2017에서는 개발 규모나 용도에 맞게 몇 가지 에디션이 준비되어 있습니다. 여기서는 그 중 **Visual Studio Community 2017**을 다운로드하고 설치하는 방법을 소개합니다. Visual Studio Community는 개인 개발자나 학습/연구를 목적으로 한 조직 및 개발자 5인 이하의 중소기업 등에 한해 무료로 이용할 수 있는 에디션입니다. 에디션마다 라이선스 조항과 요금이 다르므로, 다운로드하기 전에 잘 확인하세요.

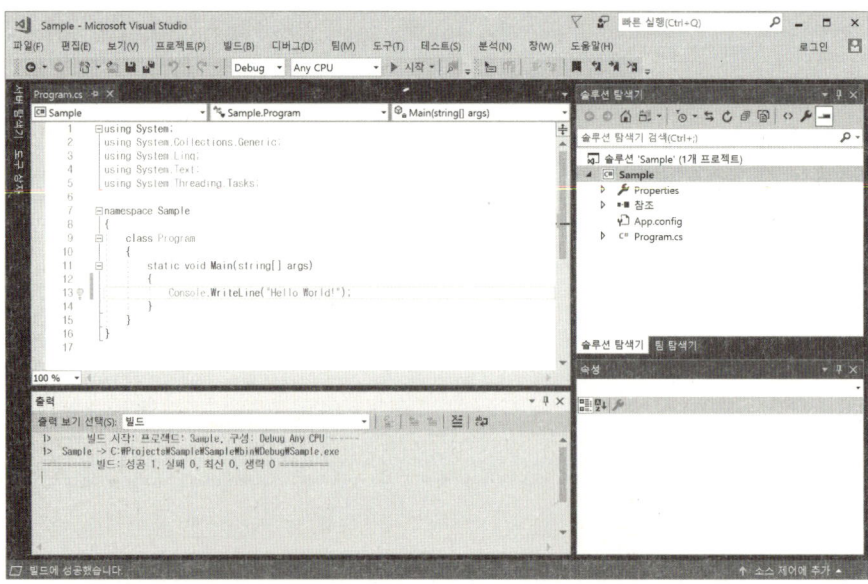

[Visual Studio Community 2017 화면]

Visual Studio 2017 설치하기

이 책에서는 집필 시점(2018년 2월) URL 및 웹디자인을 따라 설명을 진행합니다.

인스톨러 다운로드

우선, Microsoft에서 제공하는 웹사이트에서 인스톨러를 다운로드합니다.

```
URL: https://www.visualstudio.com/ko/downloads/
```

위 웹사이트에 접속하면 다음과 같은 화면이 표시됩니다.

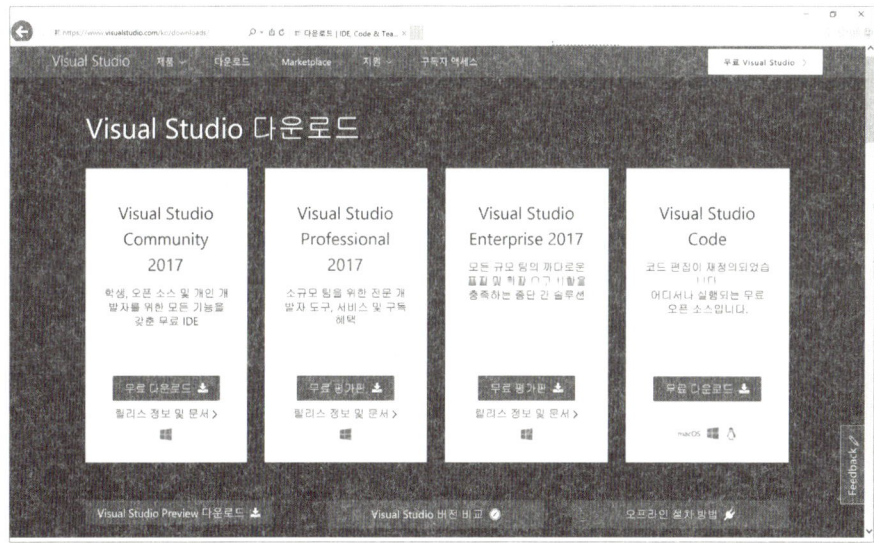

페이지를 스크롤하면 보이는 아래 쪽 제품 목록에서 [Visual Studio 2017]을 선택해 클릭합니다.

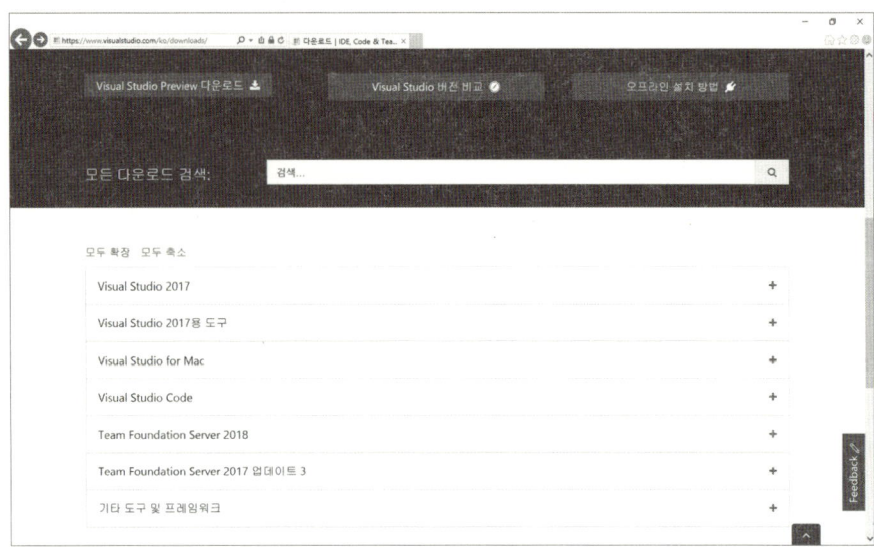

메뉴가 펼쳐지면 [Visual Studio Community 2017]을 찾아, [다운로드] 버튼을 클릭합니다. 다운로드는 자동으로 시작됩니다.

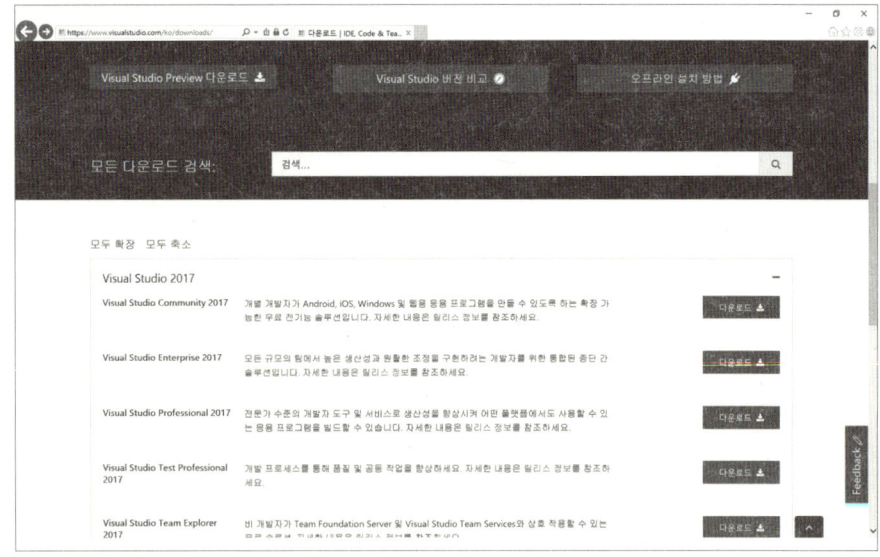

설치

다운로드가 끝나면, 설치를 실행합니다.

설치할 기능을 선택하는 화면이 표시되므로, [.NET 데스크톱 개발]에 체크합니다. 설치할 위치를 확인하고 [설치] 버튼을 클릭합니다.

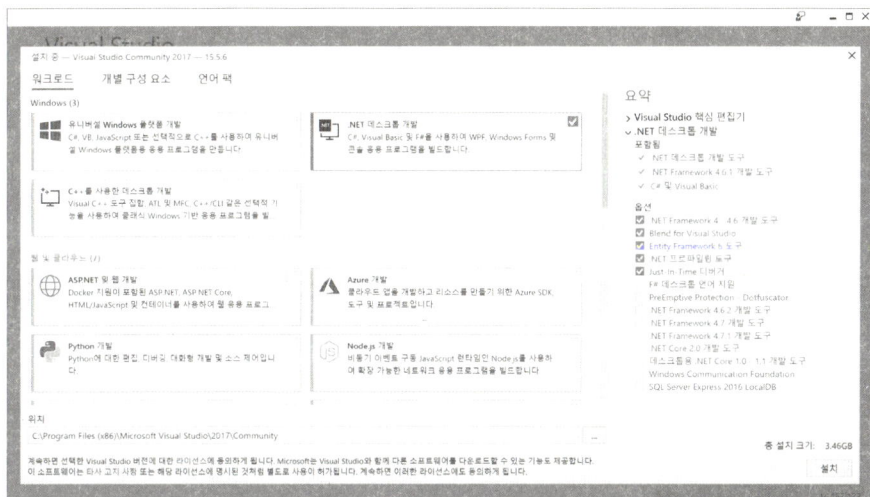

[사용자 계정 컨트롤] 대화창이 표시되면 [예]를 눌러주세요.

설치가 시작됩니다. 환경에 따라서 조금 오래 걸릴 수도 있습니다.

다음 화면이 표시되면 설치가 완료된 것입니다.
[실행] 버튼을 클릭해 Visual Studio Community 2017을 실행하세요.

다음부터는 [시작 메뉴]에 등록된 애플리케이션 이름을 클릭해서 Visual Studio Community 2017을 실행하세요.

다음부터는 [시작 버튼]이 등록되어 있는 애플리케이션 이름을 클릭하고, Visual Studio Community 2017을 시작해 주세요.

ASCII 코드표

10진수	8진수	16진수	2진수	ASCII	키값
0	0	0	0000 0000	NUL	^@
1	01	0×1	0000 0001	SOH	^A
2	02	0×2	0000 0010	STX	^B
3	03	0×3	0000 0011	ETX	^C
4	04	0×4	0000 0100	EOT	^D
5	05	0×5	0000 0101	ENQ	^E
6	06	0×6	0000 0110	ACK	^F
7	07	0×7	0000 0111	BEL	^G
8	010	0×8	0000 1000	BS	^H, Backspace
9	011	0×9	0000 1001	HT	^I, Tab
10	012	0×A	0000 1010	LF	^J, Line Feed
11	013	0×B	0000 1011	VT	^K
12	014	0×C	0000 1100	FF	^L
13	015	0×D	0000 1101	CR	^M, Return
14	016	0×E	0000 1110	SO	^N
15	017	0×F	0000 1111	SI	^O
16	020	0×10	0001 0000	DLE	^P
17	021	0×11	0001 0001	DC1	^Q
18	022	0×12	0001 0010	DC2	^R
19	023	0×13	0001 0011	DC3	^S
20	024	0×14	0001 0100	DC4	^T
21	025	0×15	0001 0101	NAK	^U
22	026	0×16	0001 0110	SYN	^V
23	027	0×17	0001 0111	ETB	^W
24	030	0×18	0001 1000	CAN	^X
25	031	0×19	0001 1001	EM	^Y
26	032	0×1A	0001 1010	SUB	^Z
27	033	0×1B	0001 1011	ESC	^L, esc
28	034	0×1C	0001 1100	FS	^\
29	035	0×1D	0001 1101	GS	^]
30	036	0×1E	0001 1110	RS	^^
31	037	0×1F	0001 1111	US	^_

10진수	8진수	16진수	2진수	ASCII	키값
32	040	0×20	0010 0000	SP	Space
33	041	0×21	0010 0001	!	!
34	042	0×22	0010 0010	"	"
35	043	0×23	0010 0011	#	#
36	044	0×24	0010 0100	$	$
37	045	0×25	0010 0101	%	%
38	046	0×26	0010 0110	&	&
39	047	0×27	0010 0111	'	'
40	050	0×28	0010 1000	(	(
41	051	0×29	0010 1001	)	)
42	052	0×2A	0010 1010	*	*
43	053	0×2B	0010 1011	+	+
44	054	0×2C	0010 1100	,	,
45	055	0×2D	0010 1101	-	-
46	056	0×2E	0010 1110	.	.
47	057	0×2F	0010 1111	/	/
48	060	0×30	0011 0000	0	0
49	061	0×31	0011 0001	1	1
50	062	0×32	0011 0010	2	2
51	063	0×33	0011 0011	3	3
52	064	0×34	0011 0100	4	4
53	065	0×35	0011 0101	5	5
54	066	0×36	0011 0110	6	6
55	067	0×37	0011 0111	7	7
56	070	0×38	0011 1000	8	8
57	071	0×39	0011 1001	9	9
58	072	0×3A	0011 1010	:	:
59	073	0×3B	0011 1011	;	;
60	074	0×3C	0011 1100	<	<
61	075	0×3D	0011 1101	=	=
62	076	0×3E	0011 1110	>	>
63	077	0×3F	0011 1111	?	?

10진수	8진수	16진수	2진수	ASCII	키값
64	0100	0×40	0100 0000	@	@
65	0101	0×41	0100 0001	A	A
66	0102	0×42	0100 0010	B	B
67	0103	0×43	0100 0011	C	C
68	0104	0×44	0100 0100	D	D
69	0105	0×45	0100 0101	E	E
70	0106	0×46	0100 0110	F	F
71	0107	0×47	0100 0111	G	G
72	0110	0×48	0100 1000	H	H
73	0111	0×49	0100 1001	I	I
74	0112	0×4A	0100 1010	J	J
75	0113	0×4B	0100 1011	K	K
76	0114	0×4C	0100 1100	L	L
77	0115	0×4D	0100 1101	M	M
78	0116	0×4E	0100 1110	N	N
79	0117	0×4F	0100 1111	O	O
80	0120	0×50	0101 0000	P	P
81	0121	0×51	0101 0001	Q	Q
82	0122	0×52	0101 0010	R	R
83	0123	0×53	0101 0011	S	S
84	0124	0×54	0101 0100	T	T
85	0125	0×55	0101 0101	U	U
86	0126	0×56	0101 0110	V	V
87	0127	0×57	0101 0111	W	W
88	0130	0×58	0101 1000	X	X
89	0131	0×59	0101 1001	Y	Y
90	0132	0×5A	0101 1010	Z	Z
91	0133	0×5B	0101 1011	[	[
92	0134	0×5C	0101 1100	\	\
93	0135	0×5D	0101 1101	]	]
94	0136	0×5E	0101 1110	^	^
95	0137	0×5F	0101 1111	_	_

10진수	8진수	16진수	2진수	ASCII	키값
96	0140	0×60	0110 0000	`	`
97	0141	0×61	0110 0001	a	a
98	0142	0×62	0110 0010	b	b
99	0143	0×63	0110 0011	c	c
100	0144	0×64	0110 0100	d	d
101	0145	0×65	0110 0101	e	e
102	0146	0×66	0110 0110	f	f
103	0147	0×67	0110 0111	g	g
104	0150	0×68	0110 1000	h	h
105	0151	0×69	0110 1001	i	i
106	0152	0×6A	0110 1010	j	j
107	0153	0×6B	0110 1011	k	k
108	0154	0×6C	0110 1100	l	l
109	0155	0×6D	0110 1101	m	m
110	0156	0×6E	0110 1110	n	n
111	0157	0×6F	0110 1111	o	o
112	0160	0×70	0111 0000	p	p
113	0161	0×71	0111 0001	q	q
114	0162	0×72	0111 0010	r	r
115	0163	0×73	0111 0011	s	s
116	0164	0×74	0111 0100	t	t
117	0165	0×75	0111 0101	u	u
118	0166	0×76	0111 0110	v	v
119	0167	0×77	0111 0111	w	w
120	0170	0×78	0111 1000	x	x
121	0171	0×79	0111 1001	y	y
122	0172	0×7A	0111 1010	z	z
123	0173	0×7B	0111 1011	{	{
124	0174	0×7C	0111 1100	|	|
125	0175	0×7D	0111 1101	}	}
126	0176	0×7E	0111 1110	~	~
127	0177	0×7F	0111 1111	Del	Del

용어해설

16진 표기(hexa decimal notation)
$16=2^4$를 기수로 하는 수의 표기법. 2진법 표기이며, 소수점을 기점으로 좌우에 4자리씩 구분하고 각 조의 4자리 2진수에 16진수를 넣으면 16진법 표기가 된다. 컴퓨터 내부의 2진수 데이터를 표시하기 위해 8진법과 더불어 널리 쓰이고 있다. 10진 수치와 구별하기 위해 16진수에서는 100은 100H로 표기한다.

ASCII(American Standard Code for Information Interchange)
ANSI(미국표준협회)가 1962년에 제정한 문자 코드 체계. 대문자와 소문자의 알파벳, 수치 및 기호, 문자와 계산기에 사용되는 16진 코드를 대응시킨 것으로, 1문자가 문자 코드의 7비트와 패리티 비트 1비트를 합친 8비트로 구성된다. 정보 교환을 위해 사용되는 제어 문자와 도형 문자의 세트이다.

CGI(Common Gateway Interface)
웹 브라우저의 요구를 받아 웹 서버가 실행하는 프로그램 인터페이스. 스크립트 언어 Perl로 기술되는 일이 많다. CGI 프로그램은 HTML 문을 생성하고, 웹 서버는 그것을 받아 브라우저에 넘긴다. CGI 프로그램을 사용하여 웹 페이지로의 접근 횟수 등 볼 때마다 계속 변하는 정보를 웹 페이지에 실을 수 있다.

CUI(Character User Interface)
표시 내용이나 입력 내용이 문자 베이스인 사용자 인터페이스. 아이콘으로 표시하고 마우스 등의 포인팅 디바이스로 입력하는 GUI에 비해 리소스(소프트웨어의 크기나 램의 용량, CPU의 성능)의 소비가 적다.

GUI(Graphical User Interface)
그림을 이용한 표시와 그것을 지정하여 입력하는 방식의 사용자 인터페이스. 구체적으로는 처리 내용이나 데이터를 아이콘화하여 표시하고 마우스 등의 포인팅 디바이스로 지시하여 입력한다. CUI에 비해 직관적인 조작이 가능하다. OS로는 Mac OS, Windows, Unix에서는 X-window가 있다.

구조체 (structure)
구조체란 여러 가지 형의 변수들을 하나로 모아 둔 것입니다.

기계어(machine language)
컴퓨터의 하드웨어가 직접 해석, 실행할 수 있는 프로그래밍 언어. 이 언어는 컴퓨터의 구조에 의존한다. 그 프로그램은 일반적으로 명령의 계열로 이루어지며, 0과 1의 조합으로 나타낸다.

논리 연산자(logical operator)
논리 수학을 위한 기본 연산자. 논리곱(&&), 논리합(||), 부정(!) 등이 있다.

라이브러리(library)
애플리케이션 개발을 위해 사용되는 함수 모임. 라이브러리는 소스 파일을 공개하지 않고 다른 프로그램에서 호출하여 사용할 수 있도록 목적 파일로 컴파일되어 제공하는 일종의 함수 세트이다. 라이브러리는 개별적으로 만들어 사용하기도 하나 개발 생산성을 높이기 위해 이미 만들어진 함수 라이브러리를 사용한다.

롤플레잉 게임(role playing game)
게임의 플레이어가 등장 인물의 역할(role)을 맡는 게임. 원래는 테이블 게임의 일종이었으나 컴퓨터 게임으로서는 캐릭터를 조작하면서 여러 가지 경험을 쌓아 레벨업해 가는 어드벤처 게임이나 액션 게임 등을 가리키는 일이 많다.

링크(link)
링크는 다른 시점에서 작성되고 컴파일된 둘 이상의 프로그램을 묶어서 하나의 프로그램으로 하는 것.

매크로(macro)
C 프로그램에서는 같은 처리의 반복이 여러 번 있을 때 이것을 #define 지시어를 사용하여 매크로로 정의하여 사용할 수 있다.

바이너리 파일(binary file)
인간이 판독 가능한 ASCII 텍스트로 구성되는 파일과는 달리 8비트 데이터나 실행 가능한 코드의 배열에 의하여 구성되는 파일. 바이너리 파일은 보통 프로그램에 의해서만 판독 가능한 형식으로 되어 있으며, 특정 프로그램이 판독하기 쉬운 방법으로 압축 또는 구조화되는 경우가 많다.

바이트(Byte)
8bit를 나타내는 데이터의 단위. 문자를 바이트 단위로 표현하는 경우 256 종류의 문자를 표현할 수 있다. 외부 기억 장치의 기억 용량은 일반적으로 바이트 단위로 표기한다. 또 비트 표기에서는 b를 쓰지만 바이트 표기에서는 MB와 같이 대문자 B를 써서 구분한다.

배열(array)
같은 형을 가지며, 정해진 규칙에 따라 배열된 요소의 집합으로 이루어지는 문법 단위. 이름에 의해서 식별되며, 차원과 그 크기를 지정함으로써 정해진다. 보통 배열명에 첨자를 붙여 나타냄으로써 배열의 요소를 식별한다.

변수(variable)
프로그램 중의 기본적인 문법 단위. 이름에 의해 식별되며, 여기에 값을 줄 수 있다. 변수는 문 중에서 값이 대입된다든지 그 값을 참조한다든지 한다.

비교 연산자(relational operator)
두 값을 비교하여 그 대소 관계를 나타내기 위한 기호로 >, >=, ==, <, <= 등이 있다. 데이터를 검색하거나 추출할 때 조건을 지정하기 위해 사용하거나 프로그램에서 값의 조건에 따라 처리를 바꿀 때 사용한다.

비트(bit)
컴퓨터에서 다루는 데이터의 최소 단위. 디지털 회로에서는 0과 1의 상태는 일반적으로 전압이 인가되어 있거나 인가되어 있지 않은 것으로 나타낸다. 그것이 2진수(binary)의 숫자(digit) 표기와 일치하기 때문에 binary digit를 줄여서 bit라는 조어가 생겨났다. 따라서 1bit는 1자리의 2진수와 같아서 0과 1의 두 종류의 데이터 표현이, 2bit에서는 00, 01, 10, 11 등 4종류의 표현이 가능하다.

소스 파일(source file)
소스 파일은 원시 프로그램을 포함하는 파일. 프로그래밍 언어로 기술한 텍스트 형식의 프로그램 파일. 이것을 컴파일하여 실행 형식의 파일을 작성할 수 있다.

소스 프로그램(source program)
프로그래밍 언어의 문법에 따라서 기술한 프로그램. 문자 코드에 의해 프로그램을 기술하기 위해 일반적으로 텍스트 에디터를 쓴다. 소스 프로그램은 컴파일러에 의해 번역되고, 링커에 의해 실행 형식의 오브젝트 코드로 변환된다.

실행 파일(executable file)
실행 형식의 파일. 보통 확장자가 .exe 형태로 끝나는 파일을 통칭한다.

어드레스(address)
레지스터, 기억 장치의 특정 부분 또는 기타 데이터의 출처 또는 행선을 식별하는 문자 또는 문자의 집합. 주소. 보통 기억 장치 중에 1워드가 차지하는 특정 장소를 지정하는 데 사용된다. 주소는 보통 숫자로 나타낸다.

오브젝트 파일(object file)
오브젝트 파일은 목적 코드를 포함하고 있는 파일. 일반적으로 컴파일러 또는 어셈블러의 출력이며, 링커의 입력이 된다.

유닉스(UNIX)
미국의 벨 연구소가 1972년경에 PDP-11용으로 개발한 운영 체제. 주로 대화형 처리에 중점을 두고 설계되어 있으며, 파일의 취급이나 파일과 입출력 기기의 대응 관계로 단순화되고, 지령 언어의 기능도 강화되었다.

유효 범위(scope)
변수 사용의 유효 범위로 글로벌(전역) 변수, 로컬(지역) 변수가 있다.

인덱스(index)
같은 수의 배열 중에서 특정한 수를 식별하기 위한 첨자. 예를 들어 x[5]는 배열 x의 6번째 요소라는 것을 말한다.

인클루드(include)
C 언어에서 사용되는 명령. 이 명령은 다른 프로그램을 프로그램에 포함시킬 때 유효하다.

자바(Java)
미국 Sun Microsystems 사가 개발한 인터넷용 프로그래밍 언어. 1995년 5월에 발표되었다. 자바를 사용하면 애니메이션과 같이 움직임이 있고 소리가 나오는 홈페이지나 인터넷 대응의 워드프로세서나 표 계산 소프트웨어 등을 만들 수 있다.

제어문(control statement)
프로그래밍 언어에서 프로그램의 실행 순서를 나타내는 문. goto 문과 같은 무조건 제어문과 if 문과 같은 조건부 제어문, for 문이나 while 문과 같은 루프 제어문이 있다.

제어 문자(control character)
특정 문맥 중에 나타나서 제어 기능을 개시하거나 변경 또는 정지시킬 수 있는 문자. 다음 동작을 위해 제어 문자를 기록하는 경우도 있으며, 제어 문자는 도형 문자가 아니나 어떤 경우에는 도형을 써서 표현하기도 한다.

조건 분기(conditional branch)
어느 조건이 참이냐 거짓이냐를 기준으로 하여 분기하는 것.

천공 테이프(punched tape)
천공된 구멍의 유무로 데이터를 기록하는 종이 카드. 컴퓨터의 출현 이전부터 데이터의 기록이나 선별, 분류를 위해 사용되어 왔으며, 자기적 기록 방식의 발달로 쓰이지 않게 되었다.

컴파일(compile)
고수준 프로그래밍 언어로 작성된 프로그램을 컴퓨터용 언어로 번역하는 것.

컴파일러(compiler)
고수준 언어로 기술된 프로그램을 기계어 또는 어셈블리 언어 등의 저수준 언어로 번역하는 소프트웨어. 컴파일러는 일반적으로 구문 해석과 기계어 코드를 생성하는 두 부분으로 이루어진다. 컴파일러는 복잡하고 대규모의 소프트웨어이기 때문에 좋은 컴파일러를 작성하려면 고도의 능력이 필요하다.

텍스트 에디터(text editor)
문자 정보만으로 이루어지는 텍스트 파일을 편집하는 프로그램. 유닉스 운영 체제에서의 vi나 emacs, Windows에서의 메모장 등이 이에 해당한다. 문자의 삽입, 삭제, 복사 및 판독, 보존 등의 기능 외에 편집 전의 상태를 자동 보존하는 기능이나 스펠 체크 기능이 있는 것도 있다.

텍스트 파일(text file)
텍스트를 내용으로 하는 파일. 미국에서는 텍스트 파일 내의 문자는 알파벳과 숫자를 주로 하고 있으며, ASCII만으로 나타낼 수 있으므로 ASCII 파일이라고 한다.

템플릿(template)
프로그래머가 필요에 따라 정의한 자료 구조의 틀로서 Typedef(형의 재정의)를 구조체와 함께 사용하면 일반적인 변수 선언처럼 편리하게 사용할 수 있다.

포인터(pointer)
컴퓨터 프로그램 중에서 다른 프로그램 요소를 참조하기 위해 사용되는 요소. 예를 들면 어떤 어드레스에 있는 요소가 수치적인 내용을 갖는 것이 아니라 다른 요소의 어드레스를 내용으로 갖는 경우의 요소를 말한다.

표준 입출력(standard input & output)
유닉스 시스템에서의 입출력에는 물리적인 입출력 장치와 논리적인 입출력 장치가 구별되어 사용되고, 후자에 대응하는 입출력을 표준 입출력이라고 한다. 표준 입력, 표준 출력 및 표준 에러의 3개 파일이 사용된다.

프로토타입(prototype)
함수를 선언할 때 매개변수의 형을 명시적으로 지정하는 방식으로 함수의 원형을 나타낸다.

함수(function)
프로그래밍 언어에서 수식의 구성 요소로서 사용할 수 있고 값을 반환하는 절차.

헤더 파일(header file)
프로그래밍에서의 정보 파일로, 프로그램의 맨 앞에 있으며, 그 프로그램 중의 함수가 사용하는 데이터 형이나 변수의 정의가 들어 있다.

찾아보기

영문 · 숫자

- 44
-- 46
-o 옵션 211
! 50
" 19, 25, 24
#define 186, 188
#else 187
#elif 187
#if 187
#ifdef 187
#ifndef 187
#include 178
% 44
%= 45
%c 27
%d 27
%f 27
%s 27
& 96, 200
&& 50
* 44
*= 45
. ... 161
/ 44
/= 45
: 25
^ 201
| 200
|| 50
~ 201
\ 37
\n 25
+ 44
++ 46
+= 45
<< 202
= 44
-= 45
-> 163
>> 202
0x 53
10진수 52
16진수 52
2중 루프 71
2진수 52

A ~ C

a.out 211
abs() 함수 206
and 200
ANSI 16
argc 124
argv[] 124
ASCII 코드 32, 79
asctime() 함수 205
atoi() 함수 91
BASIC 16
break문 74
bsearch() 함수 208
calloc() 함수 104
case 76
char 30, 33
const 선언 185
continue문 75
cos() 함수 206
ctime() 함수 205
CUI 17
cygwin 211
C 컴파일러 210

D ~ F

default 76
do ~ while 문 72
DOS 프롬프트 17
double 31
DST 204
Eclipse 212
else if문 68
enum 198
exit() 함수 199
exp() 함수 206
extern 182
fabs() 함수 206
false 48, 60
fclose() 함수 135, 141
feof() 함수 137
fgets() 함수 136
float 31
fopen() 함수 135
for문 70
fprintf() 함수 139, 145
fputs() 함수 138
fread() 함수 141
free() 함수 103
fseek() 함수 150
fwrite() 함수 142

G ~ M

gcc 211
getchar() 함수 73, 147
gets() 함수 146
gmtime() 함수 205
goto문 80
GUI 17
Hello World! 24
if문 66
int 28, 30
integer 28
java 16
Linux 211
localtime() 함수 204, 205
log() 함수 206
log10() 함수 206
long 30
main() 함수 22, 124
malloc() 함수 103
math.h 179
memcpy() 함수 105
memset() 함수 105
Microsoft Visual Studio 210, 214
mktime() 함수 205

N ~ R

not 201
NULL 135
NULL 포인터 98
n 진수 52
or 200
Perl 16
Pleiades 212
pow() 함수 206
printf() 함수 26, 36, 145
qsort() 함수 168
rand() 함수 207
realloc() 함수 104
remove() 함수 126
rename() 함수 126
return문 114

S ~ X

scanf() 함수	146
short	30
sin() 함수	206
sizeof	55
sprintf() 함수	91
sqrt() 함수	206
srand() 함수	207
static	184
stderr	145
stdin	144
stdio.h	179
stdout	145
strcat() 함수	90
strchr() 함수	99, 106
strcmp() 함수	91
strcpy() 함수	35, 90
string.h	179
strlen() 함수	90
strstr() 함수	148
struct	159
switch문	76
tan() 함수	206
time() 함수	204
time.h	179, 204
tm 구조체 변수	204
true	48, 60
typedef	166
UNIX	211
unsigned	30
Visual Studio	18, 210, 214
Visual Studio Community 2017	224
void	115
while문	72
XCode	212
xor	201

ㄱ ~ ㄷ

가인수	122
감소 연산자	46
값 전달	122
개발자 커맨드 프롬프트 for 2015	
거듭제곱	206
거짓	48
검색	208
공용체	196
구조체 배열	157, 164
구조체 변수	156, 158
구조체 템플릿	158
구조체	156, 158
그래피컬 유저 인터페이스	17
글로벌 변수	118
기계어	177

난수	207
네스트	69
논리 연산자	42, 50, 60
논리곱	200
논리합	200
다이내믹	102
다차원 배열	92
단어 수 세기	78
대문자	19
대입 연산자	45
대입	28, 87
들여쓰기	24
디버거	222
디버그	220

ㄹ ~ ㅂ

라이브러리 파일	181
로그	221
로컬 변수	118, 184
링커	181
링크	180
매크로	177, 186
메모리 해제	103
메모리 확보	102
메모리	102
메이크 파일	181, 211, 219
메이크 프로그램	181
메이크	189
메인 함수	24
멤버	158
무한 루프	73
문자	27
문자열 배열	88
문자열 변환	91
문자열 함수	90
문자열	25, 27, 34
문자형	33
바이너리 파일	132, 134, 140
바이트	54
반각 가나	19
반환 값	114, 117
배열	84, 86, 208
배타적 논리합	201
버그	73, 220
변수	28
변수명	28
보수 표현	201
부호	57
브레이크 포인트	222
블록	67
비교 연산자	42, 48
비교 함수	208
비트 연산자	200
비트	54
빌드	180, 219

ㅅ ~ ㅇ

사인	206
상수	185
상용대수	206
서력	127
서머 타임	204
서식	26
선언	29
세미콜론	25
소문자	19
소스 파일	216
솔루션	216
수학 함수	206
스코프	118
스태틱	102
시각	204
시간	204
시프트 연산자	202
식별자	187
실수	27
실수형	31
실인수	122
실행 시 에러	128
알고리즘	192
알파벳	38
애로우 연산자	163
어드레스	85, 94
에스케이프 문자	37
에스케이프 시퀀스	37
엔트리 포인트	124
연산자	42
연산자의 우선순위	58
열거형	198
예약어	19
오른쪽 시프트 연산자	202
오버 플로	57, 58
오브젝트 파일	18, 181
오브젝트	170
오픈 모드	135
온라인 컴파일러	213
외부 변수	182
왼쪽 시프트 연산자	202
요소	86
워치(조사)	223
원형	120
인수	114
인수를 가진 매크로	188, 192
인클루드	176
일본력	127

ㅈ ~ ㅎ

자연대수	206
재귀 호출	128

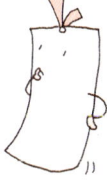

전각 공백 문자 · · · · · · · · · · · · · · 19	최적화 · 192	포인터 배열 · · · · · · · · · · · · · · · · 108
전치 · 47	캐릭터 유저 인터페이스 · · · · · · · 17	포인터 · · · · · · · · · · · · · · · · 85, 96
절댓값 · 206	캐스트 연산자 · · · · · · · · · · · · · · · 57	표 계산 · · · · · · · · · · · · · · · · · · · 107
정렬 · 208	커맨드 프롬프트 · · · · · · · · 17, 218	표준 라이브러리 함수 · · · · · · · 115
정수 · 27, 28	커맨드라인 인수 · · · · · · · · 17, 124	표준 에러 출력 · · · · · · · · · · · · · 145
정수형 · 30	컴파일 · 180	표준 입력 · · · · · · · · · · · · · · · · · · 144
정적 메모리 확보 · · · · · · · · · · · 102	컴파일러 옵션 · · · · · · · · · · · · · · 192	표준 출력 · · · · · · · · · · · · · · · · · · 145
제곱근 · 206	컴파일러 · · · · · · · · · · · · · · · · · · 180	표준 함수 · · · · · · · · · · · · · · · · · · 178
제어 문자 · · · · · · · · · · · · · · · · · · 23	코멘트 · 19	프로그래밍 언어 · · · · · · · · · · · · · 16
조건 분기 · · · · · · · · · · · · · · · · · 221	코사인 · 206	프로젝트 · · · · · · · · · · · · · 181, 214
조건 연산자 · · · · · · · · · · · · · · · · 51	큰따옴표 · · · · · · · · · · · 19, 25, 34	프로토타입 · · · · · · · · · · · · · · · · 120
종료 조건 · · · · · · · · · · · · · · · · · 128	클래스 · 170	프리프로세서 · · · · · · · · · · · · · · 180
증가 연산자 · · · · · · · · · · · · · · · · 46	키보드 · 146	피리어드 · · · · · · · · · · · · · · · · · · 161
지수 · 206	탄젠트 · 206	함수 · · · · · · 22, 112, 114, 192, 221
참 · 48, 60	텍스트 에디터 · · · · · · · · · · · · · · · 18	함수의 호출 · · · · · · · · · · · · · · · · 116
참조 전달 · · · · · · · · · · · · · · · · · 122	텍스트 파일 · · · · · · · · · · · 132, 134	헤더 파일 · · · · · · · · 176, 178, 183
참조 · 87	파라미터 · · · · · · · · · · · · · · · · · · 114	형 변환(캐스트) · · · · · · · · · · · · · 57
첨자 · 86	파일 포인터 · · · · · · · · · · · 132, 134	형 · 28, 56
초기화 · 29	파일 · · · · · · · · · · · · · · · · · 132, 134	후치 · 47